Ontem, Eu Chorei

IYANLA VANZANT

Ontem, Eu Chorei

Celebrando o que Aprendi sobre a Vida e o Amor

Tradução
de Vera Whately

4ª Edição

SEXTANTE

preparo de originais
Regina da Veiga Pereira

tradução
Vera Whately

revisão
José Tedin Pinto
Sérgio Bellinello Soares

capa
Silvana Mattievich

diagramação e projeto gráfico
Raphaella Lemos

fotolitos
Mergulhar Serviços Editoriais Ltda.

impressão e acabamento
Geográfica e Editora Ltda.

Miolo impresso em Chamois Fine Dunas 80g/m²

CIP-BRASIL. CATALOGAÇÃO-NA-FONTE
SINDICATO NACIONAL DOS EDITORES DE LIVROS, RJ.

V383o Vanzant, Iyanla
Ontem, eu chorei : celebrando o que aprendi sobre a vida e o amor / Iyanla Vanzant ; tradução de Vera Whately. – Rio de Janeiro : Sextante, 2001

Tradução de: Yesterday, I cried
ISBN 85-86796-84-0

1. Conduta. 2. Mulheres afro-americanas – Psicologia. I. Título.

01-0502. CDD 158
CDU 159.947

Av. Nilo Peçanha, 155 – Gr. 301 – Centro
20020-100 – Rio de Janeiro – RJ
Tel.: (21) 2524-6760 – Fax: (21) 2524-6755
Central de Atendimento: 0800-22-6306
E-mail: atendimento@esextante.com.br
www.esextante.com.br

Agradecimentos

OBRIGADA, MEU DEUS, "MÃE DIVINA", por todos os nomes como és conhecido e chamado, por todas as oportunidades que me deste, sem nunca pedir que eu fizesse alguma coisa além das minhas possibilidades. Foi somente por tua graça e por tua misericórdia divina que eu cheguei onde estou. Obrigada! Obrigada! Obrigada!

Obrigada, meu Deus, pelo espírito do corpo que eu reconheço como Blanche Richardson, da Marcus Books, em Oakland, Califórnia. Se não tivesses te manifestado como Blanche para me ajudar no processo desta criação, eu sei que este projeto não teria sido criado com tanta felicidade, amor e tranqüilidade.

Obrigada, meu Deus, por Terry McMillan, que concordou com o que Blanche e eu precisávamos.

Obrigada, meu Deus, por todos os Anjos Maternais que enviaste para me amar nas horas mais intensas de minha insanidade. Sou também grata por teres te manifestado como Elvia Myrie, Wilhelmina Myrie, Tulani Kinard, Roseanne Logan, Stephanie Weaver, Denise DeJean, Linda Beatty-Stevenson, Melba Ramsay-Fernandez, Majorie Battle, como toda a equipe da Inner Visions e, naturalmente, como Carmen.

Obrigada, meu Deus, por teu ombro forte no qual eu pude me apoiar através das figuras da Reverenda Dra. Barbara Lewis King e do Dr. David Phillips.

Obrigada, meu Deus, por te manifestares na Simon & Schuster através de Christine Saunders, Trish Todd, Sue Fleming, Victoria Meyer, Annik LaFarge, Carolyn Reidy, Marcela Landres, David Rosenthal, Chris Lloreda e Mark Gompertz.

Obrigada, meu Deus, pelo apoio da equipe do Oakland Marriott Hotel durante todo o tempo em que escrevi este livro.

Obrigada, meu Deus, pelo meu amigo, meu amor, meu querido, meu marido.

Obrigada, meu Deus, por abrir um caminho a partir do nada e por me tornar teu novo instrumento.

Obrigada, meu Deus, pela Mahogany, um departamento da Hallmark Cards, Inc., que doou a bela capa artística e apoiou meu livro e minhas idéias, ajudando-me a divulgar minha mensagem.

Este livro é dedicado a

Oprah Winfrey,
por sua "sagrada ousadia" e boa vontade em demonstrar ao mundo como curar em público sem perder a graça de Deus ou sua própria dignidade;
e aos
meus filhos,
Damon Keith, Gemmia Lynnette e Nisa Camile,
por todos os ontens em que vocês choraram quando eu não tinha compaixão suficiente por mim mesma, nem força para secar suas lágrimas;
e em memória de Sarah Jefferson, minha mãe,
Lynnette May Brown-Harris, minha "mamãe" e melhor amiga,
Nancy McCullum, minha tia,
Ruth Carlos, minha primeira verdadeira amiga.

Sumário

Prefácio

Querida Iyanla:

Ontem, Eu Chorei será uma bênção para o mundo como você tem sido uma bênção para mim. Desde que te ouvi pela primeira vez, numa fita gravada, tive a sensação de estar conhecendo um membro da minha família "de alma". E tudo o que você compartilhava era absolutamente verdadeiro.

Quando eu te conheci pessoalmente notei sua sensibilidade e seu amor. Lembro-me como você se pôs à disposição das mulheres que estavam presentes. Eu senti que tinha de protegê-la, naquele momento e agora. Não queria que as pessoas te usassem, ou te exaurissem. Lembro-me também que você não se preocupava com dinheiro. Não porque tivesse uma situação financeira estável. Mas você colocou a peneira com dinheiro debaixo do sol dizendo que ele ia crescer, e no dia seguinte uma das mulheres com quem nós trabalhávamos lhe deu uma grande quantia em dinheiro.

Lembro-me dos bilhetes que você deixava para você mesma (nas paredes, no banheiro, perto da sua cama) na sua casa em Pine Street. Lembro-me do seu desejo absoluto pela verdade e pela "clareza" da verdade. Lembro-me de todas as nossas conversas, processos, risadas, xingamentos, choros e mais risadas. Acho absolutamente incrível você ter passado por coisas tão sérias e pesadas e saído com tanto senso de humor. Seu humor é uma dádiva!

Eu gostaria de dizer umas coisas que talvez você não perceba a seu respeito. Você realmente pagou suas dívidas. As pessoas não sabem dos riscos que você correu para chegar aonde está, dos empregos "estáveis" que recusou para poder manter-se livre e caminhar apoiada apenas na fé. Você confiou no seu processo. Eu fui testemunha dos seus "atos de fé". As pessoas não sabem que você abria sua casa para todos e dava tudo de si sem qualquer egoísmo. As pessoas não sabem dos desafios de saúde que enfrentou. Você se propunha a curar e encontrava a cura.

Gostei de sua honestidade, e até mesmo da sua desonestidade. Gosto da tenacidade com que você age efetivamente no mundo. Gostei de observar o processo do seu crescimento, de vê-la curar a si própria e aos outros. Tenho muito orgulho de você. Sinto que faço parte desse processo. Você tem sido uma irmã para mim, uma amiga, uma professora, uma aluna, e minha filha. Eu creio que entrei na sua vida para amá-la incondicionalmente.

Quando você se tornou famosa, eu senti falta do tempo que passávamos juntas, você tomando sorvete de café e eu comendo um sanduíche. Eu era feliz com você, e por você, pela forma como o Espírito a usava. Acabei acostumando, mas senti sua perda, apesar de saber que fazia parte do processo. O seu processo. O nosso processo. Eu tenho observado você refazer sua história. Eu tenho observado o tamanho dos seus passos. Eu tenho observado você, e isso tem sido uma felicidade para mim. Eu amo você, Iyanla.

Shaheerah (Reverenda Linda Stephens)
Detroit, Michigan

Ontem, Eu Chorei

Ontem, eu chorei.
Voltei para casa, fui para o meu quarto, sentei na beira da cama.
chutei os sapatos, desabotoei o sutiã
e caí no choro.
Quero que vocês saibam que
eu chorei até meu nariz escorrer molhando a blusa de seda que
comprei na liquidação.
Chorei até minha cabeça doer tanto,
que eu mal via a pilha de lenços de papel
no chão aos meus pés.
Quero que vocês saibam
que ontem eu chorei pra valer.
Ontem, eu chorei
por todos os dias em que estive ocupada demais, ou cansada
demais, ou com raiva demais para chorar.
Chorei por todos os dias, por todas as formas
e por todas as vezes em que desonrei, desrespeitei e desliguei
meu Eu de mim mesma.
Mas meu Eu se refletiu de volta para mim quando os outros
fizeram comigo as mesmas coisas que eu já fizera comigo mesma.
Chorei por todas as coisas que me foram roubadas;
por todas as coisas que eu pedi e que não consegui receber;
por todas as coisas que, depois de conquistar, eu dei a outras pessoas
em circunstâncias que me deixaram vazia, gasta e exaurida.
Chorei porque realmente chega um momento em que a única coisa que
nos resta é chorar.
Ontem, eu chorei.

Chorei porque meninos pequenos são abandonados pelos pais;
e as meninas são esquecidas pelas mães;
os pais não sabem o que fazer e por isso vão embora;
as mães são abandonadas e ficam com raiva.
Chorei porque eu tive um menininho, e porque eu ainda era uma
menina pequena, e
porque eu era uma mãe que não sabia o que fazer, e
porque eu queria tanto que meu pai estivesse comigo,
que chegava a doer.
Ontem, eu chorei.
Chorei porque feri alguém. Chorei porque fui ferida.
Chorei porque a ferida não tem para onde ir
senão até o mais fundo da dor que a causou,
e quando chega lá a dor acorda você.
Chorei porque era tarde demais. Chorei porque tinha chegado a hora.
Chorei porque minha alma sabia que eu não sabia
que minha alma sabia tudo que eu precisava saber.
Chorei um choro espiritual ontem, e esse choro me fez muito bem.
E me fez muito, muito mal.
Em meio ao meu choro, senti minha liberdade vindo,
Porque
Ontem, eu chorei
sobre cada momento da minha vida.

O Começo

ESTAVA ACONTECENDO. Eu já tinha me visto na televisão, mas não desse jeito. Eu nunca tinha estado em um *show* de televisão famoso antes. Esse era especial. Era a coroação de dezesseis anos de um trabalho árduo, de uma espera de três anos para que um produtor me procurasse e de um dia inteiro de filmagem. O resultado foi uma apresentação de doze minutos sobre minha vida e meu trabalho no *Sunday Morning* da CBS. Eu estava maravilhada! Era definitivamente uma coisa a ser celebrada. Mas, em vez de dar uma festa, eu me sentia péssima, desonesta, uma verdadeira fraude. Acho que foi por isso que comecei a chorar quando a música anunciou o início do programa. Essas lágrimas eram muito diferentes das lágrimas que eu tinha derramado no dia em que o programa foi filmado.

Ao longo da vida, nós derramamos lágrimas de tipos diferentes. O que provavelmente não percebemos é que cada tipo de lágrima vem de um lugar particular do corpo e tem características próprias. Às vezes percebemos que as lágrimas derramadas em certos momentos têm um determinado efeito sobre nós e sobre os que nos cercam. O que provavelmente não sabemos é que cada lágrima, independente de sua origem ou de seus efeitos, contém uma semente de cura.

As lágrimas de raiva brotam no canto externo do olho. Quando aparecem em momentos inesperados e em horas impróprias, são mais fáceis de serem enxugadas. Nós certamente não queremos que os outros saibam que estamos com raiva, pois a raiva não é aceitável nem polida. Por isso nós a contemos, mas mesmo assim as lágrimas pulam dos olhos, destruindo nossa auto-imagem. O mais importante é que as lágrimas de raiva revelam nossas fraquezas aos que nos cercam. E nós não gostamos disso.

Eu derramei lágrimas de raiva no dia em que a equipe de filmagem da CBS foi à minha casa. Eu tinha acabado de me mudar para uma casa nova e os móveis eram poucos para encher os espaços vazios da grande sala de estar. A garagem encontrava-se apinhada de caixas, e em uma delas estava a roupa que eu planejara usar. Mas como eu não tinha marcado a caixa, não conseguia encontrá-la. Fiquei também com raiva porque minha nova sogra estava vindo para a nossa casa e não havia nenhum canto decente onde ela pudesse dormir. *O que ela ia dizer de mim?*, pensei com raiva. Eu tinha esperado muitos anos por esse programa e, agora que ele ia ser filmado, não me sentia pronta. Percebi que estava com raiva porque não tinha tido coragem de dizer ao produtor do programa ou ao meu empresário que não estava preparada para filmar o *show*. Sabe por quê? Porque eu não me sentia digna. Eu estava com raiva porque me sentia muito vulnerável, muito exposta e muito inadequada. Estava com raiva porque me sentia impotente, e isso me deixava muito triste.

As lágrimas de tristeza brotam do canto interno dos olhos e escorrem pelo nariz, bochechas e lábios. Por alguma razão nós sempre lambemos as lágrimas tristes. Sabemos que elas são salgadas e em geral vêm das experiências amargas da vida. As lágrimas tristes partem do coração. Geralmente, quando choramos de tristeza, curvamos os ombros e baixamos a cabeça.

Quando você está prestes a ser entrevistada para um programa nacional de televisão, precisa manter a cabeça erguida. E precisa usar maquiagem. É difícil aplicar maquiagem quando se está de cabeça baixa e chorando. Eu tinha encontrado uma roupa para usar. Não era a que eu queria, mas servia. E agora eu chorava porque sentia uma tristeza incrível no coração. Eu tinha trabalhado muito tempo e arduamente para chegar a esses doze minutos da CBS. Passara por muitos momentos difíceis e muitas lições duras. Apesar disso, meu trabalho tinha ido adiante. Minha vida tinha certamente ido adiante. No meu coração, eu sabia que ir adiante significa deixar para trás certas coisas e certas pessoas. A vida nos coloca em situações onde as coisas que antes funcionavam deixam de funcionar. O tempo que passa nos tira coisas ou pessoas e nos traz coisas e pessoas novas. Isso nos deixa tristes e sempre nos faz chorar. Eu também sabia que esse momento novo me obrigava a tomar certas decisões. Se não as tomasse, alguém as tomaria por mim. E isso era assustador.

As lágrimas de medo enchem os olhos e toldam nossa visão da mesma forma que o medo. Quando estamos com medo não conseguimos ver nem pensar. As lágrimas de medo são em geral grandes, sobem até os olhos e escorrem pelo rosto todo. As lágrimas de medo atravessam o corpo e nos fazem tremer.

* * *

Eu morria de medo de ser desmascarada, de descobrirem que eu estava com medo, com raiva e triste. Quando você chega a um determinado estágio da vida, ninguém espera que tenha certas emoções. Todos acreditam e afirman que você está "acima disso". O que não é verdade. Todos os professores precisam aprender, e todos os curandeiros precisam ser curados. É importante que todos saibam que, ao mesmo tempo em que ensinamos ou curamos carinhosamente os outros, estamos trabalhando em nossos próprios defeitos.

Eu não tinha idéia do que iriam me perguntar na entrevista. Aquele era, afinal de contas, o *Sunday Morning,* o programa premiado da CBS. Eles podiam me perguntar qualquer coisa sobre qualquer coisa, e eu seria obrigada a responder. E se me perguntassem uma coisa que eu ainda não tivesse trabalhado? Eu estava naquele momento enfrentando um desafio que poderia parecer pequeno, mas que para mim assumia proporções imensas. O que as pessoas pensariam se me fizessem uma pergunta em rede nacional sobre esse desafio? E se eu ficasse com raiva ou com medo dos milhões de pessoas que estavam me assistindo? Elas sentiriam? Como eu sobreviveria a isso? *O que as pessoas iriam pensar de mim?* Não havia mais tempo para essas conjeturas. Tinha de me vestir. Tinha de ser entrevistada.

Há também as lágrimas de vergonha, que escorrem quando estamos entregues aos nossos pensamentos e sentimentos. As lágrimas de vergonha chegam quando nos julgamos, nos criticamos, ou nos incriminamos por algo que, apesar de ser puramente humano, fica difícil de explicar a nós mesmos ou aos outros.

Ali estava eu, prestes a viver uma coisa que muita gente na minha posição venderia a alma para viver, e não me sentindo pronta nem digna. Ali estava eu, prestes a realizar um sonho, e me sentindo tão envergonhada que não conseguia me vestir. Estava com medo, com vergonha, e furiosa comigo mesma por ainda não ter juntado forças para enfrentar o pequeno desafio que me parecia tão difícil. Ele não tinha nada a ver com dinheiro nem com relacionamentos, coisas que em outra época da minha vida tinham sido trágicas. Tinha a ver comigo. Eu, a autora do momento, a autora *best-seller.* Eu tinha vergonha de estar atrapalhada com uma coisa tão pequena, tão banal. Mas seria mesmo banal? Será que se pode considerar banal uma coisa que você precisa fazer para o seu próprio bem, mas que vai magoar uma pessoa querida? Não é fácil nem banal dizer para alguém "eu te amo, mas tenho que te deixar". Não, não era hora de pensar nisso, porque a equipe de filmagem tinha acabado de entrar na minha casa semivazia.

Eu estava de pé em frente ao espelho, me aterrorizando, me sentindo indigna. Com medo e raiva de mim mesma por tudo o que eu sentia. Então, meu anjo apareceu no banheiro. Meu marido, Adeyemi, tinha vindo dizer que a equipe de filmagem estava me esperando. Assim que ele viu meus olhos vermelhos, estendeu os braços acolhedores para eu me abrigar neles. E foi o que eu fiz. Chorei ainda mais, e manchei sua camisa branca imaculada.

"Não fique assim. Não precisa ficar nervosa. Dá para fazer isso de olhos fechados." Fechados, sim. Borrados de maquiagem, não. Eu teria de refazer toda a maquiagem. Era exatamente como me sentia com relação à minha vida. Parecia que, no dia que deveria ser extremamente feliz, eu teria que repensar minha vida para entender o que estava acontecendo. Isso me deu muita raiva!

A entrevista transcorreu calmamente. Eu não derramei uma única lágrima. Todos disseram que minha casa era bonita e tranqüila. Ninguém pareceu notar a falta de móveis. Por que ficamos histéricos esperando pelo pior? Creio que isso faz parte da natureza humana. E acho também que isso acontece quando adiamos as coisas inevitáveis. Podemos até adiar o que temos de fazer, mas quando adiamos demais ficamos histéricos, imersos em conflito. Eu tinha de fazer uma coisa desagradável, mas estava resistindo. Já havia adiado por muito tempo. E agora eu e meu conflito íamos aparecer em rede nacional. Eu sabia que assim que o *show* terminasse eu subiria as escadas para chorar no meu lugar favorito. Minha banheira Jacuzzi.

É incrível como podemos ser contraditórios. Eu sou tão capaz de ajudar uma pessoa que chora, entendendo seu sofrimento, fazendo-a compreender as razões da sua dor para dar início à cura. Agora eu precisava fazer o mesmo por mim. Tinha de entender minhas próprias lágrimas para chegar ao centro da questão. Eu sabia que essa questão central era o que tornava tão difícil despedir minha empresária.

Afinal de contas, a experiência tinha me ensinado que eu precisava revisitar meu próprio passado, cheio de lágrimas amargas, para poder avançar em direção ao futuro. Os milhões de pessoas que estariam me assistindo na televisão não saberiam que eu não conseguia encontrar forças para fazer por mim o que sentia que precisava ser feito. Era por isso que eu me sentia uma fraude e tinha medo de ser descoberta.

* * *

O *show* começou com Charles Osgood, o apresentador do *Sunday Morning,* falando sobre mim. Contava ao mundo todos os livros que eu tinha escrito e dizia que eu saíra da pobreza nos arredores do Brooklin, em Nova York, para o palco do Appolo Theatre, de fama internacional. Meu marido apertou minha mão. Meus filhos estavam orgulhosos. Meu cachorro mordia a perna do sofá. Poderia ter sido uma celebração feliz. Mas eu tentava descobrir que tipos de lágrimas iriam sair dos meus olhos e me escorrer pelo rosto, e percebia que, qualquer que fosse o tipo, todos na sala as interpretariam mal. Isto é, todos menos eu.

Quanto sofrimento, vergonha, medo e raiva o corpo pode agüentar? É uma boa pergunta, pensei. Quanta dor o corpo pode agüentar? Eu, como muita gente, passei anos e anos convivendo com a dor. Ficamos presos às muitas dores da vida, sem saber como nos livrarmos delas. No entanto, quando recuperamos as forças, vencemos o desafio e passamos para a experiência seguinte, não paramos um instante para respirar ou celebrar.

A dor vivida fica dentro de nós, quieta, ignorada, mas plenamente atuante. São as lágrimas que a revelam e que nos levam aos dias mais sombrios e aos tempos mais difíceis. Através das lágrimas entramos em contato com as experiências que esquecemos, escondemos ou enterramos no fundo de nossas almas. Só assim podemos entendê-las melhor e nos conhecermos mais. Então, num domingo de manhã, eu fiquei sentada chorando porque minha alma e minha vida estavam sendo mostradas na televisão e eu, a "guru" da fé e da esperança, não tinha certeza se era uma imagem verdadeira.

Quando não entramos em contato com a dor de nossas várias experiências, e não as encaramos de frente, ficamos empacados, impedidos de seguir adiante de forma mais livre e consciente. Por isso reproduzimos as mesmas atitudes e repetimos as mesmas experiências que nos fizeram sofrer. Eu tentava conter as lágrimas por coisas que havia dito e não havia dito. Lágrimas por coisas que eu tinha feito e agora precisava desfazer. As lágrimas não derramadas ficam presas na garganta, tornando difícil falar a verdade e expressar honestamente quem somos. Minha vida estava em movimento e eu sabia que, se não encontrasse coragem e força para falar, abafaria todas as possibilidades da nova vida prestes a nascer em mim.

Um de meus professores certa vez me disse: "Conte sua história. Sua história vai curar você e vai curar outras pessoas." Minha história é cheia de lágrimas: lágrimas tristes, lágrimas impregnadas de vergonha, lágrimas cheias de raiva e, recentemente, lágrimas de felicidade. Ao me ver na televisão, compreendi que minha história e minhas lágrimas eram normais. Ser uma autora *best-seller* não me torna fora do comum nem diferente. Eu continuo a ser humana. Continuo a chorar quando me acontece uma coisa desconfortável ou desagradável. Continuo a chorar quando penso nas partes tristes da minha história. E choro quando tenho raiva ou vergonha.

Sentada na minha própria casa, rodeada de um marido querido e da minha família, eu deveria ter vontade de celebrar, mas mesmo assim precisava chorar. Ontem, eu tinha chorado porque minha história era tão trágica, tão devastadora e sofrida. Nessa manhã de domingo, eu chorava por perceber que ainda tinha um trabalho de cura a ser feito.

Chorar pelos outros e por mim mesma me fez acreditar que certos aspectos da minha história devem ser contados. Se eu quero realmente me curar e ajudar os outros nesse processo, devo contar as partes difíceis de serem contadas. Não porque minha história seja diferente ou única, mas porque eu fui abençoada por poder chorar as lágrimas de dor e tristeza para que as lágrimas de felicidade brotassem do meu coração permitindo que eu me mantivesse no caminho certo. As lágrimas de felicidade nos fazem compreender que as lágrimas de tristeza são necessárias, que cada lágrima é uma oração, que amanhã será melhor do que hoje. As lágrimas de felicidade permitem que você celebre seu Eu, sua cura e seu crescimento.

Minha história não é tanto a história das coisas pelas quais eu passei e do que eu fiz, e sim das coisas que eu superei, das coisas que eu aprendi, das coisas que eu hoje compreendo. Eu chamo simplesmente de história, e a conto porque aprendi que ela me ajuda a continuar o processo de cura. Conto minha história para ter uma razão para celebrar.

Acho incrível que inúmeras pessoas não consigam contar sua história. Essas pessoas não percebem que suas vitórias precisam ser celebradas. Eu descobri que quando conto minha história ajudo as pessoas a encontrar coragem para rever suas próprias experiências, soltar suas lágrimas e crescer com isso. A vida é muito mais do que passar de uma experiência a outra. Quando vivemos assim, levados apenas pelos acontecimentos, sem refletir e aprender com eles, choramos sem esperança.

Foi isso que eu senti numa manhã de domingo. Eu tinha me esquecido de celebrar minha força e minhas vitórias, achando que seria um gesto egoísta. Havia me esquecido de me abraçar ou de fazer um afago em minhas costas. Tinham me dito que isso seria egoísmo. Eu não havia agradecido ao meu Eu por tudo o que tinha superado. Agora que os outros iriam celebrar minhas vitórias, eu não me sentia digna nem merecedora desse louvor. Sei que muita gente sofre sozinha por experiências que são comuns a todos, sem coragem de compartilhá-las. Experiências sofridas pelas quais passamos, mas sobre as quais temos vergonha de falar e medo de celebrar. Afinal de contas, *o que as pessoas iriam pensar* se nos vissem sorrindo para nós mesmos no espelho?

Foi exatamente isso que eu fui capaz de fazer, e me alegro profundamente por ter conseguido. Em *workshops,* em palestras e nos meus livros, dividi com os outros o processo de cura que lhes permite chorar e depois celebrar. Infelizmente, eu me ocupei tanto com os outros, que me esqueci de chorar e celebrar comigo mesma. Senti que tinha uma obrigação e uma dívida com todos, menos comigo. Em uma manhã de domingo eu vi que era hora de descobrir por que continuava fazendo uma coisa que já não queria mais fazer.

Eu chorei ontem. Chorei minha infância. Chorei minha adolescência. Chorei minha juventude. E foi o medo, a vergonha e a dor dessas lágrimas que permitiram que eu me reerguesse para contar minha história e celebrar minha cura. Este livro não é apenas a *minha* história, é a *nossa* história. História das coisas comuns que todos nós vivemos e que não aprendemos a expressar. História das coisas que nos mantêm mutilados porque as vemos com medo, com raiva e com vergonha. Minha vontade é que minha história ajude as pessoas a jogar fora suas muletas de deformações e vícios para podermos ficar juntos em uma nova época, em um novo lugar, com uma nova compreensão que nos permitirá celebrar o fato de estarmos vivos.

Quando minha avó dizia que Deus nunca nos dá mais do que podemos agüentar, estava dizendo que todas as lágrimas que você precisa chorar, todas as lágrimas que precisa enxugar, todas as lágrimas que precisa dividir estão disponíveis. Chorem. Curem-se. E cresçam para poderem ser plenos e celebrarem tudo o que Deus os criou para ser. Minha história é sobre isso, e é por isso que este livro teve de ser escrito.

Mesmo enquanto eu escrevo, eu choro. Choro quando penso no que as pessoas dirão sobre mim, no que as pessoas pensarão de mim. Mas como minhas lágrimas hoje fluem livremente, e eu as compreendo, estou disposta a correr o risco, sabendo que não posso perder. Se este livro, esta história, estas lágrimas puderem ajudar alguém, então tudo por que eu passei não foi em vão. Espero que ao lerem este livro vocês encontrem coragem para chorar e compreender por que estão chorando. Espero que percebam as lições por baixo das lágrimas e que sejam capazes de se amar em qualquer circunstância, e apesar de tudo. Espero que amanhã suas lágrimas apaguem o medo ou a vergonha ou a tristeza que não deixaram vocês contarem sua própria história.

Ontem eu chorei pela mulher que queria ser. Hoje eu choro ao celebrar seu nascimento. Ontem chorei pela meninazinha dentro de mim que não era amada nem querida. Hoje choro quando ela dança em volta do meu coração, celebrando a si mesma. Espero que suas lágrimas de ontem estejam secas, que vocês encontrem coragem para celebrar a si mesmos e as lições que os fizeram crescer e aprender. As lições que os fizeram tomar mais profundamente consciência de si mesmos, da criança que subsiste dentro de cada um de nós e da constante misericórdia e graça de Deus. Agora vamos fazer uma festa, celebrar todas as nossas conquistas e nos divertir muito!

Capítulo 1

Qual é a lição quando você acha que entendeu a lição, mas na verdade não entendeu?

A dor é uma perspectiva errada.
De qualquer forma que seja sentida,
  é prova de auto-sugestão.
Não um fato em si.
Qualquer forma que tenha
  desaparecerá quando vista corretamente.

Um Curso em Milagres

ISSO NÃO VAI PARAR NUNCA? Será que um dia tudo na vida vai dar certo? Será que os dias serão quentes e ensolarados com mais freqüência e durarão mais do que as noites ventosas e frias? Eu pensava que se tivesse o homem dos meus sonhos e o amor da minha vida tudo ficaria bem. ERRADO! Pensava também que se tivesse dinheiro, não muito dinheiro, mas o suficiente para pagar minhas contas em dia e ter um pouco de sobra para viver, as coisas estariam ótimas. NADA DISSO! E pensava que se conseguisse escolher a carreira dos meus sonhos, e me entregasse com alegria e de corpo e alma a essa carreira, eu voaria alto. ERRADO DE NOVO! Só depois de superar obstáculos aparentemente insuperáveis, passar por desastres devastadores, enfrentar desafios incríveis e me ver em um programa de televisão em cadeia nacional, eu finalmente entendi a vida.

Deitada na Jacuzzi, vendo meu cachorro de mil dólares fazer suas necessidades no meu tapete, eu finalmente entendi! Na vida é preciso estar sempre limpando a merda e, enquanto se limpa, aceitar de bom grado que é isso o que tem que ser feito. O termo é forte, talvez chocante, mas é esse mesmo, e eu o assumo completamente porque o acho necessário para que se compreenda do que quero falar.

Eu nem sempre tive percepções tão profundas sobre a vida ou sobre o processo de viver. Como a maioria das pessoas, eu achava que viver era tentar agir cada vez melhor. Fazer cada vez mais, para ter mais e me sentir melhor. Eu acreditava que essa era a essência total do viver. É claro que não cheguei a essa filosofia de vida por conta própria. Fui ensinada pela maioria dos adultos que me influenciaram a pensar e a sentir dessa forma. Fui ensinada a pensar assim por todos os comerciais de televisão, pelos professores da escola e da faculdade e por meus próprios desejos secretos de fazer melhor e ter sempre mais. Agora minha perspectiva é diferente. E por mais que me entristeça pensar em todo o tempo, energia e dinheiro que gastei fazendo coisas para conseguir o que queria, sinto um grande alívio de saber que eu estava errada.

O que faz valer a pena a Jacuzzi, o dinheiro, o amor ou qualquer outra coisa que se deseje ter ou experimentar na vida é nossa disposição de limpar a merda. Na maior parte das vezes não é nem a nossa! Pode ser alguma coisa que alguém deixou cair na nossa vida. Ou alguma coisa que pegamos porque pensamos que era outra e, ao perceber o que realmente era, tivemos de limpar um bocado de sujeira. Na vida é preciso dispor-se a tirar o corpo nu, nosso Eu mais vulnerável, da água quente onde estamos confortavelmente mergulhados e limpar a merda, sem sentir raiva e sem perder nosso Eu nesse processo. A merda que o cachorro fez no tapete, a merda das nossas crenças antigas, das experiências que repetimos tantas vezes, apesar de nos prejudicarem. Se soubermos fazer dessa limpeza uma experiência diária, a vida se torna uma alegria e não um fardo.

Uma palavra de cautela. Não podemos ficar presos em qualquer tipo de merda! Nem na nossa, nem na dos outros. Se isso acontecer, certamente perderemos o verdadeiro sentido da vida e o nosso Eu. A vida é uma espécie de teste de limpar merda. Um teste em que nós todos nos inscrevemos, que todos têm de fazer. *O melhor aluno recebe os testes mais difíceis.* Nosso *único* trabalho, goste você ou não, é mantermo-nos alertas na vida para limpar a merda assim que nos dermos conta dela. A capacidade de fazer isso sem ficar preso é o que umas pessoas chamam de "sucesso" e outras chamam de "crescimento pessoal" ou "evolução". Na minha experiência, o resultado da limpeza da merda é o crescimento e desenvolvimento espiritual. E essa era a tarefa que eu tinha de enfrentar agora: limpar a merda. Primeiro a do meu cachorro, depois a minha.

Eu limpei a sujeira do cachorro, voltei para a Jacuzzi e enfiei os dedos dos pés dentro da banheira. A água tinha esfriado. Quando fui abrir a torneira para esquentar a água, os pensamentos de Rhonda começaram a vir à minha cabeça. Por que se importar? Será que vale a pena? Quantas vezes você vai se arrastar por esse tipo de auto-análise aquática? Esqueça tudo isso! As coisas não são tão ruins assim! Deixe isso para lá!

De repente comecei a ouvir duas vozes na minha cabeça. Iyanla dizia: "Não! Faça agora. FAÇA AGORA MESMO!" O banheiro encheu-se do vapor da água quente que enchia a banheira. Era um sinal claro. "Tentando colocar de novo uma cortina de fumaça?" Quando eu me fiz essa pergunta, percebi o quanto eu tinha crescido. Houve época em que eu deixava umas coisinhas da vida por fazer, ou semifeitas, com medo de que alguém se zangasse comigo, com medo de perder o amor dos outros. Houve época em que eu me entristecia e chorava quando pensava no que alguém estava fazendo ou havia feito comigo e me sentia totalmente impotente para tomar qualquer atitude a esse respeito. De várias formas, eu me permitia escapulir de situações desagradáveis na vida para não ter de enfrentá-las.

Porém, esses tempos e essas formas haviam passado. Eu tinha escolhido não viver mais assim. Passei dias refletindo sobre isso em outras banheiras e descobri que, quando se deixa um pouquinho de merda que seja na vida, com o tempo ela começa a cheirar mal, realmente muito mal.

"Como", pensei comigo mesma, "você conseguiu sair do ponto em que implorava por um trabalho e em menos de dez anos pôde comprar uma casa e despedir um empregado?" Eu havia conseguido, e conseguido bem. No início, eu não tinha nem onde morar, e agora morava numa casa de meio milhão de dólares. No início, tinha de implorar para conseguir alguma coisa, e agora as pessoas imploravam para eu dividir o que tinha a oferecer. Eu havia saído de buracos escuros, úmidos e terríveis do inferno para um canto do céu, em tão pouco tempo, que estava com problema para entender minha própria vida. Porém, até mesmo no meu cantinho do céu havia pilhas de merda que precisavam ser limpas. Havia coisas na minha vida e sobre a minha vida que não tinham absolutamente nada a ver com quem eu era agora, com o que fazia e com o que sabia ser a verdade sobre mim. Eu tinha de descobrir que verdade era essa. Tinha de descobrir como livrar minha vida de brigas bobas, pequenas confusões e o caos inesperado que irrompia de vez em quando. Estava na hora de dizer a verdade – de novo.

Embora eu fosse a primeira a admitir com gratidão e humildade que as coisas na minha vida tinham melhorado demais, havia ainda algumas que simplesmente não se encaixavam. Certamente eu havia perdido alguma parte da lição que eu, "A Rainha da Lição", pensava que dominava. Admitir isso para mim mesma era metade da batalha. Eu tinha construído minha carreira ajudando as pessoas a descobrir e aceitar suas lições. Agora era minha vez – de novo.

Ao longo dos anos eu constatei que a água quente faz as coisas subirem à superfície. Fechei a porta do banheiro para manter o cachorro do lado de fora e preparei um belo banho quente. Misturei na água sais de banho de lavanda e camomila e me preparei para ficar na banheira até encontrar a resposta à pergunta de que eu menos gostava: "O que estou fazendo para criar a situação atual em que me encontro?"

Deslizando para dentro da banheira, fiz uma rápida revisão e uma celebração mental do lugar onde estava sentada. Sou uma pessoa decente. Espiritualmente centrada. Ministra. Esposa. Avó. Sacerdotisa. Autora de *best-seller*. Palestrante conhecida internacionalmente. Proprietária. Empresária. Fechei os olhos, escorreguei mais para dentro da água, e os pensamentos de Rhonda encheram minha cabeça. "Bruxa confusa! Gorda e feia! Puta! Vagabunda! Desajustada!" Freneticamente, procurei a esponja na água e me lembrei de Rhonda, a pessoa que eu havia sido. Decidi não reagir, não lutar contra mim mesma. "Porca! Cadela! Você realmente pensa que é o máximo!" Peguei a esponja e espremi a água quente sobre a cabeça.

"Fale comigo", sussurrei. "Diga o que você quer."

"Eu quero que você morra! Você não merece viver."

"Cale a boca! Você está sendo dramática! O que você quer?"

Fechei os olhos e fiquei me ouvindo. Rhonda estava enraivecida de novo.

Estava com raiva e queria que Iyanla soubesse disso. Rhonda era a minha parte que se negava a mudar, se negava a crescer. Era a minha parte que precisava ser curada. A parte onde todos os meus medos, fraquezas e defeitos de caráter se ocultavam. Eu sabia que não se tratava de dupla personalidade. Tratava-se de história. Rhonda tinha uma história e Iyanla estava criando a sua própria. Rhonda tinha uma história de sofrimento, abuso e negligência. Tinha uma história em que fizera as coisas de certas formas, com certas expectativas, baseada nas experiências de sofrimento e abuso. Era por isso que em geral ela esquecia de si mesma e buscava a aceitação dos outros. Rhonda tinha também uma forte tendência a adiar coisas desagradáveis, a esperar até o último momento para fazer coisas importantes, e lutava desesperadamente para que as pessoas gostassem dela.

Eu compreendia a história e o comportamento de Rhonda. Mas sabia que eu tinha o poder de mudar. Tinha o direito de viver em paz. Tinha a capacidade de transformar minha forma de pensar e de ser. Para fazer isso, teria de fundir a pessoa que eu fui com a pessoa que eu podia ser. Rhonda e Iyanla tinham de se tornar uma só.

Eu não sou mais quem eu costumava ser. Mas continuo sendo quem eu costumava ser. De repente, aquela percepção que eu atingira meses atrás na meditação fez sentido. Eu compreendi que, mesmo quando nós mudamos, nossa história não muda. O que aprendemos através das nossas experiências irá sempre influenciar, afetar e motivar tudo o que fazemos. Mais importante ainda: se não formos cuidadosos e alertas, a merda da nossa história se infiltrará e sujará nossa realidade presente. Eu andava vigiando Rhonda, mas de alguma forma ela continuava presente. Infiltrando-se. Criando caso. Rhonda havia me colocado em uma situação que era familiar para ela, mas contraditória e repugnante para o meu novo Eu. Eu teria de limpar mais um pouco de merda para poder celebrar o que iria acontecer em breve na minha vida.

Quando eu estava lá no fundo do poço, Deus mandara um anjo cuidar de mim. Naquela época, eu ia ser despejada da minha casa em menos de sete dias. Não tinha dinheiro e nada em vista para receber. Meu telefone havia sido desligado. Eu não tinha nenhum amigo com quem dividir meus problemas. Fazia dez graus abaixo de zero lá fora e eu precisei atravessar a rua para fazer uma transação comercial num telefone público. Hoje acho um verdadeiro absurdo pensar que quando você realmente precisa de ajuda seu ego e seu orgulho não permitem que você peça. Minha carreira de escritora e palestrante estava apenas começando e eu não queria que ninguém soubesse da minha verdadeira situação. (Merda de Rhonda.) Não tinha agente literária, e o contrato que me chegara naquela manhã de uma pequena editora independente representava um dinheiro imediato. Era um valor bem abaixo do que eu calculara receber pelo meu livro, mas era dinheiro. E só Deus sabe como eu precisava daquele adiantamento. Mas alguma coisa no contrato parecia estar errada. (Intuição de Iyanla.) Eu já tinha passado por isso antes. Desesperada por dinheiro. Com medo de tomar decisões. Sendo despejada.

Tremendo no meu casaco barato, encostei a cabeça no telefone gelado e fiz minha oração favorita: "SOCORRO!" Isso sempre funcionou comigo. A oração ainda não tinha congelado no ar frio quando veio a idéia na minha cabeça: *Telefone para sua editora Darlene.* Obedientemente, peguei no telefone e disquei o número. Como se soubesse por que eu estava ligando, Darlene me falou de uma agente literária com quem tinha almoçado no dia anterior. "Me dê o telefone dela", pedi. Nem me lembro se me despedi ou se desliguei o telefone. Liguei para ela. Karen, a agente que eu pensei que poderia me salvar, me atendeu como se me conhecesse a vida toda.

Alguém tinha falado com ela a meu respeito. Terminadas as preliminares, comecei a despejar minha história. O contrato. A editora. As negociações infindáveis. Meu sonho, minha meta. A natureza do livro. Eu não tinha uma pista, mas estava certa de que havia alguma coisa errada naquela negociação. É preciso que o outro ouça com muito interesse para absorver a história da vida de alguém em 3,3 minutos de conversa e responder com coerência. Percebendo instintivamente que eu estava bastante traumatizada e prestes a chorar, Karen falou: "Eu vou cuidar disso." *Oh, meu Deus! Eu não vou ter de morar no parque com os esquilos! Eles pelo menos têm pêlo, e eu tenho apenas um casaco de liquidação!*

Embora Iyanla tivesse aprendido a esperar um milagre e a confiar no processo, Rhonda se sentia em pânico, precisando ser salva. Dentro de duas semanas o aluguel estava pago, o telefone ligado, eu tinha um contrato lucrativo com uma grande editora e o anjo chamado Karen passou a fazer parte integral da minha vida.

Karen e eu nos falávamos quase todos os dias sobre tudo. Sem que eu sentisse, três anos se passaram. Minha carreira havia tomado impulso. Karen e eu continuávamos ligadíssimas. Ela me encorajava a produzir mais. Apoiava tudo o que eu fazia. Brigava comigo quando parecia que eu estava saindo dos trilhos e me defendia com unhas e dentes. Rhonda precisava disso. Precisava de alguém que acreditasse nela. Precisava de alguém que dissesse as coisas que ela não conseguia dizer. Precisava de alguém que cuidasse dela e a protegesse, pois ela não acreditava que pudesse fazer essas coisas por conta própria.

Iyanla tinha necessidades completamente diferentes. As necessidades e os padrões de Rhonda entravam em conflito com a sensibilidade de Iyanla, causando um verdadeiro caos na minha cabeça.

Em geral, quando seguimos um caminho espiritual, há uma guerra entre a pessoa que éramos e a nova pessoa que está surgindo. Segundo minha experiência, havia duas personalidades distintas que precisavam ser integradas. Eu descobri que, à medida que ficamos mais velhos, essa integração se torna mais difícil. O velho Eu, o que nos ajudou a sobreviver nos momentos mais duros, vai lutar para se manter vivo. O velho Eu conhece nossos segredos e nossa história. Conhece nossos mecanismos de defesa, as saídas que encontramos nas situações-limite, sabe exatamente quais são nossas fraquezas. O velho Eu tem pavor de tentar alguma coisa nova. Ele se sente confortável com a forma como as coisas eram e são. O velho Eu quer manter o controle. O velho Eu tem direitos adquiridos.

O novo Eu, o Eu espiritualmente consciente, atrapalha-se ao imaginar o que vai acontecer. É a parte nossa que ainda tem de passar por uma prova. Nós podemos acreditar fortemente, podemos querer intensamente mudar, deixando emergir a nova identidade, mas o novo Eu não está bem certo se as coisas irão funcionar. É no espaço dessa dúvida que o velho Eu vai agir. Ele nos desafia, nos faz desconfiar de nós mesmos, cria desculpas esfarrapadas. Dá-nos a impressão de que não temos tempo para rezar e meditar, e que, além do mais, rezar e meditar não botam comida na mesa. O novo Eu vê os problemas como desafios e sabe que para cada problema há uma solução, uma saída. O novo Eu dispõe-se a enfrentar os desafios e deseja fazer isso de forma espiritual. Porém, quando é encostado na parede, fica com medo e vai pedir ajuda ao velho Eu, por força do hábito. No instante em que o velho Eu ajuda, o novo Eu morre – mesmo que seja por alguns instantes. O desafio é que, quando o novo Eu volta de novo à ação, há provavelmente um monte de merda que precisa ser limpa.

Iyanla estava determinada a nascer. Eu aprendi a duras penas que precisamos ter disciplina e ficar alertas e obedientes para persistir nas práticas que irão construir nossos músculos espirituais e botar o velho Eu de lado. A verdade é que realmente dormimos com o inimigo, e o inimigo conhece nossas dúvidas e nossos medos.

Ao longo dos anos, eu lutei comigo mesma para superar os maus hábitos, as crenças negativas e o medo com que tinha vivido desde que nasci. Essa era a identidade de Rhonda, as coisas que ela conhecia muito bem. Mas essas coisas não funcionavam para Iyanla. Muitos *não posso,* muitos *não sei,* muito medo e hesitação. Muita raiva e vergonha gerando muita culpa. Iyanla não duvidava de Deus nem do processo da vida. Eu não precisava ser salva, não precisava ser cuidada, então por que estava chorando e me sentindo indigna? *O que estava acontecendo?*

Havia coisas que eu queria dizer, precisava dizer para mim mesma, mas por alguma razão as palavras ficavam presas na minha garganta. Eu engolia minha verdade porque tinha medo de incomodar os outros. Era o que estava acontecendo agora. Pensei que eu já tivesse acabado com isso! Talvez Iyanla tivesse. Mas Rhonda, não.

A água da banheira ficou fria de novo, e eu não tinha nem começado a arranhar a superfície. Era a hora da verdade, e eu estava mais do que disposta. "Limpar", pensei. "Limpar e clarear. Clarear e crescer." Meu pensamento voava longe quando meu marido bateu na porta. "Você está bem?" Ele já se acostumara comigo e sabia que não devia abrir a porta quando eu me encontrava em pleno processo. Para tranqüilizá-lo e me lembrar de mim mesma, respondi: "Eu sou abençoada."

Mesmo quando parece que a sua vida está desmoronando, você descobre que existe uma restauração divina. Karen e eu tínhamos construído meus sonhos em uma estrutura sólida, tijolo por tijolo e livro por livro. Mas algo acontecera pelo meio do caminho, e as coisas deixaram de funcionar bem. Nós discutíamos mais do que celebrávamos. As coisas que dizíamos me deixavam incomodada. Eu tinha visto, e agora sentia, que nossa relação estava se deteriorando e nossa ligação se aproximava rapidamente do fim. A verdade é que eu sabia disso há mais ou menos um ano. Mas eu devia muito a Karen. Ela me salvara quando eu estava na pior. Ela cuidara de mim. O que eu faria sem ela? Como poderia dispensar alguém que tinha sido tão boa para mim? Isso era coisa de Rhonda!

Para Iyanla, Karen era sua funcionária. Recebia para fazer um trabalho, e era só isso que Iyanla lhe devia. Iyanla era grata e leal, mas tinha consciência dos limites. Rhonda, porém, misturava negócios com amizade, e os negócios estavam se deteriorando. Rhonda era leal aos padrões que ela e Karen haviam estabelecido, e sentia muito medo. Medo de perder o amor de alguém que ela amava. Era exatamente aí que residia o choque: Iyanla sabia uma coisa e Rhonda acreditava em outra. Saber e acreditar não são a mesma coisa. Quando você sabe uma coisa e acredita em outra, cria-se um conflito.

A temperatura da água estava no ponto. Quente o suficiente para fazer a merda subir à superfície e me dar mais uma hora de sossego. Rhonda precisava ser curada. A cura acontece de dentro para fora. Eu tinha de aprofundar o alcance da memória, ir ao fundo da minha alma e ficar em paz com o que eu tinha criado. Isso mesmo, eu tinha criado. Sempre que não fazemos o que precisamos fazer, por alguma razão criamos merda. Eu antigamente pensava que se rezasse bastante, meditasse bastante tempo e demonstrasse bastante fé, as coisas funcionariam por si mesmas. Pensava que podia conviver com alguma coisa, mesmo que não fosse muito correta. Graças a Deus tinha crescido o suficiente para não desculpar nenhum nível de desonestidade. A desonestidade não fazia parte da natureza de Iyanla, a natureza que eu adquirira junto com meu novo nome. Deitada ali na banheira, eu me lembrei como Rhonda adquirira o nome de Iyanla.

* * *

Havia muito movimento na casa de Balé quando eu cheguei. Várias mulheres estavam em uma sala, sentadas no chão, cantando e mexendo ervas em uma grande tigela de metal. Vários homens encontravam-se em outra sala, rindo e conversando. Balé estava no seu lugar de costume, na cozinha. Como sempre, ficou contente de me ver. Mandou que eu esperasse no andar de cima enquanto ele continuava sua terapia. Eu me sentei e fiquei ouvindo durante horas as pessoas do andar térreo cantarem, conversarem e rirem. Toda vez que eu me levantava para ir ao banheiro, olhava por cima da balaustrada tentando ver o que estava acontecendo. Dava para ouvir e sentir cheiros, mas não dava para ver coisa alguma.

Eu conhecia Balé, meu mentor espiritual e padrinho, desde meus nove anos de idade. Agora, sentada em frente a ele na mesa de jantar, tive a impressão de que o via pela primeira vez. Embora nos falássemos ocasionalmente, fazia quinze anos que eu não o encontrava, e o achei muito mudado. Eu também tinha mudado. Porém, aquele homem me conhecia. Conhecia minha família, conhecia minha história. Conhecia Rhonda e conhecia a pessoa que eu estava destinada a ser. Ele era minha figura paterna. O pai que eu sempre quis que me amasse e me aceitasse. Na minha adolescência, ele era o empresário do meu grupo de dança. Muita gente, inclusive meu pai, achava que ele era um homem mais velho tentando tirar vantagem de um grupo de jovens. Mas isso estava longe de ser verdade.

Ao longo da minha vida, Balé me orientou nos períodos críticos. Ele mantinha as garotas do nosso grupo longe dos chamados "garotos perniciosos". Ensinou-nos o que significava ser uma jovem afro-americana. Na verdade, foi Balé quem comprou o primeiro tecido africano com o qual fiz duas saias. Uma para mim e outra para a irmã caçula dele. Ela era minha melhor amiga. Foi ela quem empenhou sua aliança de casamento para me ajudar a pagar a fiança do meu marido que estava preso. Quase todos os Dias de Ação de Graças da minha adolescência foram passados na casa deles. Quando eu fiquei grávida do meu primeiro filho, Balé e a irmã fizeram um chá-de-bebê para mim. Olhando para ele agora, percebi como eu sentira sua falta e quanto ele influenciara minha vida.

Balé é um sacerdote ioruba. Foi iniciado quando eu ainda era adolescente. Depois da sua iniciação, saiu de Nova York, morou na África por algum tempo e mais tarde foi para a Flórida. Eu tinha descoberto recentemente, por mero acaso, que ele vivia agora em Nova Jersey. Quando lhe telefonei, adoramos ouvir a voz um do outro. Queríamos celebrar nosso reencontro. Agora estávamos sentados na casa dele, tentando pôr em dia nossas histórias. Ele tinha ouvido dizer que eu estava morando na Filadélfia, trabalhando como advogada. Sabia que meu primeiro marido e eu não estávamos mais juntos, que meu segundo marido tinha morrido e que eu era uma sacerdotisa ioruba. Agora queria saber todo o resto.

Eu me lembro que naquele dia, sentada na casa de Balé, tive a mesma sensação que tinha na casa da minha avó. Ele me mandou ficar sozinha num quarto. Eu sentia o cheiro de comida, mas não tinha coragem de pedir para comer nada, embora estivesse morta de fome. Ouvia as pessoas se divertindo, mas não tinha permissão para me juntar a elas. Quanto mais eu ficava ali, mais raiva sentia. Quanto mais raiva eu sentia, mais frustrada ficava por não ser capaz de manifestar essa raiva. Quando finalmente parei de mudar da raiva para a frustração, da frustração para a rejeição, da rejeição para a fome, senti uma terrível dor de cabeça. Quando ia pegar minhas coisas para sair, Balé me chamou. Só então notei o silêncio da casa. Todas as pessoas tinham ido embora.

– Você deve estar faminta. Achou que eu não ia te oferecer nada, meu bem? Vamos comer alguma coisa.

Balé tinha arrumado a mesa só para mim. Colocou uma enorme porção de galinha ensopada e arroz em um prato de porcelana e ficou conversando na cozinha enquanto eu devorava a comida.

– Não chegue a conclusões apressadas. Seu dia hoje vai ser inédito. De uma beleza que você nunca viu. O fato de ter chovido ontem e o chão estar alagado, não quer dizer que você vá se molhar hoje.

Eu deixei cair o garfo que estava segurando. *Droga! Droga! Ele conseguia ler meus pensamentos de novo!* Meu apetite desapareceu.

– Sabe do que eu estou falando? – perguntou ele.

– Sei.

– Você passou por muita coisa. Eu sei que cometeu erros. Mas também sei que não cometeu esses erros por ser uma pessoa mesquinha ou perversa. Quase tudo o que você fez foi o que lhe ensinaram a fazer. Você sabe que não é uma pessoa má. – O cheiro da comida na mesa estava me deixando enjoada.

– Às vezes eu acho que acredito em mim. Mas, se me criticam por alguma coisa, perco a segurança.

– Você é uma boa pessoa, mas se colocou em más situações. Se pudesse ser alguma coisa no mundo, quer dizer, um animal, um alimento, uma fruta, um mineral ou uma pessoa, quem ou o que seria?

Eu realmente tive de pensar um pouco. Comecei tentando dar a resposta "certa", a resposta que deixaria Balé bem impressionado. Ao perceber que isso era impossível, comecei a pensar no que seria mais útil para o mundo. Do que a maioria das pessoas gosta ou acha útil? Eu não queria ser uma coisa rara nem pouco conhecida.

– Não há uma resposta certa – disse Balé.

Eu já tinha imaginado isso.

– Uma galinha. Eu gostaria de ser uma galinha.

É claro que ele perguntou qual era a razão dessa escolha.

– Todo mundo gosta de galinha. Existem muitas galinhas, elas são úteis e resistentes, podem sobreviver em quase qualquer lugar. – Baixei os olhos para o meu prato e continuei. – As galinhas dão às pessoas oportunidade de serem criativas.

Balé olhou para mim por um instante, depois disse:

– Pois eu gostaria de ser um copo d'água transparente. Queria poder ver o mundo sem interferências. Gostaria de viver de tal forma, que nada pudesse ser ocultado.

Eu sabia aonde ele queria chegar.

–Você sabe que Adeyemi é um homem bom, que sempre trabalhou muito pela comunidade. Mas ele já levou seu nome para a lama uma vez. Estou certo de que ele não tinha essa intenção, mas foi o que aconteceu. Por favor, não deixe que isso aconteça de novo. Você hoje é uma pessoa diferente do que era naquela época.

Aquilo ia ser muito difícil. Eu acabara de passar dois dias com Adeyemi em Albany. Ele trabalhava lá durante a semana e ia para casa e para sua esposa no Brooklin nos fins de semana. Eu sabia que havia alguma coisa errada quando ele foi me buscar na estação ferroviária, mas nós passamos o fim de semana sem problemas. Na manhã da minha partida, ele me disse que não devíamos nos ver mais. Disse que chegara à conclusão de que não estava dando uma chance ao seu casamento e que sua mulher tinha começado a fazer perguntas sobre mim. Eu falei que seu casamento não iria funcionar só por ele estar tentando atenuar sua culpa. Falei que era uma maluquice pensar que eu iria ficar sentada esperando por ele. E que, se ele não queria ficar comigo, para mim tanto fazia! Saí do seu apartamento jurando que nunca mais o veria. Mas telefonei no instante em que cheguei em casa. Foi quando ele me contou que estava mudando sua família para Atlanta.

Eu sabia que tinha de parar de me encontrar com Adeyemi, mas não conseguia fazer isso. Afinal de contas, ele fora o primeiro homem que tinha segurado minha mão. Tentei justificar meu comportamento dizendo a mim mesma que ele e a mulher estavam separados, o que fazia dele um homem livre. Isso não explicava o fato de ele viver com ela nos fins de semana no Brooklin, e eu na Filadélfia. Era errado, e eu sabia. Mas não estava pronta para admitir meu erro. Não dei uma palavra com Balé. Fiquei olhando para o espaço, tentando não chorar. De repente vi Nett com tanta clareza, como se ela estivesse sentada ali na minha frente. Nett pegou a xícara, tomou um gole e, sem piscar, me disse:

– Se o homem for casado e você não, você está dormindo com um homem casado. Mesmo que ele não veja a esposa há cinqüenta anos, ou que viva de um lado do mundo e ela de outro. Se ele for casado e você não, você está aprontando uma confusão. – Depois de dizer isso, Nett sumiu. Eu jurei a mim mesma que nunca mais voltaria àquela casa.

Balé retirou meu prato da mesa e me mandou sentar na esteira esticada no chão. Balé é um adivinho. O processo de adivinhação do povo ioruba é realizado com dezesseis conchas de búzios. Depois que as conchas são consagradas com cerimônia e oração, o adivinho as joga na mesa para que elas respondam uma pergunta. A configuração das conchas, quando elas caem, é que revela a resposta. Balé abençoou os búzios e começou a jogá-los. É como jogar dados: basta saber o que os números significam para receber a resposta à sua pergunta.

Balé nunca revelava suas perguntas. Eu fiquei observando-o jogar as conchas durante uns dez minutos. Depois ele se levantou, saiu da sala e voltou trazendo um livro. Consultou o livro e jogou as conchas novamente. De repente, parou. Fechou os olhos, encostou a cabeça na parede e ficou sentado ali por vários minutos. Quando abriu os olhos, eu dei um pulo. Ele pegou as conchas de novo e jogou-as pela última vez. Estava satisfeito. Dava para ver pelo seu sorriso.

– Você está pronta para isso? – perguntou. Eu não tinha idéia do que ele estava falando.

– Acho que sim.

– Se não estiver pronta, é só dizer. Podemos voltar a fazer.

Eu fiquei um pouco irritada. Por que toda essa baboseira? Ou ele me dizia logo do que estava falando, ou não devia pedir que eu respondesse.

– Balé, eu não tenho idéia do que você está falando. Como posso saber se estou pronta ou não?

– Se você parar com essa irritação e respirar fundo, vai saber que está pronta. – Ele parecia zangado. Eu não sabia o que dizer.

– Tudo bem, estou pronta para conhecer meu destino. – Foi uma resposta interessante, pensei comigo mesma.

– Iyanla. Seu nome é Iyanla. Na verdade, não é um nome. É um título. Um título de grandeza. A tradução de Iyanla é "grande mãe". Lá na Nigéria, Iyanla é a mãe do rei. É uma mulher de grande preeminência e *status*. Uma mulher sábia. A mulher que todas as outras mulheres desejam ser, mas não podem. As Iyanlas são instituídas por nascimento. É Deus quem cria a grandeza na alma delas. Todos nós queremos ser grandes. E Iyanla nasce assim. Seu dever na vida é lembrar-se de sua verdadeira identidade. A "grande mãe" ensina e orienta as pessoas. Cura os enfermos. Iyanla é a mulher forte descrita no capítulo 31 do Livro dos Provérbios. Eu sei que você não leu esse livro, mas irá ler. Iyanla é uma mulher de caráter moral e pureza de coração. Sua presença nos ensina a bondade de Deus. Ela se movimenta com graça porque conhece Deus. Os que conhecem Deus não buscam grandeza. Esse foi o potencial, o propósito que Deus colocou na sua alma. Minha pergunta é: Você está pronta para isso?

Senti a boca seca e as palmas das mãos molhadas. Minha cabeça girava. Balé continuou.

– Construa seu caráter, Iyanla. Busque a verdade e fale a verdade. Aprenda tudo o que puder sobre ensino e cura. Aprenda tudo o que puder sobre misericórdia e graça. Aprenda tudo o que puder sobre

Deus, pois Deus e os altos Espíritos de Deus são seus únicos amigos. As pessoas vão te desafiar. Iyanla é bem-vinda por todos, mas temida e desprezada por muitos. Quando você souber, não tenha medo de dizer que sabe. Quando não souber, diga que não sabe. Você receberá orientação sobre o que fazer e o que dizer. Saiba quem você é. Você não é mais Rhonda. Ela está morta. Você não pode mais viver como Rhonda vivia. As perguntas que deve fazer agora a si própria são: Quem sou eu? O que quero fazer?

Balé preparou uma xícara de chá. Eu estava completamente confusa. Excitada, mas confusa. Nunca em toda a minha vida alguém me dera tanta esperança.

– Como? – perguntei. – Como eu vou fazer isso? Como vou me tornar isso?

– Você já é isso. Seu nome é sua natureza.

Balé explicou que ele tinha pronunciado dezesseis outros nomes, mas só teve a confirmação quando pronunciou Iyanla. Ao perceber que a excitação me dera coragem, Balé ouviu pacientemente minhas perguntas.

– E se você estiver errado? Como vai saber que não cometeu um erro?

– É seu medo que está falando isso. É sua dúvida e seu medo. Quantos erros eu cometi no passado? – Nós dois sabíamos a resposta.

Mais uma vez eu me senti confusa. Balé tinha feito perguntas muito simples. Simples, porém profundas. Perguntas para as quais eu não tinha respostas. Quem é você? O que você quer fazer? Você está pronta? Eu nunca tinha parado para fazer essas perguntas a mim mesma. Balé me deu uma lista de coisas que eu precisava descobrir: Qual é sua cor favorita? Comida? Música? Seu bem mais precioso? Qual é sua maior força? Maior fraqueza? Maior medo? Maior capacidade? Maior erro? Maior realização?

– Pergunte a si mesma por quê – disse ele. – Qual é ou qual era a energia por trás de cada uma dessas coisas na sua vida? Que experiência te dá maior felicidade? Que trabalho te dá menos prazer de fazer? Mais uma vez, pergunte-se por quê. Se você morresse hoje, o que as pessoas que te conhecem diriam a seu respeito? O que você gostaria que dissessem? Por que elas não diriam ou não poderiam dizer o que você gostaria que dissessem?

Eu tomei nota de tudo.

– Quando você responder a cada uma dessas perguntas, ponha essa lista de lado e revise tudo três meses depois, e a cada três meses pelo resto da vida. Dessa forma estará sempre em contato com você mesma.

Passamos o resto da noite falando sobre os requisitos para ser uma sacerdotisa e uma pessoa de bom caráter. Balé enfatizou que a pessoa sempre vem primeiro.

– Você pode querer ser toda espiritual, mas antes é uma pessoa, capaz de cometer erros. Quando comete um erro, só um caráter bom e sólido a ajudará a superar isso.

* * *

Era para a construção do caráter e da integridade que aquele banho e aquelas lágrimas serviam. Eu não estava de posse da minha integridade. Pensava coisas a respeito de uma pessoa sem expressar com honestidade o que sentia. Perguntava a opinião de outras pessoas porque não confiava em mim mesma para saber o que era verdadeiro. De certa forma, eu havia esquecido que precisava pôr em prática meu conhecimento espiritual todo o tempo. Que precisava dizer a verdade todo o tempo. Que precisava declarar minha meta, mostrar minhas intenções, pedir aquilo que desejava e manter-me honesta comigo mesma todo o tempo. Sempre que um desses princípios é esquecido, o inimigo entra. E, quando isso acontece, é preciso trabalhar mais. Chegara a hora de eu me curar a um nível mais profundo e aprender a lição de outra perspectiva. Talvez eu tivesse atingido apenas a superfície. Ou, quem sabe, perdido um detalhe mínimo. Eu sabia o suficiente para perceber que o que estava aparecendo na minha vida era a resposta. Agora faltava me lembrar da pergunta. Então comecei a rezar:

Querido Deus,

Por favor, me traga essa lição com suavidade e amor. Por favor, me deixe ver e compreender o que realmente está acontecendo e me dê coragem para fazer tudo o que for necessário. Me faça lembrar tudo o que eu esqueci. Me faça saber Sua vontade sobre meu próprio progresso espiritual e o bem de todas as pessoas envolvidas. Eu estou pronta e disposta a conhecer a verdade.

Se você não quiser realmente saber, não pergunte. No momento em que eu fechei os olhos, vi a menina. Ela tinha seis anos. Não, tinha nove. Não. Tinha vinte e um anos, estava curvada de tanta dor e cobria os olhos inchados. Estava apavorada. Chutava e gritava. Tentava fugir. De quem? *De quem ela estava fugindo agora?* Não. Ela estava brigando. Estava com raiva. Eu sentia dificuldade de respirar. Não. Era ela que sentia dificuldade de respirar. Ela estava morta. Não. Estava viva, lutando pela vida. Eu era o objeto do seu ataque. Apertei meus olhos fechados. Meus dentes estavam cerrados. Esperei o soco que ia levar. Antes que ela me socasse, eu senti dor, medo e terror. Senti o grito subindo pelo meu corpo. A lembrança de outra banheira, em outra época. Outros socos, socos brutais, em outras épocas. As razões dos socos continuam um mistério. Um história de não querer viver. A história de Rhonda.

O coração de Iyanla batia, seu pensamento voava. A merda estava chegando à superfície. Oh, meu Deus! Isso é duro demais! Faça isso agora! Faça agora mesmo! Com essa idéia na cabeça, afundei a cara na esponja quente e úmida e gritei o nome de Rhonda. Esperava que fosse a última vez. Mas eu tinha de me lembrar.

Capítulo 2

Qual é a lição quando você é uma criança rejeitada, negligenciada e vítima de abuso?

Quando você conhece alguém,
lembre-se de que é um encontro sagrado.
Ao tratar bem dos outros, você estará tratando bem de si.
Ao pensar neles, você estará pensando em si.
Nunca se esqueça disso,
pois neles você encontrará ou perderá seu Eu.

Um Curso em Milagres

COMO TODAS AS OUTRAS CASAS DA VIZINHANÇA, a de Rhonda tinha um "quarto da frente", mesmo que ficasse atrás da casa. Quarto da frente era o nome dado ao lugar onde se guardavam as "coisas boas". Ter uma casa ou um apartamento grande o suficiente para guardar coisas boas num quarto era uma coisa boa. Rhonda lembra-se de que o quarto da frente era cheio de móveis cobertos de plástico e prateleiras com quinquilharias. Naquele dia, o quarto da frente estava cheio de gente.

Todos que Rhonda entendia como família, amigos ou conhecidos da vizinhança estavam no quarto da frente. O carteiro, o leiteiro e o peixeiro estavam lá. O que chamava a atenção de Rhonda não era que eles estivessem no quarto da frente, mas que estivessem *comendo ali!* Ninguém jamais comera no quarto da frente, muito menos crianças. Rhonda aprendera por experiência própria que quando entrava no quarto da frente precisava andar tesa, com as mãos de lado, mexendo apenas os olhos para olhar em volta. Era a única forma de não quebrar nada. Mas naquele dia as pessoas estavam sentadas nos móveis cobertos de plástico, comendo em pratos de papel. Rhonda sabia que não era um tipo *normal* de celebração.

A campainha da frente tocava a toda hora, anunciando grupos de gente trazendo pratos cheios de comida. Os homens vinham de terno e a maioria das mulheres usava chapéu. Todos de preto, exceto as patronas da igreja e algumas crianças da escola dominical. Essas pessoas, a comida, a excitação e o suspense de não saber *realmente* o que estava acontecendo davam uma sensação incrível. Quando a pequena Rhonda passava pelo quarto, ouvindo e observando, todos acariciavam sua cabeça com um ar afável. Ela não sabia por que eles faziam isso, e ninguém se importava em explicar. Rhonda achava que se sorrisse educadamente depois de cada carinho talvez fosse recompensada com um grande pedaço de bolo de chocolate que se encontrava na cozinha. Mas, infelizmente, entre ela e o bolo estava sua avó. Para Rhonda, sua avó sempre pareceu imensa. Naquele dia ela ficou na porta, cumprimentando e recebendo abraços de um grupo de pessoas que haviam acabado de chegar. Ninguém antes abraçara sua avó. Ninguém! Com exceção do irmão de Rhonda, Ray. E sua avó estava usando pérolas. Pérolas que ela só usava na igreja. Abraços, pérolas, comida no quarto da frente! Aquilo era sério. Muito sério.

– Vovó? – disse Rhonda, com a voz mais doce possível, olhando para a avó e o bolo de chocolate que brilhava na mesa da cozinha.

– Vá se sentar, e não se suje! – gritou a avó, antes que Rhonda pudesse terminar a pergunta.

Rhonda sabia pelo tom de voz que sua avó falava sério. Sabia também que a avó não deixaria que ela sujasse a roupa nova com a cobertura do bolo. Rhonda estava com roupa nova, combinação nova e calcinhas e meias novas, rendadas, é claro. Só de olhar para o rosto da avó, viu que seria melhor sair dali para não criar caso. Antes que pudesse voltar para o quarto da frente, alguém gritou: "O carro chegou!" Sem qualquer aviso, puseram em Rhonda um casaco cinza com gola de pele e regalo combinando, desceram com ela os quatro andares de escada e chegaram aos degraus da frente do prédio, onde um carro preto esperava por eles. Sua avó, Rhonda, seu irmão Ray e seu pai entraram no carro. Quando o grande carro preto deu a partida, ela viu uma fila de outros carros prontos para segui-lo. Rhonda lembra-se que ficou brincando com a maçaneta da porta traseira, o que lhe custou um tapa. E aí termina a lembrança dos acontecimentos daquele dia.

Só muitos e muitos anos depois alguém teve a decência de lhe explicar que aquelas pessoas tinham ido à sua casa, comido no quarto da frente e feito carinho na sua cabeça porque sua mãe tinha morrido. Ela não se lembrava do enterro, e mal se lembrava da mãe, mas guardou uma flor tirada do caixão. O caixão da sua mãe. A flor foi colocada dentro de uma Bíblia que ela ganhara na escola dominical por ter memorizado e recitado, em ordem, os sessenta e seis livros da Bíblia. No dia do prêmio sua avó quase lhe dera um sorriso. Não um sorriso completo, mas um meio sorriso.

Rhonda morava com sua avó e seu irmão, Ray, em um prédio de quatro andares sem elevador, em uma rua movimentada do Brooklin, em Nova York. Embora dissessem que seu pai morava com eles, na verdade ele só aparecia de vez em quando. Ele jogava uma espécie de jogo-do-bicho. Era um dos maiores jogadores da vizinhança. Rhonda o via quando ele vinha conferir a tabela dos números da manhã e quando vinha conferir a tabela da noite. O resto do tempo, o pai deixava Rhonda sozinha com a avó.

Sua avó, mãe do seu pai, era uma senhora grande, com um metro e setenta e oito de altura, arcabouço largo e sólido. Tinha um lindo cabelo grisalho, feições bem delineadas e olhos fundos. Seu rosto tinha um toque de suavidade e era extremamente bonito, com um ar frio e distante. Quem a olhasse rapidamente, antes que ela abrisse a boca para falar, diria que ela era delicada, amorosa e maternal. Mas dessa faceta da sua avó Rhonda lembrava-se apenas vagamente.

O que ela lembrava com clareza e que nunca esqueceria sobre a avó eram seus seios grandes, pés grandes e mãos enormes e nodosas. Havia dias em que a avó não parecia tão bonita e ficava com um ar muito mau. Franzia os olhinhos redondos e penetrantes e dava ordens aos gritos, deixando Rhonda entender que era melhor sair de perto.

Rhonda costumava fugir da avó, mas parava abruptamente na porta do quarto da frente. Dava meia-volta, corria para o quarto de dormir e escondia-se debaixo da cama. Sabia muito bem que tinha de fazer o possível para se afastar quando a avó ficava brava. Primeiro ela tinha de cansar a avó. Se não conseguisse, o poder e a força daquelas mãos enormes deixariam marcas duradouras em alguma parte do seu corpo. Se conseguisse afastar-se por uns instantes, dando tempo para a avó acalmar-se, teria chance de sobreviver. Na infância, nós aprendemos muito sobre nossa capacidade de sobreviver e vivemos a vida da forma como somos tratados. É basicamente nossa capacidade de resistir ou de compreender o tratamento que recebemos na infância que determina o que pensamos sobre nós mesmos na idade adulta.

Quando a avó de Rhonda não era cruel, mesquinha, irritada ou violenta, era, no mínimo, fria. Ela nunca mostrava suas emoções, a não ser que Ray estivesse envolvido na situação. Raramente sorria, a não ser quando sorria para Ray. Só dava para saber que ela estava contente, e não zangada, quando nos olhava com aquele ar enigmático e assentia com um gesto de cabeça. A avó ficou com a guarda de Rhonda depois da morte da sua mãe. De uma forma muito fria e direta, ensinou-lhe as primeiras lições sobre mães e cuidados maternos, e também quase tudo que ela acreditava ser verdade sobre si própria.

Como a maioria das mulheres de sua época e raça, sua avó ganhava a vida como empregada doméstica. Era um trabalho duro, árido e muito mal pago. Ganhava mais como cozinheira do que como faxineira, mas como cozinheira teria de ficar mais tempo fora de casa.

Em certos dias especiais a avó levava Rhonda para o trabalho e lhe ensinava a cozinhar, limpar e passar. E embora ninguém jamais lhe tivesse dito, Rhonda sabia que tinha aprendido muito bem. Sabia, porque se fizesse um erro na casa da "madame", ou com as roupas da "madame", a indignação das mãos ou da boca da sua avó caíam em cima dela.

Quando a responsável pela nossa guarda é distante e reticente, podemos ficar muito confusos. Não sabemos se devemos tentar agradá-la ou ter medo do que acontecerá se a desagradarmos. Quando a responsável pela nossa guarda é violenta, sabemos que se fizermos uma coisa errada ou dissermos uma coisa errada, da forma errada, podemos levar um tapa, um beliscão, um grito ou um soco. Quando a responsável pela nossa guarda é violenta e nos deixa confusos, a vida é um medo só. Muitas crianças aprendem a viver com medo por terem feito coisas erradas. É um medo que guardam em segredo. Elas não ousam contar a ninguém, pois seria errado dizer que estão com medo ou admitir que fizeram uma coisa errada. Poucas crianças aprendem a fazer a coisa certa por conta própria. A maioria aprende a fazer a coisa errada, de forma confusa e violenta. Rhonda foi uma delas.

A avó não era boa para explicar a Rhonda como fazer as coisas da forma certa, da forma que lhe agradava. Mas era boa para mostrar o que aconteceria se Rhonda contasse o que a avó fazia quando não estava satisfeita. A grande lição era dar um sorriso e agüentar a dor. Sofrer em silêncio. A avó dizia que o sofrimento silencioso era bom para a alma. "Você não deve se queixar da mão enviada pelo Senhor", dizia ela. Sua avó amava o Senhor e amava a igreja. Ela era uma importante senhora da igreja.

Todo domingo de manhã acordava Rhonda, lavava-a e vestia-a para ir à igreja. Depois de vestida, cabelo penteado e rosto lavado, Rhonda sentava-se na ponta da cama e ficava olhando a avó aprontar-se. Era um ritual. Um ritual de feminilidade. Observando a avó, Rhonda aprendeu muito sobre a anatomia do corpo da mulher – e sobre uma coisa forte que a desafiava.

Depois de lutar contra uma cinta que ela acabava sempre vencendo, a avó punha um uniforme branco e duro, calçava sapatos brancos e passava uma colônia da farmácia no pescoço. Se Rhonda estivesse particularmente quieta, passava um pouco de colônia nela também. Então as duas caminhavam empertigadas ao longo do quarteirão para pegar o trem que as levava até a igreja.

Rhonda achava que a avó ficava todo aquele tempo na igreja porque vivia muito zangada. Zangada com Rhonda e zangada com seu pai. Zangada com o mundo. Às vezes se zangava até com a comida e jogava-a no chão da cozinha, xingando em voz baixa. Embora as senhoras da igreja não pudessem xingar, a avó tinha um vocabulário impressionante quando as outras senhoras não estavam por perto. Seu filho, o pai de Rhonda, parecia lhe provocar muita raiva. "Você e seu pai são farinhas do mesmo saco. Nenhum dos dois vai ser alguma coisa na vida! Nenhum dos dois vale um tostão furado, e eu estou farta de vocês." Era um mantra diário. Toda vez que Rhonda ouvia aquilo, ficava pensando se seu pai sabia que ela o amava, apesar das coisas que a avó dizia. Amar seu pai era um ato de desafio silencioso. A única forma permitida para Rhonda.

A avó era o que chamavam na igreja de *guerreira da oração.* Por alguma razão, as pessoas acreditavam que suas rezas tinham mais força e chegavam mais depressa a Deus do que as das outras. Mesmo alguns membros da família que sabiam que ela era maluca vinham vê-la quando estavam desesperados ou com problemas. Todos sabiam que ela podia rezar por eles ou contra eles. E era da oração contra eles que tinham mais medo.

Rezar foi um dom que a avó passou para Rhonda junto com os mecanismos da oração: quando rezar, para que rezar, como rezar para os outros e o que fazer enquanto esperava a prova de que a oração fora atendida.

Quase toda manhã Rhonda acordava e via a avó sentada ao lado da janela, rezando. Antes do sol nascer, ela punha a Bíblia aberta no colo e ficava se balançando para a frente e para trás na cadeira da cozinha, rezando e cantando hinos. Eram as mesmas músicas que Rhonda cantava para si mesma quando a avó ficava com raiva e lhe dava um banho de "cura".

Nos dias em que a avó estava particularmente zangada, ou em que Rhonda tinha feito alguma coisa que a irritara particularmente, a avó recorria ao que chamava de "cura". Rhonda ficava de pé na banheira, inteiramente nua, enquanto a avó pegava uma escova especial e, com o áspero sabão feito em casa, esfregava o corpinho da menina dos pés à cabeça, inclusive seu rosto. Esfregava e rezava, esfregava e cantava. Esfregava até ver escorrer sangue.

"Eu vou esfregar o diabo para fora do seu corpo!", dizia ela. "Vou tirar o espírito do mal de dentro de você!" Depois começava a rezar. E, quanto mais rezava, mais força usava para esfregar. Quanto mais força usava, mais Rhonda choramingava. Quanto mais ela choramingava, mais alto a avó cantava. "Estou pedindo que o sangue de Jesus lave seus pecados!" Era um ritual entre as duas que só parava quando Rhonda rezava alto: "Por favor, meu Deus! Peça a minha avó que me desculpe!" Às vezes, a avó sentia pena. Porém, na maioria das vezes continuava a esfregar a neta, a rezar e a cantar até ver seu sangue misturado à espuma do sabão escuro.

Quando o banho terminava, a avó a esfregava com sebo de carneiro, uma substância amarela e grossa tirada do interior da pele do animal. Com o tempo, Rhonda entendeu que a avó usava esse sebo para tentar esconder as cicatrizes e manchas roxas deixadas pela escova. Embora Rhonda estivesse toda ardida e esfolada, gostava que alguém tocasse nela de uma forma mais suave. A suavidade com que o fedorento sebo de carneiro era aplicado no seu corpo esfolado era a resposta a pelo menos uma das orações de Rhonda.

Meu querido Deus,
Por favor, faça a chuva tirar a minha dor.

Rhonda acordou certo dia e viu a avó sentada na cadeira ao lado da janela, tremendo, gemendo e chorando. Rhonda ficou parada olhando a avó e vendo as lágrimas escorrerem-lhe pelo rosto. Sua avó chorando? Isso era incrivelmente diferente! Sua avó nunca chorava. Nunca! Quando Rhonda começou a entrar em pânico, os olhos da avó se abriram e ela virou-se para a menina amedrontada.

– Você calçou os chinelos? – perguntou.

O pânico de Rhonda transformou-se em incredulidade. Um instante atrás sua avó encontrava-se em uma espécie de transe, e agora estava gritando! Rhonda pôs-se a chorar.

– Calcei.

A avó levantou-se, fechou a Bíblia e afastou a cadeira, tudo isso com um movimento rápido.

– Vá entrando logo no banheiro. Nós vamos pegar um ônibus para a Virgínia.

Rhonda adorava ir à Virgínia, embora nunca tivesse confessado isso. O irmão mais velho da sua avó, tio Jimmy, morava em Smithfield. Ele e a mulher, tia Mattie, trabalhavam com bebida alcoólica contrabandeada, em uma pequena estufa à beira de uma estrada muito poeirenta. Tia Mattie era uma excelente cozinheira, e toda vez que Rhonda e a avó iam visitá-la ela fazia rocambole quente, canjica e carne com molho para o café da manhã. Rhonda sabia também que, com toda a certeza, tia Mattie lhe daria de presente um sabonete e uma loção Avon, de perfume adocicado.

Antes que Rhonda se desse conta, as duas estavam entrando no ônibus, carregando sacolas de papel pardo engordurado. Nas sacolas havia uns pedaços de frango frito e pão branco enrolados em papel encerado. O frango seria a única companhia de Rhonda durante o silêncio de dez horas e meia de sua avó.

Quando elas chegaram na casa, tio Jimmy apareceu na porta telada e ficou olhando para as duas como se não as visse. Falou, de forma mecânica, alguma coisa relacionada a coma e morte. Ele estava se referindo à sua mulher, tia Mattie. Ela tinha entrado em coma diabético e o médico insistira para que o marido a levasse ao hospital dos brancos do outro lado do condado. Os negros só podiam fazer visitas aos sábados. E eles ainda estavam em uma terça-feira.

Rhonda aprendeu muito nos quatro dias seguintes, cheios de suspense, e isso lhe foi de grande serventia mais tarde na vida. Sua avó fazia diariamente seus rituais variados. Andava por todos os quartos da casa, acendendo as luzes e incenso. Sobre a tia Mattie ela dizia: "Eu tenho de mandar seu espírito voltar para casa."

Tio Jimmy ficava na varanda, balançando-se na cadeira e olhando em silêncio para a cadeira vazia da tia Mattie, bem à sua frente. Às vezes ela se sentava ao seu lado e lhe dava um tapinha nas costas, tentando confortá-lo. Mas ele não reagia, só olhava.

Ao cair da noite, o suspense começava. Quando ficava completamente escuro, a avó a levava até a mata para ajudar a catar ervas. Para uma menina da cidade, andar pela mata à noite pode ser uma experiência apavorante. Quando a avó falava com os arbustos antes de pegar seus galhos, o terror aumentava.

Rhonda ficava sempre aliviada quando via as luzes da varanda iluminando o caminho de volta para a casa, onde sua avó preparava ritualmente as ervas colhidas. Rhonda observava em silêncio, resistindo à vontade de cantar em voz alta enquanto a avó cantarolava seus hinos favoritos. Quando todas as folhas estavam destacadas do galho, a avó cobria a bacia com uma toalha branca e mandava Rhonda ir para a cama.

Rhonda acordava antes de o sol nascer com o barulho que a avó fazia macerando as folhas na bacia com uma pedra grande. De pé na varanda, descalça, ficava observando a avó macerar, rezar e colocar mais água na bacia, transformando as folhas secas em uma mistura verde viscosa, onde mergulhava roupas da tia Mattie. Depois colocava as roupas e a mistura verde na máquina de lavar. Comendo biscoitos com *bacon* e bebendo leite fresco de vaca, Rhonda via a avó pendurar as roupas de tia Mattie no varal do lado de fora da casa. Ela sabia que ao meio-dia as roupas estariam secas e prontas para serem passadas.

Durante aquela viagem para a Virgínia, Rhonda começou a ver sua avó em uma luz completamente diferente. A mulher cruel e violenta que ela conhecia dera lugar a um ser humano concentrado, disciplinado e compassivo. Rhonda não entendia o que estava realmente acontecendo, mas sabia que era uma coisa sagrada. Ela jamais vira a avó nessa luz. E gostou disso. Gostou do que sentia. Rezava para que durasse. Aprendeu também uma coisa nova sobre si mesma. Aprendeu que era capaz de fazer a coisa certa.

Finalmente chegou o sábado. A avó lavou o corpo de Rhonda com o sabonete Avon da tia Mattie e deixou-a colocar um pouco da loção adocicada. Só quando estava sentada no banco traseiro do grande Caddilac azul do tio Jimmy é que Rhonda percebeu que sua outra oração fora atendida. Sentia o cheiro do sabonete comprado na loja e da loção exalando do seu corpo, quando o tio Jimmy pegou a estrada empoeirada que ia dar no hospital. Rhonda ficou brincando com a bolsa de verniz e, apesar de saber que estava desafiando a sorte, em alguns momentos chegou a cantar em voz alta. Nem a avó nem o tio Jimmy deram uma palavra com ela, nem um com o outro durante todo o percurso.

Quando chegaram em Newport News, a avó lhe deu um dólar para que ela comprasse um sorvete e pediu que a vendedora da loja ficasse de olho na sua neta durante algum tempo. Antes que Rhonda se ajeitasse no banco e começasse a tomar o sorvete, viu sua avó, tio Jimmy e tia Mattie vindo na sua direção. Tinha pensado que tia Mattie estava morta, ou morrendo, mas ao ver o ligeiro sorriso no rosto da avó percebeu que o trabalho que elas duas tinham feito funcionara.

As coisas voltaram ao normal. Na viagem de volta para casa, a avó falou pelo menos umas cinqüenta vezes "não faça isso" e "largue isso". Em Nova York, Rhonda ouviu sua avó contando ao filho, aos vizinhos e a todas as senhoras da igreja que suas orações tinham salvado a tia Mattie. Não falou sobre as ervas nem sobre as roupas lavadas e passadas. E Rhonda nem sonhou em contar qualquer coisa a alguém.

Sua avó devia estar realmente satisfeita com Deus por Ele ter salvo a tia Mattie, pois não deu nenhum banho de cura em Rhonda durante longo tempo. O ritual do domingo de manhã na igreja estendeu-se para as noites de quarta e sexta-feira. Na igreja se tocavam tamborins e tambores, e gente desmaiava pelo chão. A avó passava o tempo com as outras senhoras da igreja, cozinhando, rezando, louvando e gritando.

Aconteceu tão depressa que Rhonda mal teve tempo de tomar fôlego ou entender o que estava se passando. O reverendo pregava, o organista e o guitarrista tocavam, o coro cantava, e todos se levantaram sacudindo as mãos e batendo com os tamborins nos quadris. Os tambores rufavam em um ritmo feroz.

De repente, a avó de Rhonda levantou-se, começou a dançar, a gritar e a sacudir furiosamente as mãos no ar antes de cair no chão, em convulsão. As mães da igreja vieram correndo de todo lado. Deitaram a avó no chão entre os bancos e cobriram-na com um cobertor branco até pararem os movimentos espasmódicos de seu corpo. De acordo com os programas de televisão que Rhonda tinha visto, um corpo no chão coberto de branco significava morte. Ela ficou olhando e esperando que sua avó parasse de se mexer, pensando que, *se o corpo parasse*, ela nunca mais teria de tomar outro banho de cura. Mas também concluiu que, *se o corpo parasse,* talvez ela nunca mais fizesse uma refeição decente.

* * *

Foi assim que Rhonda aprendeu a respeito de espiritualidade e de coisas de natureza espiritual: sob uma nuvem de suspense e medo. O mesmo acontece com muitas crianças. Quando a maioria das crianças recebe instrução religiosa, elas aprendem que são pecadoras. Aprendem o que não podem fazer. Aprendem que, se cometerem atos proibidos, Deus se vingará. Crianças como Rhonda aprendem a conhecer um Deus cruel e vingativo. Um Deus que nunca está satisfeito conosco nem com a maior parte das coisas que fazemos, a não ser que sigamos certas "regras". Poucas crianças aprendem que Deus é um só com elas e que é possível desenvolver uma relação íntima com Ele. Elas acreditam, como os adultos que lhes ensinam ou não ensinam, que Deus está em algum lugar "lá", separado e afastado, esperando que façamos uma coisa errada para nos castigar.

Bem que Rhonda queria e tentava seguir as prescrições que agradariam a Deus ou à sua avó. Mas como estava sendo sempre castigada, espancada ou banhada até sangrar, teve a confirmação de tudo o que ouvira na igreja – ela era uma terrível pecadora, destinada a ir para o inferno. Sem uma explicação da avó, do pai, ou de qualquer pessoa, Rhonda, como muitas outras crianças, teve de desenvolver sozinha suas próprias percepções e compreensões.

Compreendeu muito cedo na vida que ela era má e que alguma coisa ruim iria lhe acontecer. Quando sua avó começou a gritar na igreja, por um instante Rhonda achou que alguma coisa ruim também iria acontecer com a avó. Mas como ela não morreu, Rhonda lembrou que a avó era uma santa, segundo a igreja. Aquela avó, que rezava e xingava, e que a esfregava até ela sangrar, aquela avó, que rejeitava o filho, não era uma pecadora. Era uma mulher destinada a fazer o trabalho de Deus. E sem qualquer informação complementar, Rhonda achou que era dever da avó salvá-la do inferno.

A família de Rhonda não era grande, mas todos se reuniam no Dia de Ação de Graças e no Natal. Faziam festas de aniversário, iam juntos à casa de tia Dora e do tio Lowell, em Atlantic City, e à fazenda do tio Jimmy no verão. Rhonda achava que todos sabiam que ela era má e destinada a ir para o inferno. Concluiu também que era por isso que ninguém a defendia quando ela levava um beliscão, um tapa ou um soco na frente de todos. As crianças más esperam que coisas ruins lhes aconteçam. Esperam ser castigadas. Em vez de defendê-la, seus parentes piscavam para ela, balançavam a cabeça e enfiavam dinheiro no seu bolso. Rhonda ficava se perguntando se eles sabiam a respeito dos banhos de cura. Se sabiam que sua avó a trancava no armário quando ia trabalhar. Se sabiam que a vida aos cuidados da avó era um perigo. Será que sabiam mas tinham medo de falar? Ou será que sabiam e *não* se importavam?

As crianças conhecem Deus, o amor ou a vida através das ações dos seus responsáveis. Como elas aprendem a distinguir os atos de amor, destinados a guiá-las e protegê-las, dos atos cometidos durante crises de raiva ou por autoridades perversas? Com quem, e em que circunstâncias, as crianças aprendem a diferença entre sofrimento por amor e sofrimento causado por falta de amor? E por que os adultos que educam as crianças acreditam que o amor tem de causar sofrimento para ser amor?

Rhonda, como tantas outras crianças, aprendeu a palavra amor através da dor, de abusos, de negligência e de sofrimento desnecessário. Aprendeu quem era Deus através do medo. Aprendeu, através de ações dos seus "entes queridos", que a dor é um ingrediente do amor. Aprendeu que as pessoas que dizem amar você podem lhe causar dor e ignorar isso. Nada lhe foi explicado. Ela aprendeu tudo observando, ouvindo e sentindo a dor. Aprendeu que, se fizermos uma coisa errada, os que nos amam nos farão sofrer. E, por pior que seja esse sofrimento, se agüentarmos a dor do amor em silêncio, teremos certeza de que um dia alguém nos amará o suficiente para nos fazer sofrer de novo.

A água da banheira começava a esfriar, mas eu não conseguia me mexer. Não havia como pensar na minha avó sem pensar no pai de Rhonda, o filho dela.

Capítulo 3

Qual é a lição quando você não percebe que é uma professora?

O profeta só deixa de ser honrado
na sua própria pátria,
e entre seus parentes,
e na sua própria casa.

Marcos, 6:4

TODAS AS MENINAS QUEREM SER AMADAS, protegidas e elogiadas pelos pais. O pai é o herói para a menina, mesmo quando todo mundo o considera um vagabundo. Aos seus olhos, o pai não faz nada errado, a não ser quando magoa a mãe. Mas, se não houver uma mãe, o pai não pode errar, por mais erros que cometa. Nenhuma menina deseja desapontar o pai. Ela procurará sempre fazer alguma coisa para conseguir que ele sorria, que a pegue no colo e diga que ela é maravilhosa. Isso faz uma grande diferença no dia de uma menina e possivelmente em toda a sua vida. Amor, proteção, elogio e colo vindos de um pai são elementos essenciais para a psique delicada de todas as meninas.

Todas as meninas esperam que o pai venha para casa, mesmo que ele não venha. Todas as meninas esperam para conversar com o pai sobre o que aconteceu no dia, na semana ou no mês, dependendo do tempo que ele leve para aparecer. Mesmo quando ele chega tarde, ou não vem, há um lugar secreto no coração das meninas onde elas esperam pelos pais. Elas acreditam que o pai pode dar um jeito em qualquer coisa que lhes ocorra na vida e pode tornar as coisas melhores, mesmo que ele não possa. Rhonda era como qualquer outra menina. Seu pai era seu herói. Ela precisava de amor, proteção e elogio. Ela esperava isso, embora nunca recebesse nada. Ela acreditava de todo o coração que seu pai podia tornar tudo melhor, mesmo que ele não pudesse.

Todas as mulheres achavam o pai de Rhonda bonitão. Rhonda ficava muito orgulhosa de andar pela rua com ele, percebendo os olhares que lhe lançavam de esguelha. Rhonda não sabia onde seu pai dormia, mas ele sempre aparecia na casa da mãe na hora do almoço para comer um sanduíche e calcular seus números. Assim que batia na porta, sua mãe começava a se queixar de tudo: dele, de Rhonda e de falta de dinheiro. Nos bons dias, ele enfiava algum dinheiro na mão dela assim que entrava em casa e conseguia acalmá-la. Nos maus dias, se não acertasse um número ou não tivesse dinheiro algum, sua mãe continuava a se queixar, xingando e gritando muito. Mas ele nunca a xingava. Olhava para ela e dizia: "Mãe, por favor. Eu tenho de terminar isso."

Um dia, Rhonda ficou pensando se devia interromper o pai para contar seu sonho.

– Papai, a senhora do meu sonho me pediu para te dar um número.

– Que bom, meu bem – disse ele, continuando a fazer seus cálculos.

– Quer saber que número é, papai?

– É claro, meu bem. Mas não agora – respondeu, dando uma dentada no sanduíche.

Rhonda esperou quieta na porta da cozinha, vendo-o trabalhar e comer. Ao terminar, ele enfiou os papeizinhos no bolso e fez menção de sair. Quando ia abrir a porta do apartamento, Rhonda correu para junto dele.

– Papai, a senhora me pediu para te dar um número e me fez prometer que eu não me esqueceria disso.

Ele continuou andando.

– O número é 6-2-3. – Rhonda sentiu-se orgulhosa de si mesma por ter se lembrado do recado.

Quando o número 623 deu naquela noite, seu pai não ganhou um centavo. Mas, a partir daquele dia, sempre que entrava em casa ia falar direto com Rhonda, mesmo antes de tirar o chapéu. "Você sonhou esta noite?" Quando ela tinha um sonho, ficava ansiosa para contar para ele. Sussurrava o número no seu ouvido para que a avó não escutasse. Era o segredo dos dois. Seu pai sorria, dava-lhe um abraço apertado e fazia uma festinha na sua cabeça. Mas nunca a beijava, nunca.

A coisa não falhava. Quando Rhonda dava um número para o pai, o número entrava naquele dia ou, no máximo, na noite seguinte. Ele ficava tão feliz, que demorava mais um pouco em casa depois do almoço. Chamava Rhonda de "meu bem" e fazia cócegas na sua barriga. Antes de sair, dava algum dinheiro para a mãe, e naquela noite Rhonda não tomava um banho de cura.

Seu pai sabia muito bem quando Rhonda tomava esses banhos. Talvez porque visse o roxo nos seus braços e pernas. Talvez porque visse a tristeza e o medo nos seus olhos. Talvez porque desconfiasse quando sua mãe rezava ou cantava um pouco mais alto e um pouco mais fora de tom que o normal. Nesses dias ele cochichava no ouvido de Rhonda: "Ela te deu um banho ontem? Não faz mal. Você é dura como eu. Agüenta o tranco." Aquele era *outro* segredo que Rhonda tinha com o pai.

Às vezes, quando a avó tinha de sair para trabalhar na casa de uma "madame" onde não podia levar Rhonda, seu pai ia com ela a bares, a casas de mulheres bonitas e a vários antros enfumaçados, cheios de gente barulhenta e engraçada. Todas as mulheres queriam alguma coisa do seu pai e usavam Rhonda para chegar a ele. Ela não se importava de ser usada, pois ao longo desse processo sempre ganhava uma bala ou um pirulito. Às vezes uma delas saía com Rhonda e lhe comprava uma roupa. Sua avó desaprovava essas roupas, dizendo aos gritos que eram muito justas ou muito curtas, muito vermelhas ou muito listradas. "Você está parecendo uma daquelas putas amigas do seu pai." Rhonda se achava bem bonitinha, mas a avó olhava o filho com raiva e dizia: "Olhe só para ela. Igualzinha a uma prostituta". No entanto, Rhonda gostava muito mais dessas roupas do que dos macacões de algodão que era obrigada a usar.

Em casa, seu pai era completamente diferente daquele homem que vivia nos bares rodeado de mulheres bonitas. Ele nunca enfrentava a mãe. Qualquer coisa que ela fizesse ou dissesse estava sempre bem. Rhonda adorava quando a avó saía e seu pai ficava em casa cozinhando e inventando brincadeiras.

Ele contou a Rhonda tudo de que se lembrava a respeito do seu próprio pai, o que não era muito. Parece que o pai morrera quando ele tinha apenas dois anos de idade. Alguns parentes diziam que sua avó afogara o marido porque ele batia muito nela. Outros diziam que ele morrera num acidente durante uma pescaria, mas ninguém comentava que ele tinha sangue negro e sangue branco. O pai de Rhonda falava também sobre o exército. Contava que tinha entrado para o exército aos dezenove anos para aprender a cozinhar melhor. Mas Rhonda achava que ele se alistara para fugir da mãe. Quando ela ficou mais velha, seu pai lhe explicou que era muito difícil ser negro em um exército de brancos. Disse também que passou anos no presídio por ter vendido cigarros no mercado negro, e que haviam lhe oferecido a liberdade se ele aceitasse participar de uma missão perigosa. Ele sobreviveu à missão, mas foi libertado com uma dispensa desonrosa.

Era por isso que jogava. Na América da década de 1950, um negro com dispensa desonrosa do exército não conseguia arranjar emprego algum. Ele sempre falava da sua vida com amargura. Talvez por ter crescido sem pai. Talvez por sua mãe ser tão má. Talvez por ter sido dispensado do exército com desonra. Talvez por não poder trabalhar, embora fosse um gênio em matemática. Talvez por sua esposa ter morrido. Ou talvez por não poder cuidar dos dois filhos que tinha.

Rhonda não sabia bem por que seu pai era tão amargo, pois ninguém lhe explicou. Só sabia que ele não a protegia nem cuidava dela. Ele sabia que a sua mãe a maltratava, mas nunca disse uma palavra sobre isso. Ele lhe ensinou muitas coisas sobre a vida e o amor. Ensinou que a vida era dura e que se deve fazer o que for preciso para sobreviver. Dizia que era perfeitamente normal um homem entrar na vida de uma mulher, lhe dar um pouco de dinheiro e dizer que a amava. A mulher não devia pedir mais que isso.

Rhonda sabia que seu pai era mau, assim como ela. Às vezes pedia para ele ir com ela à igreja para rezarem juntos e pedirem a Deus que os tornasse bons e santos, como sua avó. Seu pai ria.

– Quem foi que disse que sua avó é uma santa?

– Ela é chamada assim na igreja – explicava Rhonda.

– Isso não quer dizer que ela seja uma santa *de verdade.* Não quer dizer nada. É só um nome que lhe dão na igreja – falava seu pai.

– Mas a vovó disse que você e eu vamos para o inferno e que ela e Ray vão para o céu. Se nós rezarmos bastante como ela me mostrou, talvez Deus não nos mande para o inferno.

A essa altura Rhonda estava chorando. Ela sabia que era má, mas não conseguia aceitar a idéia do seu pai herói queimando no inferno.

– Olhe aqui, meu bem. – Ela adorava quando era chamada de "meu bem", mas isso só acontecia de vez em quando. – Se você e eu formos para o inferno, sua avó já estará lá quando chegarmos, pode crer.

O pai limpava as lágrimas de Rhonda e mandava-a brincar. Ela queria acreditar nele, mas ouvia muito mais a versão da avó do que a dele.

Seu pai lhe ensinava que o dinheiro é mais importante do que a honra pessoal e que se pode fazer qualquer coisa para arranjar dinheiro para viver. Ensinava que a família é muito menos importante do que a reputação da pessoa entre seus pares. Ensinava também que é mais necessário a pessoa adaptar-se ao que tem do que pedir o que quer. Acima de tudo, dizia para Rhonda que ela nunca contasse a verdade se isso fosse lhe causar problemas. Ele ensinava essas coisas em tudo o que dizia e fazia. E passava os conselhos para seu filho também, com palavras e ações.

Rhonda ficava sempre imaginando como seu pai se sentia. Como se sentia com relação a ela, como se sentia com relação à mãe e, sobretudo, como se sentia com relação a si próprio. Talvez, se alguém conhecesse seus sentimentos, ele pudesse ser ajudado. Talvez, se sua avó soubesse como ele se sentia, ela não o arrasasse tanto. Não era uma coisa pessoal. Era uma questão de sobrevivência. Tanto sua avó quanto seu pai faziam o que achavam que precisavam fazer para sobreviver. Rhonda estava tentando sobreviver também. E aprendia as lições de sobrevivência, a forma de enfrentar os momentos difíceis com o pai e a avó.

Infelizmente, quando a pessoa pensa apenas em sobreviver, fica tão obcecada por isso que esquece que há outra forma de viver. Esquece a felicidade, a ternura e a suavidade. Esquece a comunicação e a intimidade. Esquece que ao longo da vida deve lembrar-se de ser gentil e boa. Se você é pai, pode chegar a esquecer que sua filhinha o está observando, esperando que você a ajude. Rhonda aprendeu com muita dificuldade todas as coisas que seu pai e os outros adultos da sua vida esqueciam.

Capítulo 4

Qual é a lição quando você não percebe que a vida é uma escola?

Hoje estou acabando com a bagunça!
Livrando-me da confusão que me rodeia, como teias de aranha no meu teto.
Estou libertando minha alma da merda cansada, antiquada e sem sentido!
Saindo das armadilhas há muito tempo enferrujadas.
Estou fazendo como fazem as empresas ao se reorganizarem, perdoando dívidas, amortizando perdas e estabelecendo um bom crédito para mim mesmo.
Há algumas coisas que simplesmente precisam ser amortizadas.
E algumas pessoas, também!

Reverendo June Gatlin, de *Spirit Speaks to Sisters*
(O espírito fala com as irmãs)

ESTOU CONVENCIDA DE QUE os cachorros de raça são burros. Os vira-latas têm bom senso. Eles sabem que têm de ser bons, têm de fazer suas necessidades em lugares apropriados, têm de comer o que conseguirem e não podem perseguir o gato de estimação da casa. Infelizmente, meu cachorro não era um vira-lata, era um cachorro de raça. Eu podia ouvi-lo do lado de fora da porta do banheiro perseguindo e atacando o gato. O fato de a água estar fria e de eu ter de salvar o gato me deu uma excelente oportunidade de esvaziar a Jacuzzi e enchê-la novamente. Desta vez, eu colocaria um pouco de hortelã e de óleo de rosas na água, uma combinação estimulante que concentra o pensamento na questão principal. Depois de prender o cachorro no porão e dar ao gato estressado um pouco de ração, voltei para a banheira a fim de continuar meu processo de cura.

O pai de Rhonda tinha uma namorada e uma esposa. A namorada, com a qual ele teve dois filhos, Rhonda e Ray, morreu de câncer de mama e leucemia. Ele casou-se com a outra dois anos antes de a doença da namorada ser diagnosticada. Foi um escândalo. A esposa de papai era uma mulher de muita classe. De tanta classe, que todos a detestavam. A maioria das pessoas dizia que se não fosse ela provavelmente a mãe de Rhonda não teria morrido. Talvez precisassem de um motivo para detestá-la por ela ser tão bonita.

A mulher do pai de Rhonda podia ter sido modelo, se não fosse tão baixa. Sua pele clara, rosto fino e longos cabelos escuros a tornavam bastante aceitável no mundo dos brancos. E era justamente o que fazia com que todos na família a desprezassem.

Todos, inclusive Rhonda, chamavam a esposa do seu pai de Nett. E Nett era linda. E usava jóias. Aliás, o que mais encantava Rhonda eram as jóias, todas de ouro. Ela usava dois lindos anéis de ouro, a aliança e um aro fino de ouro com uma linda pedra redonda chamada brilhante. Rhonda gostava quando Nett fazia o brilhante refletir a luz na parede. Além disso, ela tinha dois braceletes no braço esquerdo, feitos de ouro rosado. "Minha mãe me deu quando eu era uma garotinha", dizia Nett a Rhonda. "Um dia serão seus. Vou dar para você, como minha mãe me deu." O que ela não dizia era que, para Rhonda herdar os braceletes, Nett teria que estar morta.

Nett usava sempre uma saia colorida, uma blusa branca e sapatos de salto baixo. A gola de suas blusas era tão bem engomada, que se mantinha em pé sozinha. Às vezes, Rhonda ficava olhando para Lynette e a achava linda demais. Além disso, ela era gentil, amável e muito carinhosa. Rhonda sabia que seu pai também achava Lynette linda. Sabia pelo seu olhar, sempre que ela estava por perto. Às vezes, desejava que seu pai a olhasse também daquela forma, mas isso nunca acontecia. Porém, Nett foi a pessoa que fez com que Rhonda *se sentisse* bonita pela primeira vez na vida. E Nett era tudo o que sua avó não era.

Seria muito pouco dizer que sua avó não gostava de Nett. O verbo odiar seria mais apropriado. Ela não só odiava Nett, como era má para ela e falava coisas horríveis a seu respeito. Rhonda não sabia ao certo se isso constituía uma bênção ou um castigo. Bênção porque a avó reclamava tanto de Nett, que passava dias sem reclamar dela. E castigo porque, como gostava de Nett, ela se tornava uma dupla inimiga aos olhos da avó, acrescentando mais combustível ao seu repertório de ofensas verbais.

– Ela pinta as unhas! Você gosta disso, não é? – dizia a avó, soltando fumaça. – Só as putas pintam as unhas. Acho que você quer ser uma puta como ela. Quer ser como a puta do seu pai, não é? Eu não sei que droga é aquela que ela usa, mas dá para sentir seu cheiro a um quilômetro de distância. Aposto que você quer ter o mesmo cheiro que ela, não é? Sabão feito em casa não serve para você, hein? Quer cheirar como a prostituta do seu papai, não é?

Naquela época, Rhonda nem fazia idéia do que queria dizer puta, mas se isso era bom para Nett, era bom para ela também. Ela não conhecia a maioria dos termos que a avó usava para descrever Nett, nem sabia se tudo o que ela dizia era verdade. O que sabia de fato era que, comparando os banhos da avó e seus maus-tratos com os banhos de espuma de Nett e suas panquecas, adoraria ser uma puta como a avó dizia que era Nett.

Quando Rhonda saía de carro com o pai, ia à casa de Nett. Tudo o que Nett fazia era absolutamente incrível. Às vezes Nett e Rhonda preparavam sanduíches de atum juntas. Rhonda descascava as frágeis cascas dos ovos cozidos e Nett cortava as cebolas e os picles bem fininhos, torrando o pão no ponto certo. Rhonda ganhava sempre seu próprio guardanapo para essas refeições.

Rhonda tinha a impressão de que Nett era a única pessoa que realmente conversava com ela. Falava sobre coisas importantes, como, por exemplo, o que os personagens do desenho animado estavam fazendo ou quem ganharia o concurso de Miss América. Porém, o mais importante era que ela falava com Rhonda sobre Rhonda. Ensinou-a a pintar as unhas e a lavar suas calcinhas à noite. E nunca, nunca gritava com Rhonda. Um banho na casa de Nett significava bolhas de sabão e sabonete cheiroso – um progresso marcante com relação aos banhos tomados na casa da avó.

Nett também gostava de fazer coisas engraçadas, como guerra com bolinhas de papel de alumínio e jogo-da-velha nas sacolas de papel pardo. Ela foi a primeira pessoa que levou Rhonda a lugares divertidos. As duas iam ao zoológico ou ao Jardim Botânico, e também ao cinema. Uma ida ao cinema com Lynette significava pipoca, refrigerante e um lanche. Nett foi a primeira pessoa que disse a Rhonda que ela era bonita e fez com que ela se sentisse bonita. "Sabe de uma coisa, Ronnie? Um dia você vai ser alguém na vida." Nett era um anjo, o primeiro anjo que Rhonda conheceu.

No lugar mais profundo e secreto de seu coração, Rhonda rezava para que chegasse o dia em que ela, seu pai, Ray e Nett fossem morar juntos. Sua avó sempre dizia: "Cuidado com o que você pede, pois pode acabar acontecendo." Mas quando o tal dia finalmente chegou, as circunstâncias que envolveram a mudança foram bem menos alegres do que o esperado.

Rhonda tinha cinco anos e era hora de entrar para a escola. Sua avó começara a trabalhar em horário integral, limpando e cozinhando, pois o jogo-do-bicho do filho estava em fase baixa. Certo dia Nett ofereceu-se para levar a menina a uma grande loja de departamentos no centro da cidade para lhe comprar uniformes escolares lindos e caros. A avó saiu de casa primeiro e avisou a Rhonda e ao seu irmão que eles não abrissem a porta para ninguém. Depois que o pai saiu, Rhonda e Ray assistiram aos desenhos do Mickey Mouse até o final, o que indicava que era hora do almoço e hora de Nett chegar. Rhonda mal podia esperar.

Nett apareceu, como prometido, e entrou em casa com sua chave. Abraços e beijos, abraços e beijos. Ela era sempre boa para abraços e beijos, mas nesse dia Rhonda não parecia tão ansiosa para ser abraçada. "Eu vou dar um banho em vocês para podermos fazer compras", disse-lhes Nett. Ray despiu-se em questão de segundos, mas Rhonda recuou.

Quando Ray acabou, Nett levou Rhonda ao banheiro e preparou-lhe o banho. "Tire a roupa, Ronnie." Vendo que Rhonda hesitava, acrescentou: "Depressa, eu vou pôr bolhas de sabão na água." Rhonda, a contragosto, tirou os sapatos, as meias, o macacão e a calcinha, entrou na banheira e ficou de pé, com a camiseta ainda no corpo. "Não dá para tomar banho de camiseta," sorriu Nett. "Venha cá, pode deixar que eu tiro." Então Rhonda sentou-se na banheira. Nett levantou-a e, ao tirar a camiseta por cima da cabeça de Rhonda, deu um grito. "Oh, meu Deus! Oh, meu Deus!" A pele das costas de Rhonda saiu toda com a camiseta.

– O que aconteceu com você? – perguntou Nett. Seus olhos espelhavam o terror que ela sentia no coração.

– Foi o cachorro que fez isso – disse Rhonda, olhando para a espuma da banheira.

– Que cachorro? – perguntou Nett. – Que cachorro fez isso em você, Ronnie?

– O cachorro lá de baixo do quintal.

Nett tirou Rhonda com todo o cuidado da banheira. "Oh, meu Deus!", repetia para si mesma. Ela não queria enrolar Rhonda na toalha, pois suas costas estavam em carne viva. "Oh, minha menininha! Quem fez isso com a minha menininha?" E começou a chorar.

Ray ficou na porta do banheiro e reforçou a história de Rhonda.

– São dois, sabe? Um cachorro marrom e um preto. O preto late o tempo todo – acrescentou.

– Parem de falar nesses malditos cachorros – disse Nett. – Eu sei que não foi nenhum cachorro que fez isso nas suas costas!

Agora estavam todos em pânico. Nett, Rhonda e Ray.

– Conte o que houve com você, Ronnie – ordenou Lynette.

Os dois irmãos ficaram de olhos arregalados e mudos. O silêncio no banheiro era impregnado de medo. Rhonda tinha medo de contar. Ray tinha medo que ela contasse. Nett tentou usar outra tática.

– Conte o que aconteceu, querida. Fale para Nett o que houve com essa menininha, com a pobre menininha dela.

Depois de mais alguns minutos de bajulação, Rhonda respirou fundo, baixou o pequeno queixo no peito e contou a verdade para Nett.

– Eu abri a porta para o homem e a vovó me bateu com o cordão do ferro.

– Que homem? Que cordão?

– Vovó sempre bate nela com o cordão do ferro de passar roupa, porque ela é má – disse Ray.

Rhonda não sabia se Ray tentava ajudá-la ou se tentava deixá-la em má situação com Nett. Mas a voz de Nett permaneceu calma e ela percebeu que poderia lhe contar tudo.

– Quando o homem do seguro veio trazer a correspondência da vovó, eu abri a porta – disse Rhonda, agora chorando.

– Não chore, meu amor. Está tudo bem.Você abriu a porta para o Sr. Cummings? – Rhonda não conseguia falar, mas balançou a cabeça. – E trancou a porta depois que ele foi embora? – perguntou, dando uma olhada de relance nas costas de Rhonda e fechando os olhos.

– Tranquei – respondeu Rhonda soluçando. – Tranquei e disse à vovó que tinha trancado, mas ela me bateu do mesmo jeito.

– Ei! – falou Ray, achando que estava na hora de dar umas palavras. – Vovó disse para você não contar isso para ninguém.

Nett lhe dirigiu um olhar cortante, como quem diz "cala a boca", e falou:

– Tudo bem. Precisamos contar quando alguém nos machuca. – E virando-se para Rhonda: – Você não fez mal em abrir a porta porque conhecia o Sr. Cummings. Mas quero que me prometa que nunca mais fará isso, está bem? – Rhonda concordou.

A avó tinha feito o estrago nas costas de Rhonda com o cordão do ferro havia duas semanas. Como as feridas não foram cuidadas, infeccionaram. Nett estava horrorizada e chorava de pena daquela criança assustada com uma infecção cobrindo quase que totalmente as costas. Rhonda não pôde ir para o jardim-de-infância, pois passou as semanas seguintes no hospital. Nett ia visitá-la todos os dias, mas seu pai só foi duas vezes.

Nett contou tudo ao pai de Rhonda, e ele teve de tomar a providência que vinha adiando há algum tempo. Tirou Rhonda e Ray da casa de sua mãe. Juntou as crianças e seus pertences, e ele e Nett enfrentaram a avó furiosa, postada em frente à porta, bloqueando a saída. Ela gritou, chorou e implorou para não levarem Ray embora. O pai olhou-a com desprezo e disse: "Mãe, cala a boca e sai da frente." Foi um dia triunfal, que ficaria gravado para sempre na memória de Rhonda. Alguém um dia teve força e coragem para mandar aquela velha má calar a boca!

Os sonhos realmente se realizam. Rhonda estava vivendo um sonho. Ela, Ray, seu pai e Nett morando todos juntos, como uma família de verdade. Eles tinham se mudado para um apartamento novo. Não era grande, mas era um belo apartamento, onde Rhonda e Ray dividiam um quarto, com camas separadas e lençóis novos e estampados com flores. Rhonda passou a ter uma vida confortável e pela primeira vez na sua curta vida sentiu-se segura.

Mas, mesmo que os sonhos se tornem realidade, não há garantia de que durem. O sonho familiar de Rhonda começou a desintegrar-se no dia em que a polícia veio bater à porta deles.

Na comunidade onde Rhonda cresceu, todas as famílias passavam por momentos difíceis. Alguns pais perdiam o emprego. Algumas mães ficavam doentes. Surgiam problemas na família quando o aluguel não era pago. Tempos difíceis não eram novidade para uma comunidade da classe trabalhadora. Naquela época aprendia-se a lidar com isso ajudando-se uns aos outros na medida do possível. Mas quando os tempos difíceis se transformavam em tragédia, todos se assustavam. Foi o que aconteceu com Rhonda no dia em que seu pai foi preso.

Uma coisa era ter um pai na prisão. Mas outra coisa bem diferente era seu pai ser preso à vista de todos das redondezas. Algumas crianças do bairro tinham pais, tios, primos ou irmãos mais velhos na prisão, ou já em liberdade. Isso não importava. Ninguém ficava com má reputação nem era estigmatizado se um familiar tivesse sido preso ou ainda estivesse na cadeia. Mas o caso de Rhonda era diferente. Seu pai fora preso bem na frente de todos!

Nett tomava banho, Rhonda e Ray assistiam à televisão. Seu pai e o Sr. Johnny estavam sentados à mesa da cozinha conferindo os números da manhã. Quando alguém bateu à porta, o pai levantou-se para ver quem era. Voltou correndo para a cozinha e pediu silêncio, aos sussurros. A próxima batida foi muito mais forte.

"Abram a porta!", gritou Nett do banheiro. O pai e o Sr. Johnny juntaram freneticamente os cartões que estavam na mesa. As batidas se transformaram em pancadas. Nett apareceu no corredor, resmungando. Naquele exato momento, a porta do apartamento foi arrombada. O pai e o Sr. Johnny correram, tentando fugir dos policiais que passavam por cima dos escombros da porta.

Quando Rhonda e Ray chegaram na cozinha, vários policiais brancos reviravam o lixo, os armários e a geladeira. Outros pularam por cima de Nett, que tentava levantar-se do chão. Homens brancos na cozinha! Eles eram grandes! Tinham armas e estavam destruindo a cozinha. O único branco que um dia entrara na cozinha tinha sido o proprietário do apartamento para reclamar do atraso do aluguel.

Em uma questão de segundos as coisas realmente ficaram fora de controle. Um dos policiais segurou Nett pelos cabelos, e, ao tentar livrar-se dele, ela foi arremessada contra a parede. Dois policiais seguraram o Sr. Johnny, que já estava quase saindo pela janela do banheiro do segundo andar. Rhonda tentou morder o tornozelo do policial que tinha machucado Nett. Alguém pegou-a por trás e jogou-a para fora do apartamento, onde Ray já se encontrava.

A Srta. Brooks, vizinha do outro lado do corredor, levou as crianças para seu apartamento. Pela parede dava para ouvir as batidas e pancadas e dava também para ouvir Nett gritando e implorando: "Por favor! Esperem! Não o levem embora!" A Srta. Brooks preparou chá para as duas crianças apavoradas e lhes ofereceu biscoitos. Abraçava-as e acariciava-as, indo a toda hora até a porta para espiar pelo olho-mágico. Em uma dessas idas e vindas voltou para a cozinha seguida de Nett.

Agradecendo à Srta. Brooks e abraçando Rhonda e Ray, Nett tentou explicar o que acontecera. O pai deles e o Sr. Johnny tinham sido presos. Ela precisava de algum dinheiro para tirá-los da prisão. Uma grande confusão. Tudo muito vergonhoso. A casa estava um desastre. Metais e madeiras quebrados por todo lado. Comida espalhada pelo chão da cozinha. O pai provavelmente ficaria na cadeia uns dois dias, e a porta de entrada tinha sido arrancada. Os vizinhos que haviam assistido ou ouvido falar do episódio foram entrando para ajudar Nett e as crianças a limpar a bagunça. O superintendente, Sr. Ralph, achou outra porta em algum lugar e tentava arrumar as dobradiças. Alguém que eles mal conheciam passou por cima do Sr. Ralph com um prato de sanduíches na mão. Por mais terrível que fosse a situação, as pessoas mostravam sua solidariedade com um prato de comida! Em pouco tempo a casa tinha voltado ao normal.

Quando todos foram embora, Nett sentou-se, acendeu um cigarro e começou a contar o dinheiro que os vizinhos tinham colocado na sua mão ou no seu bolso.

– O que vai acontecer com o papai? – perguntou Ray.

– Ele vai ficar bem, e nós também – respondeu Nett.

Nesse momento outra batida na porta fez os três pularem de susto. Lentamente, Nett levantou-se e empurrou as duas crianças para o banheiro. Rhonda escutou umas vozes veladas e depois mais nada. Suas pernas tremiam. Ao ouvirem passos vindos do corredor, as crianças pularam para dentro da banheira. Antes que a porta do banheiro se abrisse por inteiro, elas ouviram Nett dizer, com voz tranqüila, que estava tudo bem e que podiam sair. Era só o Sr. Rootman, um dos sócios do pai. Ele tinha trazido sacos de batata frita para as crianças e uma bolada de dinheiro para Nett. O Sr. Rootman era dono de uma confeitaria do outro lado da cidade. Contou para Nett que ouvira boatos de que a avó das crianças havia delatado o próprio filho. Isso não fazia sentido, e ao mesmo tempo fazia todo o sentido do mundo.

Nett amaldiçoou e xingou a avó de todos os nomes possíveis. Ela quase nunca amaldiçoava alguém, porque dizia que isso criava rugas. Como Nett estivesse machucada e trêmula, e não quisesse deixar as crianças sozinhas, ficou decidido que o Sr. Rootman pagaria a fiança do pai. Depois de um banho quente, foram todos para a cama. Na manhã seguinte, Rhonda deu uma espiada no quarto de Nett e ficou feliz e aliviada ao ver que seu pai já estava em casa.

Os tempos eram ruins quando o aluguel atrasava e havia muito pouca comida. Rhonda, seu irmão e Nett sabiam como lidar com tempos ruins. Mas ao longo dos meses os problemas foram se tornando cada vez piores. Alguma coisa tinha de ser feita. Papai só entrava em casa quando precisava trocar de roupa. Nett trabalhava muitas horas extras e chegava tarde quase todas as noites. Quando chegava, as crianças estavam cansadas demais e sem ânimo para contar o que lhes acontecera durante o dia, e cansadas demais e sem ânimo para comer.

Rhonda e seu irmão ficaram sozinhos. E, o que é pior, ficaram sozinhos e famintos, com tempo ocioso demais. Começaram a conversar com as pessoas pela janela, a ver televisão o dia inteiro e a ignorar as tarefas escolares. Quando Ray trouxe uma carta de advertência da escola, Nett entendeu que alguém tinha de estar em casa para verificar se eles comiam direito e se faziam os deveres da escola. Vovó estava disponível e ficou encantada de ter encontrado uma maneira e uma desculpa para cuidar da casa de Nett.

A maldade da avó amadurecera com a idade. Sem ninguém por perto como testemunha, ela se encontrava em plena forma. Se o dever de casa de Rhonda não fosse feito depressa, ela levava um tapa na cabeça. Se ela não tirasse todo o sabão da louça, levava um tapa na cara. Se comesse muito rápido ou se pedisse um tempo, a avó gritava com ela. Ray, no entanto, podia comer todos os biscoitos que quisesse, quando quisesse e no tempo que quisesse. Três semanas depois da chegada da avó, os nervos de Rhonda estavam arrebentados e seus cabelos começaram a cair. De alguma forma, Nett percebeu que a avó era responsável pela queda de cabelo de Rhonda e por seu problema no estômago. Apesar de saber das conseqüências, ela deixou de fazer hora extra e começou a voltar cedo para casa. Era um sinal para a avó entender que não era mais necessária nem bem-vinda. "Eu prefiro morrer de fome a ver aquela velha tirana na minha casa", disse às crianças. Passaram a comer apenas sopa de batatas.

Mesmo nos piores tempos, as noites de sexta-feira eram as melhores da semana, e as crianças as aguardavam ansiosamente. Nett era paga às sextas, o que significava doces, doces e mais doces. Nett, como sempre, fazia tudo para que Rhonda e Ray se sentissem especiais por terem se comportado bem durante a semana. Às vezes, chegava a agradecer por eles terem limpado a casa e por não terem arranjado confusão. Trazia para casa a gulodice favorita de Rhonda, sorvete de café, e o doce de nozes de que Ray gostava. Os três amontoavam-se no sofá e ficavam vendo televisão até caírem no sono e o pé de um entrar na boca do outro. Nas noites de sexta-feira, Rhonda tinha esperança de que tudo ficaria bem dentro de pouco tempo.

Nett sempre deixava Rhonda brincar com suas roupas e usar sua maquiagem. Mas no Dia das Bruxas ela própria a maquiava e lhe punha uma roupa bem bonita. Quando Nett terminava de usar o delineador e o batom, Rhonda sentia-se linda. Ela e o irmão saíam correndo pelo prédio, juntando balas e outras guloseimas. Quando voltavam, dividiam tudo entre si e guardavam umas balas em sacos plásticos para comerem durante a semana. Num Dia das Bruxas, pouco antes de as crianças irem para a cama, apareceu um fantasma de verdade. O pai tinha vindo fazer sua visita semanal.

Deu uma olhada nas crianças e perguntou à sua mulher se ela tinha perdido o juízo.

– O que você fez com o rosto dela? – perguntou o pai.

Quando ele começou a berrar, interrompendo a resposta de Nett, ela encarou-o de frente, pegou as duas crianças pelos braços e saiu pisando duro pelo corredor.

Enquanto tirava a maquiagem de Rhonda, Nett consolou-a dizendo o quanto ela era linda e que estava feliz por ela e o irmão terem se divertido. Rhonda foi levada para a cama, mas estava tão excitada com os acontecimentos do dia que não conseguiu dormir. Foi até o banheiro em busca do batom que a tornava bonita e procurou o espelho de dois lados que Nett deixava pendurado em um gancho próximo ao armário de remédios. Uma meninazinha de oito anos, de pé no escuro, em cima do vaso sanitário, tentando alcançar uma coisa no alto, prometia um acidente. E Rhonda acabou derrubando um vidro de Listerina no chão. O vidro grande espatifou-se no ladrilho em mil pedaços e o barulho tornou seu pai ainda mais irritado e bravo.

Talvez ele não estivesse enraivecido por Rhonda ter saído da cama, por ter quebrado o vidro de Listerina ou por ter se sujado de batom. Talvez estivesse envergonhado por ter de entrar escondido na sua própria casa para não ser visto pelo proprietário. Talvez estivesse bravo por não acertar um número no jogo há meses. Ou talvez estivesse frustrado por ter de apostar nos números com muito cuidado, já que estava em liberdade condicional e não queria voltar para a cadeia. Qualquer que fosse a razão, ele atravessou o corredor, furioso, precisando descontar em alguém, em qualquer um. O batom e os cacos de vidro no chão do banheiro foram uma excelente desculpa para ele descontar toda a sua raiva, sua fúria e sua frustração na filha de oito anos de idade.

Deu-lhe palmadas, chicotadas e tapas. A surra que Rhonda levou do pai naquela noite foi comentada no bairro durante semanas. A surra que Rhonda levou naquela noite deixou-a deitada na banheira, inconsciente.

É bastante comum um adulto enraivecido descontar sua frustração e sua cólera em uma criança. Os adultos que se sentem impotentes, que não têm mais esperanças, partem para cima da coisa ou da pessoa sobre a qual acreditam que podem exercer seu poder. Mas não se sentem melhor com isso, e quando machucam a criança sentem-se ainda pior. Nesse processo, a criança que está sendo usada como saco de pancadas tenta descobrir o que fez para enfurecer tanto assim o adulto. Não há uma explicação plausível. O adulto pode pedir desculpas, prometer que nunca fará isso novamente, mas não adianta. A criança já está ferida, às vezes fisicamente. E sempre emocionalmente e espiritualmente.

O pai de Rhonda ficou ainda mais bravo quando sua esposa tentou afastar a criança em quem ele batia – sua filha. E ficou mais bravo ainda quando viu o filho olhando-o com horror e constatou que não conseguiria mudar a imagem que se formava aos olhos do menino. Seu sentimento de impotência levou-o a tal frustração, que ele continuou a bater em Rhonda até ela tombar inconsciente no chão.

Os olhos dela estavam fechados. Os lábios, inchados. A camisola, rasgada. Os braços, pernas, costas e rosto, cobertos de sangue. Quando o pai se afastou finalmente, Nett arrastou Rhonda para o banheiro e trancou a porta. Encheu a banheira e colocou a menina na água quente, deixando-a apenas por um instante para falar com a polícia, chamada por um vizinho. Quando retornou ao banheiro, Rhonda estava recobrando a consciência. Não chorou, apenas deu um abraço bem apertado em Nett, sentindo que ela era a sua única chance na vida. E naquela noite teve certeza disso. Nett embalou, acariciou e consolou a criança espancada, e depois sussurrou em seu ouvido: "Por que você não ouve? Seu pai a ama, mas você tem de aprender a ouvir."

Rhonda aprendeu uma lição poderosa naquela noite. Pessoas frustradas e zangadas podem nos machucar. Se não fizermos o que essas pessoas querem, elas podem nos machucar muito. E a culpa será nossa.

* * *

Alguma coisa tinha de ser feita. E quando há um problema grave as crianças devem ser nossa primeira preocupação. O policial encarregado viria nas próximas setenta e duas horas despejar a família de Rhonda. Nett não via o marido há três dias. Ela precisava de ajuda e naquela tarde, quando pegou as crianças no colégio, decidiu pedir essa ajuda.

Nadine era baixa e redonda como uma abóbora. Embora o exato parentesco entre eles nunca lhes tivesse sido explicado, Rhonda e Ray a chamavam de tia Nadine. Os dois passavam as tardes com ela depois que saíam da escola. Rhonda gostava da tia, mas não o suficiente para morar com ela. Nett explicou a Nadine que precisava de seis a nove meses para se aprumar na vida e que nesse meio tempo moraria com a irmã em um apartamento conjugado. Nadine, que tinha casa própria e ganhava a vida cuidando de crianças dos vizinhos, disse que gostaria muito de ficar com Rhonda e Ray. Afinal de contas, eles eram de sua própria carne e sangue.

Nett prometeu que essa situação duraria apenas algumas semanas, dois meses no máximo. Embora tivesse durado cinco anos, não foi tão ruim assim. Na verdade, houve momentos até muito bons. Era a primeira vez que Rhonda morava em uma casa. Ela achava que só moravam em casas de verdade pessoas muito ricas, como aquelas para quem sua avó trabalhava. A casa de tia Nadine tinha dois andares e um porão habitável. Havia duas televisões no andar térreo e uma no porão. O melhor de tudo era que eles tinham também um jardim, o que significava que Rhonda não precisava ir brincar na calçada nem tinha de explicar às crianças do quarteirão quem ela era e de onde tinha vindo. Significava também que ela teria menos chance de ver seu pai passar de carro com mulheres e achar que ele a ignorava ou se esquecera da sua existência.

Tia Nadine mantinha a casa impecável, sem vestígio de poeira, o chão brilhando tanto, que dava para ver o próprio reflexo no piso da cozinha. Rhonda e Ray dormiam em quartos separados. O de Rhonda ficava entre o quarto de tia Nadine e o de sua única filha, cujo apelido era "Beanie".

Rhonda era encarregada de milhares de tarefas domésticas, pelas quais recebia um pagamento semanal. Mas a falta que Nett lhe fazia chegava a doer. Tia Nadine, ao contrário de Nett, nunca conversava com ela. Dizia apenas o que ela tinha de fazer e como fazer. Rhonda tentava ao máximo ajudar tia Nadine com as crianças de quem ela cuidava durante o dia. Ajudava a lhes dar comida, brincava com elas e lavava suas mãos e rosto antes de os pais virem buscá-las. Tia Nadine não tinha uma palavra de agradecimento e era incapaz de dizer que ela tinha feito um bom trabalho.

Na gaveta da cômoda de tia Nadine havia muitas perucas. Quando acordava tarde e saía de casa com pressa, ela abria a gaveta, pegava um de seus chapéus-peruca e ajeitava-o na cabeça semicareca. De início, Rhonda ficou fascinada com a coleção de cabelos de tia Nadine. Mas freqüentemente a tia colocava a peruca ao contrário, e às vezes, quando iam a uma mercearia ou a uma reunião, uma das vizinhas chegava bem perto e sussurrava: "Nadine, sua peruca está ao contrário." Nadine punha as mãos na cabeça, girava a peruca e a colocava no lugar. Rhonda ficava mortificada!

Já era bastante ruim a responsável por ela na escola ter um sobrenome diferente do seu. Mas, quando sua tia ajeitava a peruca em público, era insuportável. Aos dez anos, Rhonda tinha vergonha do seu corpo cada vez mais gordo e do fato de seu próprio pai passar por ela na rua sem lhe dirigir a palavra. Acima de tudo, tinha vergonha de ver sua tia, que nem era realmente sua tia e se passava por sua mãe, andando com a peruca ao contrário.

Ela sentia terrivelmente a falta de Nett. Sentia que fora separada da única pessoa que realmente lhe demonstrara afeição, da pessoa que ela considerava como sua verdadeira mãe. Mas, à medida que os meses e os anos se passavam, as visitas de Nett foram se espaçando. Rhonda tinha necessidade de receber das pessoas com quem morava alguma coisa a mais do que meros cumprimentos matinais obrigatórios. Ninguém jamais a beijava ou a abraçava. Era extremamente difícil viver onde ela não se sentia amada, nem querida, nem bonita. Depois que Nett sumiu, ninguém mais conversou com ela, ninguém mais lhe explicou as coisas. Não era de admirar que seu cabelo começasse a cair de novo.

Rhonda estava careca nas têmporas e na nuca. Agora, além de as crianças caçoarem do seu peso, ridicularizavam também sua perda de cabelo. Se tia Nadine se preocupasse um pouco com ela, não a teria mandado para a escola com uma peruca ruiva, tornando-a alvo das mais cruéis zombarias. Tia Nadine se irritava com seu sofrimento.

Por fim, seus colegas acostumaram-se com a peruca e Rhonda também. Toda semana Rhonda tirava nota dez no ditado e *A* em todos os boletins, tornando-se potencialmente útil para seus colegas. A filha de tia Nadine, Beanie, introduzira Rhonda na cultura e na dança africanas, e ela, por sua vez, compartilhou esses conhecimentos com seus colegas de classe. Com isso, tornou-se popular na escola.

Nos sábados à noite, os outros membros da família iam à casa da tia Nadine jogar cartas, beber e brigar. Para Rhonda, o sábado era o dia em que tinha notícias do pai e de Nett, filtradas através de xingamentos, fumaça e álcool.

– Aquela p... pensa que é branca! Por que iria perder seu tempo criando os filhos de uma mulher morta? Ela não liga a mínima para as crianças.

– Nem ele liga, e os filhos são dele.

– Por que haveria de ligar para esses se está ocupado fazendo novos filhos do outro lado da cidade?

– Que idiota teria filhos com um homem que não pode alimentar nem mesmo os filhos que já tem?

Os adultos que compareciam às festas de sábado à noite ficavam bêbados a ponto de esquecer que as crianças de quem falavam estavam ouvindo. Além disso, acabavam inevitavelmente dizendo coisas ofensivas uns para os outros, fazendo com que por volta das dez horas começassem a sair tapas e brigas pesadas. Garrafas eram quebradas. Rhonda achava divertido, mas ao mesmo tempo triste. Se isso não acontecesse toda semana, ela acharia até excitante. Foi sua segunda lição sobre violência doméstica. Ela achava que a vida era assim mesmo e sentia-se impotente para fazer alguma coisa a respeito.

As meninas aprendem muito com as mulheres que as criam, sejam elas parentes ou não. Aquilo que as mulheres mais velhas fazem, quem são e como demonstram ser constitui o "treinamento da feminilidade" que uma jovem recebe e determina a mulher que vai "nascer". As adolescentes e as meninas aprendem sobre si mesmas e sobre o que significa ser uma mulher observando como e o que as mais velhas cozinham, o que usam para se limpar, como se vestem, como se comportam e como tratam a si mesmas e aos outros.

Conscientemente ou não, intencionalmente ou não, as mulheres mais velhas, as "parteiras da feminilidade", ensinam às mais novas o que esperar da vida. Algumas coisas são ensinadas abertamente, mas as lições mais importantes vêm de forma velada. As palavras e ações das mulheres mais velhas mostram se as jovens devem esperar que a vida seja tranqüila ou estressante, dura ou fácil, digna ou indigna. Só uma mulher pode ensinar a outra mulher o que significa realmente ser uma mulher.

As principais parteiras da vida de Rhonda – sua avó, Nett e tia Nadine – tiveram tanta dificuldade em aprender a ser mulher que não tinham a menor idéia de que também estavam ensinando.

Tio Leroy, o marido de tia Nadine, era um homem magro e quieto, um alcoólatra de fim de semana, e estava profundamente envolvido com outra mulher. Saía para trabalhar às cinco e meia da manhã durante a semana e voltava para casa às cinco e meia da tarde. Murmurava uma saudação quando chegava, tomava um banho, jantava e ia para a cama. Todos então tinham de ficar quietos e andar na ponta dos pés para não acordá-lo.

Mas às sextas-feiras à noite ele nunca ia diretamente para casa. E aos sábados aparecia quando a festinha do porão já estava a pleno vapor. Rhonda sabia por que e tia Nadine também. Tio Leroy tinha outra mulher na cidade. Ele sabia que tia Nadine sempre passava de carro pela casa da outra quando ele não chegava em casa na hora. Se visse o carro do marido estacionado, voltava para casa e começava a ligar para a namorada dele até ela fazê-lo voltar para casa, onde ele chegava com o rabo entre as pernas. Quando alguém nas reuniões de sábado à noite fazia um comentário baixo sobre sua ausência na frente de tia Nadine, o Lincoln novo de tio Leroy aparecia com o capô amassado ou com o pára-brisa quebrado.

Os adultos que falavam sobre as crianças na frente delas, como se não existissem, não eram um problema. Tio Leroy ficar bêbado toda sexta-feira à noite também não era um problema. O que aconteceu quando Rhonda foi deixada em casa sozinha com o tio Leroy bêbado é que *foi* um problema, um problema impossível de compreender e de aceitar.

Capítulo 5

Qual é a lição quando você é pobre, feia e se sente infeliz?

Como todos seus irmãos e irmãs,
você tem um sentimento básico de inadequação
e desvalorização.
Acha que cometeu erros terríveis
e que mais cedo ou mais tarde será castigada
pelas autoridades humanas ou por alguma
autoridade espiritual abstrata,
como Deus, ou a lei cármica.

Paul Ferrini, em *Love Without Conditions*
(Amor sem condições)

ESPERA-SE QUE IRMÃOS E IRMÃS se amem. Espera-se também que eles se aproximem e se apóiem nos momentos difíceis. Rhonda amava seu irmão Ray, dois anos mais velho do que ela e seu herói. Porém, não sabia se ele sentia o mesmo por ela. Como Ray se sentia a respeito de si mesmo, da vida ou das circunstâncias da vida em que ele e a irmã se encontravam, era um mistério. Ray nunca falava de seus sentimentos, a não ser quando o assunto era seu pai.

Ele detestava o pai e não fazia segredo disso para ninguém. Deblaterava e clamava com tanta veemência, que seus olhos se enchiam de lágrimas e ele quase tinha uma crise de asma. Rhonda ainda não chegara ao ponto de detestar o pai, mas ouvia o que o irmão dizia para ser solidária. Ela não sabia ao certo quais eram as razões de Ray para detestar o pai, pois ele nunca dissera.

"Talvez", pensava ela, "meu irmão deteste nosso pai porque ele está sempre distante e irritado. Talvez porque ele viva criticando e castigando Ray, chamando-o de *punk* e de maricas, empurrando-o e socando-o para ele 'ficar mais resistente', mas nunca lhe dando orientação e apoio. Talvez porque um dia ele viu o pai bater em mim."

Ela não compreendia que alguém pudesse ter tanto ódio de uma pessoa. Nunca perguntou ao irmão a razão desse ódio e ele nunca tentou explicar. Para ela, seu irmão não tinha absolutamente nada de que se queixar.

– É melhor você parar de falar do papai assim – dizia Rhonda.

Mas ela gostava tanto de conversar com Ray, que aproveitava a raiva dele para manter as linhas de comunicação abertas.

– Por quê? Por que eu iria gostar dele? Ele não liga a mínima para nós! – falava Ray com veemência.

– Liga, sim. Só que ele é muito ocupado.

– Você é muito burra, Ronnie. É tão burra quanto ele.

Ray e Nett eram as únicas pessoas que chamavam Rhonda de Ronnie. Sua avó geralmente a chamava de "pestinha", e seu pai, quando estava em casa, a chamava de "costeleta de carneiro". Mas ultimamente "burra" parecia ser a expressão favorita de Ray para referir-se a ela.

– Do que você está se queixando? O papai não comprou uma bicicleta de aniversário para você? Ele nunca compra nada para mim.

– Aquela merda barata? Ele provavelmente encontrou aquilo na rua ou no lixo. Ou então conseguiu com uma das suas mulheres. – Isso chamava sempre a atenção de Rhonda.

– Que mulheres? – Será que os boatos que ela ouvia nos jogos de cartas das noites de domingo eram verdadeiros?

– Sua idiota, você não sabe de nada. Ele vive de carro para baixo e para cima com essas mulheres. Quem você acha que elas são? Não são nossa mãe. Ela já morreu! – Ray sabia o efeito que suas palavras causavam.

– Nossa mãe não morreu! Nett é nossa mãe. Ela é nossa mãe e você sabe disso, Ray! – Era a dica para Ray dar o fora.

– Você é tão burra que não dá para acreditar! – dizia ele encaminhando-se para o santuário do seu quarto, fechando a porta e deixando Rhonda morta de raiva no corredor. Ela não sabia o que Ray sabia ao certo, mas tinha certeza de que era mais do que ele estava disposto a contar.

Não era culpa de Ray que as pessoas gostassem mais dele do que da sua irmã, nem que sua avó o deixasse dormir na cama de colunas e Rhonda tivesse de dormir no chão. Não era culpa dele que sua irmã fizesse perguntas demais, falasse demais e geralmente desse nos nervos dos outros. Não era culpa dele que ela fosse espancada ou punida por fazer uma coisa que ele a aconselhara a não fazer. Não era culpa dele poder comer biscoitos enquanto Rhonda levava uma surra ou estava de castigo, ou poder assistir aos programas de televisão com todo o conforto enquanto ela tinha de assistir sentada no chão, num canto do quarto.

Não era culpa dele que sua mãe tivesse morrido, nem que seu pai fosse um homem irritado e distante, que raramente dizia uma palavra gentil. Como acontecia com sua irmã, havia pouca coisa que o pequeno Ray pudesse fazer a respeito disso tudo. Sua reação era sair da mira dos outros e ficar de boca fechada. Além do mais, ele tinha seus próprios problemas.

Nos primeiros doze anos de vida, seu maior desafio fora manter-se vivo. Seu silêncio era, em parte, criado por seu problema de asma. Sempre que as coisas ficavam realmente ruins, os ataques de asma o deixavam sem fala.

Quando Ray não estava tendo uma crise de asma, ele simplesmente tinha muito pouco a dizer. Sempre dava bom-dia e boa-noite aos outros e respondia quando o chamavam pelo nome. Mas quanto a conversas em geral mantinha-se sempre mudo. Rhonda não se importava com isso e gostava do irmão de qualquer jeito. Mas sabia como provocá-lo. Se ela tirasse seu brinquedo, ficasse na frente da televisão ou o beliscasse quando ele estava fazendo o dever de casa, ele dizia alguma coisa.

– Me deixe em paz, Ronnie.

–Você parece um bebezinho! Eu não estava te amolando.

– Estava sim.

– Não estava! Bebezinho! Você é um bebê chorão. Bebê chorão, bebê chorão, bebê chorão!

–Você vai ver. – E Ray berrava a plenos pulmões: – Ronnie está me amolando! Ela não me deixa em paz.

Quando Ray começava a berrar, algum adulto entrava no quarto e batia em Rhonda ou mandava-a sair. Rhonda era sempre a culpada, mas não se importava. Depois que o adulto saía, ela voltava a implicar com Ray só para conversar com ele. Mas não entendia que, se o contrariasse demais, ele podia ter uma crise de asma.

As crises de asma de Ray causavam um medo devastador em Rhonda. O peito de Ray ficava três a quatro vezes maior do que o normal, seus olhos rolavam nas órbitas e o chiado para tentar respirar enchia o quarto todo. Rhonda sentava-se o mais perto dele possível, passava-lhe lenços de papel limpos e juntava os sujos. Quando a crise era realmente séria, um dos adultos colocava um tablete grande de Vick Vaporub no umidificador, para que o vapor trouxesse um certo alívio. Como Rhonda era encarregada dos lenços de papel, tinha de sentar-se em meio àquela névoa quente, junto do irmão. Se ele precisasse de alguma coisa, tentava falar, mas as palavras saíam com dificuldade. Então os dois criaram um código. Sacudir a mão significava que ele queria beber alguma coisa. Esfregar o nariz ou o olho significava que estava precisando de um lenço de papel. Quando ele queria se deitar, dava um tapa na perna e fazia um sinal para Rhonda sentar-se ao seu lado. Quando pegava na mão da irmã, ela sabia que estava na hora de irem para o hospital. Rhonda ficava feliz por saber que quando seu irmão tinha uma de suas crises queria que ela estivesse perto.

Gente pobre que não podia pagar atendimento médico ia para o Hospital Kings County. Era o último lugar onde alguém gostaria de ficar se estivesse doente, por isso só se ia para lá em última instância. Sabiam que teriam de aguardar no mínimo três horas na sala de espera barulhenta, superlotada e caótica, até chamarem o nome de Ray. Nesse meio tempo, Rhonda ficava sentada quieta e angustiada num banco duro da sala imunda ouvindo o irmão lutar para respirar.

Em uma ida memorável ao hospital, Ray quase morreu. Ao chegarem lá, ele estava prestes a ficar inconsciente. Nett carregou-o até a sala de espera e colocou-o em um banco entre um bêbado e um homem sangrando. Depois passou na frente de todos na fila e pediu à recepcionista para fazer o favor de dar uma olhada no seu filho. A enfermeira ignorou Nett educadamente. Quando ela persistiu, a enfermeira lhe disse para pegar um número. Nett, que era sempre tão fria, começou a gritar para a mulher: "Eu não quero um maldito número! Quero que você ajude meu filho! Ele não consegue respirar, está morrendo!"

Começou a juntar gente de todo lado, e a equipe do hospital apareceu em peso. A última coisa que Rhonda viu foi Nett segurando a mão de Ray na maca e os dois desaparecendo pelas portas giratórias. Ela ficou sozinha na sala de espera apinhada, soluçando, com o coração partido.

Os estranhos à sua volta que não estavam sangrando tentaram consolar a menina e uma enfermeira lhe deu um pouco de água em um copo de papel, mas Rhonda não parou de chorar. Depois de duas horas de espera, olhou para cima e viu a cavalaria chegando para salvá-la. Era seu pai! Ele entrou às pressas na sala de emergência e Rhonda saiu correndo atrás ele.

– Papai, papai! Ray vai morrer!

Rhonda não podia acreditar que seu pai tivesse passado por ela naquele lugar estranho, com toda aquela gente estranha, sem lhe dar uma palavra de consolo. Quando ele chegou na mesa da recepção, Rhonda quase o agarrou pelo paletó. Mas, antes que conseguisse, seu pai passou pela porta que dava para a sala de curativos e sumiu de vista.

O que Rhonda fez naquele dia foi contado e recontado na família. Ela gritou, mordeu as pessoas, bateu nelas e jogou-se no chão aos berros "como uma criança possuída", segundo sua avó. Ela queria seu irmão! Queria seus pais! Alguém foi buscar Nett, que encontrou Rhonda debatendo-se de forma histérica no chão imundo da sala de emergência. Nett agarrou-a, fez com que ela se levantasse, segurou seu rosto com as duas mãos e puxou-a para junto de si. Depois levou-a pela mão para tomar um pouco de ar puro lá fora. Logo em seguida seu pai chegou.

– Ray vai melhorar, meu bem. Mas vai ter de ficar algum tempo aqui.

–Você vai ficar com ele? – perguntou Rhonda, preparada para ter outro ataque se necessário.

– Não, eu vou para casa com você.

Foram os dois dias mais longos da vida de Rhonda. A cama vazia de Ray a aterrorizava. Mas ela sabia que se o irmão estivesse ali provavelmente não teria falado nem brincado com ela. Teria ficado quieto como sempre, e se fechado. Ele não estar ali era mais ou menos o mesmo que ele *estar ali*. Mesmo assim, Rhonda não queria perdê-lo. Ele nunca fazia nada para ajudá-la, mas tampouco fazia alguma coisa para magoá-la. Chegaria um dia em que seu medo de perder Ray se tornaria realidade.

Embora a maioria dos adultos da vida de Rhonda a tivessem traído de uma forma ou de outra, Ray foi o primeiro a traí-la publicamente. A traição veio sob a forma de uma mentira quando Rhonda tinha cinco anos de idade.

Todo verão a família ia para a casa do tio Lowell e tia Dora, em Atlantic City. Nunca explicaram a Rhonda qual era o real parentesco do casal com eles. Para lá iam também parentes ainda mais inexplicados: tias, tios e primos que viviam espalhados pelo país inteiro e que se reuniam no Dia do Soldado e no Dia do Trabalho para comemorar. As crianças menores passavam o dia na praia ou no clube de equitação, vigiadas pelas mais velhas. Os adultos passavam o dia descansando e as noites bebendo, fumando, jogando cartas e comendo caranguejo.

O dia da traição amanheceu sombrio. Como tinha chovido, as crianças foram obrigadas a ficar em casa, brigando por causa da televisão e jogando cartas. Os adultos, prevendo que a chuva só passaria ao cair da noite, compraram uma boa quantidade de caranguejos. As crianças do sul sabiam como os caranguejos eram preparados. Eles eram jogados vivos na água fervente temperada para serem cozidos. Rhonda e as crianças do norte, porém, consideraram uma barbárie colocar seres vivos e indefesos na água escaldante.

Os adultos temperaram a água fervente e jogaram os caranguejos numa panela grande. Trancaram a tampa da panela e deixaram os bichinhos e as crianças na cozinha. As crianças do norte decidiram então ajudar os caranguejos a fugir.

Para grande satisfação dos caranguejos prestes a morrer, uma delas (nunca se descobriu qual foi) destrancou a tampa e os caranguejos pularam para fora correndo em busca de salvação.

Havia caranguejos por toda parte! Espalhados pela cozinha inteira e correndo entre as crianças. Os pobres crustáceos prendiam-se em qualquer coisa que encontrassem, inclusive nas mãos, pés e rosto das crianças. A cozinha virou um caos total! Os caranguejos, com suas pinças potentes, agarravam-se a tudo, ameaçando as crianças, que corriam gritando e pisando nos que tentavam escapar. Rhonda era uma das menores e, na tentativa de salvar os bichinhos, ficou mais coberta por eles do que os outros.

Quando os adultos ouviram a barulhada, vieram depressa. A avó de Rhonda foi a primeira a entrar na cozinha. Duas tias e um tio inexplicados vieram logo atrás. O pai de Rhonda foi o próximo adulto a chegar e o primeiro a perguntar: "Quem abriu a panela?"

Se todos tivessem ficado solidários, poderiam ter dito em uníssono: "Não sei." Mas o norte e o sul ainda tinham problemas a resolver. As crianças do sul culparam imediatamente as do norte. Estas não negaram a acusação, pois estavam ocupadas demais tentando, aos gritos, tirar os caranguejos de suas roupas.

– Calem a boca! Todos calados! Foi bem-feito para vocês. – A voz estridente da avó cortou a cozinha e todos ficaram em silêncio. Foi nesse momento de silêncio máximo que Ray falou.

– Foi Ronnie.

Rhonda não podia acreditar no que ouvia, nem as demais crianças, pois ela era uma das menores. Os caranguejos grudados na camiseta de Rhonda não lhe deram tempo de negar nem de se defender. As outras crianças ficaram tão aliviadas de não serem culpadas que não disseram uma palavra. Antes que qualquer dos adultos apresentasse uma explicação mais plausível, a avó deu um tapa com as costas da mão em Rhonda, atirando-a para o outro lado da cozinha.

– Oh, mãe, por favor! – disse o pai de Rhonda com voz fraca. – Não precisa bater nela assim.

– Você sabe que foi ela. Ela está sempre fazendo alguma coisa que não deve!

O pai tentou aproximar-se da filha, mas ao chegar do outro lado da cozinha sua mãe já havia voltado a estapear a menina.

Uma das tias tentou ir em seu socorro, mas a avó olhou-a de tal modo que a tia ficou de boca calada nos próximos dois dias. Todos sabiam que a avó maltratava Rhonda. Infelizmente todos tiveram medo do que a avó lhes poderia fazer. Todos, exceto Nett. Ela havia anunciado que "preferia ir para a tumba a presenciar e permitir que a avó maltratasse aquela criança". Quando Nett conseguiu atravessar a cozinha no meio daquela multidão, Rhonda tinha sido estapeada mais três vezes.

* * *

Há várias formas de dar lições de vida. As crianças são tão observadoras, sensíveis e impressionáveis, que as lições mais fortes vêm do que elas ouvem e observam as pessoas fazerem com elas e com os outros. As crianças aprendem cedo na vida que os adultos valorizam a beleza aparente. As crianças que não são valorizadas e protegidas sentem que não são bonitas e que não merecem proteção. Ray era apreciado, valorizado e protegido pela maior parte das pessoas. Como via sua irmã ser espancada, negligenciada e ignorada, teve de perguntar a si mesmo: "O que eu tenho de tão bom?" e "O que minha irmã tem de tão ruim?". Ninguém podia responder-lhe e ele foi obrigado a encontrar as respostas sozinho.

Quando eles se mudaram para a casa da tia Nadine, o silêncio entre Rhonda e Ray transformou-se em distância. Os dois ainda faziam as refeições juntos e iam à mesma escola. Ray protegia a irmã quando os colegas implicavam com ela ou a perseguiam. Na rua, seguia atrás dela e na frente do bando de meninos e meninas para que ninguém encostasse nela. E eles nunca encostavam.

Mas em casa a coisa era diferente. Ray se afastava de Rhonda sempre que ela chegava perto dele. Passou a chamá-la de "gordinha" e de "pretinha". Quando o cabelo de Rhonda começou a cair, ele passou a chamá-la de "peruquinha" e "careca", como as crianças da escola a chamavam. Rhonda sabia que ele estava só implicando, mas era terrível ver seu irmão, que não falava com ela, dizer-lhe tantas coisas más.

A pior coisa de que ele a chamou foi de "feia". Ray disse a Rhonda que ela era tão feia que parecia um "feiastre", ou seja, uma combinação de feia com desastre. Como ele era seu irmão mais velho, e ela o amava, acreditou nele.

Rhonda começou a passar grande parte do tempo no banheiro, sentada ao lado da pia, contemplando sua feiúra no espelho. Olhando-se no espelho ela às vezes não se achava tão feia, mas Ray afirmava que as mulheres mais feias não sabiam que eram feias. Rhonda acreditava nisso também até o dia em que uma mulher apareceu no espelho.

Ela estava sentada ao lado da pia do banheiro, olhando para si mesma, imaginando como seria ser bonita. De repente, apareceu no espelho a imagem de uma linda mulher. Rhonda ficou imóvel. Olhou para a mulher, que sorria para ela. Os rostos ficaram lado a lado no espelho. Observando-a com atenção, Rhonda teve vontade de falar. Não conseguiu, mas a mulher falou.

– Sua beleza vem de dentro – disse ela sorrindo. – Olhe para dentro de si para ver sua beleza. – Eram palavras melódicas, que permaneceram no ar depois que foram ditas.

De repente, alguém bateu na porta do banheiro. Assustada, Rhonda deu um pulo, seu pé escorregou e ela caiu no chão duro, batendo com a cabeça e a boca no vaso sanitário.

– O que você está fazendo aí?

Era Ray. Ele precisava usar o banheiro. Rhonda levantou-se depressa e arrastou-se até a borda da pia. Mas a mulher havia desaparecido. A única imagem no espelho era o rosto "feio" de Rhonda, machucado pela queda.

* * *

Quando Ray ficou mais velho e começou a sair com meninos da sua idade, a distância entre ele e Rhonda aumentou. Ele passou a se interessar por garotas e a distância tornou-se incalculável. Quando tia Nadine ficou doente e teve de deixar de tomar conta de crianças, Ray arranjou um emprego de meio expediente. Quando estava em casa, ele e os amigos ficavam no seu quarto, um lugar onde Rhonda não ousava entrar com medo de que ele a humilhasse de novo. Na frente de todos aqueles meninos, ele diria: "O que você quer, sua feiosa?" ou "Leve essa feiúra para fora daqui". Seus amigos achavam isso muito divertido, mas Rhonda ficava mortificada.

De certa forma, sem que Rhonda soubesse, ela entrara na ofensiva com o irmão de quem tanto gostava. Sem Nett, e com a tia Nadine doente e dormindo quase todo o tempo, ela sentiu-se absolutamente sozinha. Às vezes ficava tentando entender o que tinha acontecido para Ray mudar tanto. Outras vezes comia desesperadamente. A comida ajudava-a a encher o vazio do seu coração deixado pelo irmão mais velho.

Ray vivia distante e arredio, confirmando a lição que Rhonda aprendera com seu pai: os homens são emocionalmente, e em geral fisicamente, inacessíveis. Seu irmão, com suas crises de asma, lhe ensinou que os interesses dos outros são mais importantes do que nossos próprios interesses. Quando ficou mais velho e suas crises de asma se abrandaram, ele lhe ensinou como amar as pessoas, mesmo que elas a maltratassem. O que Rhonda queria era ter uma relação amorosa normal com seu irmão, mas Ray lhe ensinou que é na melhor das hipóteses doloroso, e na maioria das vezes impossível, ter o que se quer. Rhonda aprendeu que as pessoas próximas a ela podiam traí-la e que não se importavam com o que lhe acontecesse. No Hospital Kings Court, aprendeu que ser pobre era sinônimo de ser tratada da pior forma possível. E Ray lhe ensinou que, ao contrário dele, ela não tinha nem valor nem beleza. Era, na verdade, feia.

Capítulo 6

Qual é a lição quando você é estuprada na infância?

Toda situação com a qual nos confrontamos,
seja em nosso corpo, seja em assuntos externos –
toda situação –,
contém dentro dela
a semente do nosso bem.

Richard Jafolla, em *Soul Surgery* (Cirurgia da alma)

EU ESTAVA AFUNDADA na banheira de água quente há uma hora e trinta e três minutos. Meus dedos dos pés estavam cinzentos e enrugados. Eu achava incrível como me lembrava da minha vida. E achava igualmente incrível como me lembrava de tantas dores sem sentir a dor de novo. A gente pode se sentir mal e recuperar-se sem muita dificuldade. Eu realmente tinha curado muitas feridas. O que não tinha feito fora reconhecer e celebrar minha cura. Eu ainda entro em pânico quando as coisas vão bem. Quando não nos lembramos de celebrar nosso crescimento, e aquilo que a cada dia nos faz sentir melhor, só nos lembramos da dor. É a dor que nos mantém presos aos nossos padrões. A dor nos é familiar.

Eu ainda entro em pânico quando as coisas não vão bem. Ainda tenho raiva de mim mesma quando cometo erros. Acredito automaticamente que sou eu a culpada, sou eu a errada, quando as pessoas se zangam comigo. Ainda duvido de mim mesma quando sou criticada ou desafiada pelos outros. Permito que se intrometam demais no que eu faço, na forma como faço e no momento em que faço. E uso a opinião dos outros para fazer o que faço.

Eu tinha que despedir Karen. Ponto final! Precisava entender por que não tinha percebido meus próprios limites quando lidava com ela. Que inferno! Eu sabia que o problema não era Karen, era eu. Eram manifestações das mesmas feridas antigas. Precisava desnudá-las, compreender sua influência e curá-las.

Eu tinha de continuar, mas não podia ficar nem mais um minuto na banheira. Estava na hora de me deitar. E foi exatamente o que fiz. Coloquei quatro grandes toalhas de banho no chão, deitei meu corpo enrugado em cima de três delas e cobri-me com a quarta. Estava na hora de "me desnudar diante de Deus", como dizia minha avó. É difícil acreditar que embora ela fosse tão má e tivesse me tratado tão mal, eu conseguisse aproveitar algumas coisas do que ela dizia. Creio que sempre há algum bem em tudo e em todos.

* * *

Tio Leroy era um mistério para Rhonda. Quando ele estava sóbrio, ficava quieto e pensativo. Comia em silêncio, fazia poucos comentários sobre suas atividades do dia e recusava-se a atender o telefone. Nunca perguntava sobre os filhos, nem quando um deles ficava doente. Mas Rhonda sabia que ele tinha uma namorada.

Porém, depois de alguns drinques, tio Leroy era um homem totalmente diferente. Contava histórias engraçadas e picantes para as crianças quando tia Nadine não estava ouvindo. Fingia ser um garanhão selvagem e deixava Ray, Rhonda e Beanie montarem nas suas costas enquanto ele corcoveava e tentava jogá-los para fora. Quando ele estava bêbado, sentia necessidade de pintar. Pintava a cozinha a cada dois meses. Primeiro de rosa, depois de amarelo. A melhor coisa é que quando estava bêbado deixava seu dinheiro solto pela casa até voltar de novo à sobriedade.

Rhonda aprendeu a roubar o tio Leroy desde cedo. Na primeira vez ficou morta de medo. Como explicaria aquele dinheiro? Você ganha mesada, sua burra! Como esconderia as coisas que comprava com o dinheiro roubado? Compre coisas de comer, sua boba! Como ela tirava quando o tio estava bêbado, ele nunca parecia perceber o furto.

Tia Nadine começou a ter problemas de pressão alta. Não tinha mais forças nem energia para cuidar das crianças e raramente saía de casa. Num sábado, tia Dora insistiu para que ela fosse jogar cartas na casa de uma amiga e ela passou a ir lá sempre.

Os sábados se tornaram ainda mais solitários para Rhonda, pois tia Nadine ia jogar cartas e Beanie passava o dia na aula de dança. Ray jogava futebol quase que o dia todo e tio Leroy – bêbado ou sóbrio – não fazia companhia a ninguém. Ela enchia as horas vagas costurando, lendo, assistindo televisão ou brincando com as bonecas, enquanto esperava que alguém voltasse para casa.

Em uma tarde chuvosa, Rhonda viu-se em casa praticamente sozinha com Ray, que já a enxotara do seu quarto duas vezes, e com tio Leroy, que bebera tanto que ficou desmaiado no porão durante horas. Cansada de assistir à televisão e sem nenhuma revista nova de história em quadrinhos pela casa, decidiu descer até o porão para ouvir uns discos e dançar. Mas a música incomodou o tio Leroy, que resmungou mandando-a voltar para cima. Ele rolou de lado, babando nas almofadas do sofá e roncando alto. Quando Rhonda viu um bolo de notas saindo do bolso de trás das suas calças, subiu no sofá e tirou devagarinho uma nota de cinco dólares do bolo. Depois, subiu as escadas na ponta dos pés.

Uma hora depois, Rhonda sentou-se no chão do quarto e foi examinar o resultado do seu saque: uma garrafa de Pepsi tamanho grande, cinco revistas de história em quadrinhos, cinco barras de chocolate e uma garrafa de meio litro do sabão de banho favorito de Nett. Enfileirou as revistinhas no chão perto da cama, colocou a Pepsi e o sabão de banho dos dois lados da fileira e uma barra de chocolate ao lado de cada revistinha. Seu plano era primeiro beber a Pepsi, depois ler uma revista, comer um chocolate, e assim por diante, até chegar ao sabão que seria despejado na banheira para um longo banho. Àquela altura, Beanie ou tia Nadine já teriam chegado.

Rhonda mal saboreara o último gole doce da Pepsi quando ouviu um barulho alto vindo da cozinha. Rapidamente empurrou as revistinhas, o chocolate e o sabão de banho para debaixo da cama e foi ver o que acontecera. Tio Leroy estava caído no chão, bêbado. Tinha tropeçado em uma cadeira e encontrava-se estirado junto à geladeira. Tentava desesperadamente ajeitar o corpo e a cadeira quando Rhonda entrou correndo na cozinha, colocou a cadeira junto da mesa e ajudou-o a ficar de pé.

– Onde está todo mundo? – balbuciou ele, segurando-se na parede.

– Tia Nadine foi jogar cartas – disse Rhonda.

– Seu irmão está em casa?

– Está vendo televisão lá em cima – respondeu Rhonda, louca para voltar para o quarto.

– E você está lendo?

– Estou, tio Leroy.

Deu-se uma longa pausa enquanto o tio Leroy tentava pensar em alguma outra pergunta. Rhonda ficou mexendo nos botões da blusa, esperando gentilmente a oportunidade de voltar para o quarto. Finalmente seu tio murmurou alguma coisa, virou-se e saiu da cozinha.

Quando estava lendo a primeira revista, Rhonda ouviu o tio Leroy chamar seu nome. Exasperada, foi até o alto da escada que dava para o porão e viu o tio escarrapachado nos degraus de baixo, sem conseguir subir a escada nem voltar para o sofá. Era uma cena de dar pena, e Rhonda ficou pensando se ele se sentia solitário também.

– O que você quer, tio Leroy? Eu estou aqui.

– Desça para conversar comigo, meu bem – falou seu tio, com dificuldade. – E traga uns pés de porco porque eu estou faminto.

"Ele sabe! Ele sabe que eu tirei o dinheiro. Eu devia ter tirado só moedas. Não, não devia ter tirado nada. Ele quer falar comigo sobre todo o dinheiro que eu andei tirando. Por que Ray nunca é apanhado? O que eu vou dizer?"

Rhonda sempre tentava evitar olhar para o pote grande com pés de porco em conserva quando abria a geladeira. Só de ver aqueles pés desmembrados no alto do pote, naquele caldo escuro, tinha vontade de vomitar. Talvez fosse melhor fazer um sanduíche de salame para o tio. Não, era melhor levar exatamente o que ele pedira. Talvez a ajudasse um pouco.

Tirou o pote enorme da geladeira e colocou-o na mesa da cozinha. Pegou um prato do armário, enrolou um garfo e uma faca em três guardanapos e colocou tudo em uma bandeja de madeira. Deixou o pior para o fim. Prendendo a respiração, abriu o pote, tirou dois pés de porco e colocou-os no prato. Tentou só respirar depois de fechar a tampa e guardar o pote por trás das garrafas de leite na geladeira.

Parou no alto dos degraus com a bandeja, fechou os olhos e fez uma oração em silêncio. Pediu por favor a Deus para que o tio Leroy perdoasse seu pecado e a deixasse ficar com o sabão de banho. Depois desceu a escada com cuidado até o porão.

Tio Leroy, sentado no sofá e tombado para a esquerda, mandou-a colocar a bandeja na mesa de centro em frente a ele. Rhonda fez o que ele mandou mas evitou seu olhar, para que ele não visse seus olhos culpados.

– Que bom, meu bem. Muito bom – disse tio Leroy, dando uma batida na almofada ao seu lado. – Sente-se ao meu lado enquanto eu como. Nós podemos conversar e talvez nos divertir um pouco.

Mesmo do outro lado da mesa de centro, Rhonda podia sentir o azedo de bebida no hálito do tio. A última coisa que queria era chegar perto dele e vê-lo comer os pés de porco. Mas o que ela podia fazer? Roubara o dinheiro dele e agora tinha de pagar.

– Vem cá, meu bem – disse o tio Leroy. – Eu não vou morder você. Só quero conversar um pouco.

Rhonda sentou-se dura na ponta do sofá. Tio Leroy pegou um pé de porco e deu uma dentada grande e suculenta, deixando o caldo escorrer-lhe pelo queixo e pela camisa. Rhonda ficou com nojo. O fedor de álcool e o cheiro forte de vinagre do picles de pé de porco eram terríveis, e tio Leroy mastigava e falava ao mesmo tempo, fazendo grande barulho.

– Por que você não come o outro? – disse, sacudindo o pé de porco para ela. O osso escorregou dos seus dedos gordurosos e caiu no chão entre seus pés. – Pegue para mim, meu bem. Minha cabeça está muito ruim para eu me abaixar.

Rhonda chegou-se mais perto do tio Leroy e pegou o pé de porco. Ao passá-lo para ele, o tio agarrou seu pulso e puxou-a para mais perto. O osso caiu no sofá entre as pernas dele. Rhonda afastou-o instintivamente com a mão que estava livre, mas ele agarrou seu outro pulso e forçou-a a sentar-se no seu colo. Rhonda tentou se soltar, mas apesar de bêbado o tio Leroy segurou-a com força.

–Você vai pegar isso para mim, meu bem? – disse ele, com a boca no ouvido de Rhonda.

O estômago dela estava revirado com o cheiro azedo e sujo do tio. Ele sorria para ela, com um sorriso bêbado e sedutor. Será que estava tentando lhe meter medo por ela ter tirado seu dinheiro? Quanto mais ela torcia os pulsos para se soltar, mais firme ele a segurava e mais a puxava para junto de si.

– Eu não consigo pegar se você não soltar minhas mãos – disse Rhonda.

Tio Leroy soltou uma de suas mãos e quando ela foi pegar o pé de porco ele fez com que ela pegasse no seu pênis. Enfiou a língua no ouvido dela e deu-lhe um beijo molhado na boca, empurrando a língua contra os dentes cerrados da menina.

– Não resista, meu bem. Nós vamos nos divertir um pouco, só isso. Não é gostoso? Calma. Seu velho tio vai fazer você se sentir bem, é só relaxar um pouco. – Soltou as mãos dela e puxou seu rosto para junto do dele, mas ela virou-se antes que fosse beijada de novo. Ele enfiou a língua mais fundo no seu ouvido e deslizou as mãos para dentro da blusa dela, brincando com os mamilos do seu peitinho chato.

Rhonda manteve-se rígida. Não conseguia respirar e não conseguia se mover. O que ele estava fazendo? Será que ele estava tão bêbado que a confundira com tia Nadine? Tio Leroy não devia estar fazendo essas coisas com ela. Disso Rhonda tinha certeza. Será que ele achava que podia ser desagradável porque ela roubara seu dinheiro? Será que pensava que ela não faria queixa dele porque ele faria queixa dela também? Tio Leroy rasgou a blusa de Rhonda e agora tentava tirar suas calcinhas, falando baixinho que eles iam se divertir e que ela era bonita. Desabotoou o zíper das calças, forçou-a a deitar-se de costas e montou em cima dela. Rhonda estava arrependida do que tinha feito. E tinha dito a Deus que estava arrependida. O peso do tio a esmagava, e suas mãos grossas e calosas arranhavam e machucavam suas partes íntimas. Rhonda estava disposta a entregar o sabão de banho se ele parasse de empurrar sua coisa para dentro dela. Ele a estava machucando. Estava fazendo-a pagar pelo seu erro. Não havia nada que ela pudesse fazer, a não ser manter-se deitada ali enquanto ele grunhia obscenidades no seu ouvido e dizia que a amava.

* * *

O frio do chão do banheiro atravessou as toalhas e penetrou na sua espinha. Quantas vezes? Quantas vezes eu vou ter de me lembrar disso? Quantas forem necessárias, até que isso não me deixe enjoada do estômago. Eu estava congelando. Entre na banheira. Volte para a banheira e lave essa merda. Nua, arrastei-me até a banheira. O banheiro parecia impregnado do cheiro azedo de bebida do hálito do velho. Liguei a água quente no máximo e dessa vez liguei também os jatos da Jacuzzi. Peguei o óleo de lavanda e lutei para não vomitar. Basta respirar fundo!

Mas eu podia ouvir Rhonda chorando. Podia vê-la deitada ali, muda, paralisada, violentada, amedrontada e culpada. Eu me perdôo! Eu me perdôo! Eu me perdôo! Por que a banheira leva tanto tempo para encher? Eu podia sentir os olhos de Rhonda penetrando no meu coração. Podia sentir sua dor na boca do estômago. Ela estava esperando para ver o que eu ia fazer. Queria saber se alguém iria ajudá-la. Salvá-la. Protegê-la. Eu não sou uma vítima. Eu não sou uma vítima! Não agora. Nunca mais! Essas palavras não adiantaram. Eu estava a ponto de chorar. Quando meus ombros caíram e eu baixei o corpo no chão frio de azulejo, lágrimas grandes e salgadas escorreram dos meus olhos, desceram pelo meu rosto e rolaram pelos meus seios. Eu me senti muito mal por Rhonda. Tio Leroy tinha tirado sua inocência antes mesmo de ela ter seios desenvolvidos.

Quando uma menina está sendo violentada, seu pensamento escapa do corpo e solta-se no espaço. Ela não quer sentir o cheiro azedo de bebida no hálito do seu estuprador, não quer sentir suas mãos calosas no seu peito chato, nem sofrer a dor daquele pênis ereto rasgando o tecido virginal da sua vagina. Prefere ficar imaginando se sua mãe está realmente morta. Ficar imaginando por que seu pai não tem tempo nem desejo de sustentar a ela e ao seu irmão. Ficar imaginando como explicaria as manchas gordurosas no sofá causadas pelo pé de porco que ela ainda segurava na mão.

Quando Rhonda voltou a pensar em si, viu-se no andar de cima, sentada numa banheira de água quente. Sangrava, e sua cabeça doía. Seus olhos ardiam e o rosto estava quente e avermelhado. As pernas e os pés, as mãos e os dedos doíam. Sua cabeça estava oca e seu coração frio. Como ela tinha ido parar lá em cima? Tinha realmente tentado chamar Nett? Ray realmente a mandara para fora do quarto quando ela tinha tentado lhe contar o que acontecera? Sua blusa rasgada estava na pia do banheiro e cheirava a vômito e vinagre. Ela se lembrava vagamente de ter se arrastado para debaixo da mesa da cozinha, vomitado e depois limpado o chão. Certamente deixara Baby entrar em casa, pois o gato estava sentado ao lado da banheira, olhando para ela.

Rhonda ainda sangrava quando vestiu uma roupa limpa e sentou-se na beira da cama, segurando o gato. Estava em estado de choque e nem percebeu as lágrimas quentes que caíam do canto dos seus olhos enquanto ela olhava para o espaço, esperando que tia Nadine voltasse para casa.

Se os outros não perguntarem como você se sente, do que você gosta, o que você quer ou o que você sabe, não há como saberem quem você é. Quando os outros não sabem quem você é, acreditam erradamente que podem fazer qualquer coisa que quiserem com você. E eles farão, se não souberem. Quando isso acontece, cabe a você tomar uma atitude por conta própria. Cabe a você mostrar aos outros o que você precisa. Cabe a você dizer a eles o que você pensa. Cabe a você mostrar a eles que você não sabe o que eles acham que você sabe. Em todos os momentos, em qualquer circunstância, todas as pessoas devem assumir plena responsabilidade de dizer às outras exatamente o que sentem, do que precisam, o que sabem e quem são. Porém, uma menina de apenas onze anos de idade possivelmente não aprendeu ainda como fazer isso. E se não aprendeu, e as pessoas à sua volta não percebem, ela corre o grave perigo de ser mal interpretada. Rhonda estava aprendendo os perigos de ser mal interpretada.

Ela não tinha idéia de quanto tempo se passara quando a porta da frente abriu e tia Nadine entrou em casa anunciando que ganhara duzentos e cinqüenta dólares. Ainda apertando Baby no peito, Rhonda conseguiu encontrar as palavras para contar à tia Nadine exatamente o que havia acontecido. Ela ficou olhando incrédula para a sobrinha durante longo tempo, depois virou-se nos calcanhares e desceu para o porão. Rhonda, segurando Baby, foi para a cozinha e ficou sentada até tia Nadine chamá-la. Colocou Baby no chão e desceu as escadas lentamente, cheia de dor.

– Diga a ele o que acabou de me contar – falou tia Nadine.

Tio Leroy estava sentado precariamente em um dos tamboretes do bar, tentando manter um ar de sobriedade, mas parecia muito culpado sob o olhar enfurecido de tia Nadine. Um pedaço gorduroso de porco estava grudado na frente da sua camisa. Rhonda olhou de tia Nadine para as garrafas vazias de bebida que estavam no bar. Não conseguia ver aquele homem olhando para ela. Olhou para o chão por entre os pés descalços dele, depois para seus próprios sapatos, até juntar coragem para repetir a acusação.

– É uma mentira deslavada! – disse o tio Leroy, ficando de pé de um salto e apontando o dedo para a menina intimidada. – Eu não machuquei a menina. Não penetrei nela.

Tia Nadine não tirou os olhos do tio Leroy. Ouviu a declaração chorosa de Rhonda, que não sabia o que significava "penetrar", mas que sabia definitivamente que ele a machucara. O olhar glacial da sua tia refletia raiva e nojo da menina. Ela não disse uma palavra, e ficou um silêncio no ar entre sua tia e o tio Leroy. Rhonda esperou para ver o que aconteceria. O pedaço de pé de porco deixou uma mancha gordurosa quando deslizou pela camisa do tio Leroy e caiu silenciosamente no chão.

– Vá para o seu quarto, Rhonda – disse tia Nadine, sem alterar seu olhar. – Pode subir e ir para a cama agora. – A voz dela era fria como gelo.

Rhonda ficou deitada na cama, ouvindo o silêncio que não devia estar ali. Mas havia silêncio e quietude por toda a casa. Havia silêncio onde devia haver gritos. Havia silêncio onde devia haver o barulho da porta da frente batendo. Havia silêncio onde devia haver o barulho do Lincoln do tio Leroy indo embora para sempre. Havia silêncio onde devia haver palavras reconfortantes e mãos tentando curar. Havia silêncio onde devia haver um pedido de desculpa e uma promessa. E havia silêncio onde devia haver o reconhecimento do erro e a confissão da verdade.

O silêncio nos ensina muitas coisas. Ensina-nos a ouvir e a prestar atenção. Ensina-nos a sentir e a expressar em palavras o que estamos sentindo. Quando não sabemos expressar o que estamos sentindo, o silêncio entra cada vez mais fundo em nós e encontra a paz que ultrapassa a compreensão. Uma paz que permite que sigamos adiante, mesmo quando não compreendemos. Na maioria das vezes, o silêncio é uma boa coisa. Mas há vezes e circunstâncias em que o silêncio é mortal. O silêncio mortal pode destruir nossa identidade e nosso espírito. Pode matar nosso coração e nossa alma. Quando o silêncio é usado como um meio de evitar alguma coisa que sabemos que deve ser enfrentada, ele mata nosso senso de valorização. Quando usamos o silêncio para esconder a verdade, para evitar a verdade ou para colorir a verdade, é o mesmo que dizer que a verdade não importa. Demonstra que acreditamos que as pessoas que dizem a verdade não importam.

Mas elas importam.

Capítulo 7

Qual é a lição quando lhe ensinaram que você não é digna de amor?

O conflito é um mero resultado de alguma coisa que se interpõe ao fluxo da vida. Isso ocorre quando a gente se vê como um ser incompleto em algum sentido e tenta acrescentar alguma coisa para se sentir mais completo. Os que sempre usam os outros para satisfazer suas necessidades ou propósitos vivem impregnados de conflito.

Tom Johnson, em *You Are Always Your Own Experience*
(Você é sempre sua própria experiência)

ÀS VEZES PRECISAMOS DE UMA COISA que nos faça voltar à realidade. Como, por exemplo, um balde cheio de água fria despejado na cabeça. Eu ouvi um barulho na porta do banheiro. Era minha cadela de novo. Eu estava convencida de que ela era maluca. Precisava me livrar dela e arranjar um vira-lata honesto e temente a Deus. Naquele momento ela estava arranhando a porta. Se eu tivesse de sair da banheira, ia acabar matando essa cadela! Tudo bem, ela está morta! Pingando água, fui abrir a porta e vi a pestinha, muito cara e muito burra, comendo meus sapatos de camurça vermelha novos em folha. Eu ainda nem os tirara do embrulho, mas ela sim. O chão do quarto estava cheio de papel fino branco repicado. China estava deitada na entrada do banheiro, com a ponta do meu sapato na boca e as patas traseiras dentro dele. Eu sabia que, se a pegasse, seria capaz de estrangulá-la. Se não fosse um sapato tão maravilhoso, talvez eu achasse bonitinha a pose dela. Mas era um sapato caro, e China não parecia nada bonitinha e sim um pedaço de carne morta!

Assim que eu me curvei e estiquei os braços na sua direção, meu marido apareceu.

– Oh, oh, China! Você vai arranjar confusão – disse ele, sem notar que eu estava completamente nua e pingando água. – Pensei que você estivesse trabalhando ou tomando banho, ou coisa parecida.

– Eu estava me lembrando – falei.

Ele tirou o sapato da boca de China.

– Pode terminar o que estava fazendo. Eu cuido de China.

Ele sempre sabe exatamente o que dizer. Meu Deus! Meu marido é uma bênção.

Ao voltar para a banheira, notei que não sentia mais o nó na garganta. Estava começando a melhorar. Meus limites estavam se tornando mais claros. Mas eu ainda tinha que seguir adiante, e a água continuava quente.

* * *

Beanie ficou desesperada quando sua mãe morreu. Tia Nadine foi hospitalizada várias vezes antes de morrer. Rhonda acostumara-se com sua ausência. Sentiu pouca pena de Beanie e nenhuma tristeza. Viu as tias, tios e primos chorando no enterro e depois ficou observando-os quando voltaram para a casa imaculada de tia Nadine. Todos ficaram bêbados e começaram a brigar como se fosse qualquer outra noite de sábado.

Foi para seu quarto com Baby, o gato, e de repente viu sua avó e seu pai na porta. Mas, na realidade, eles não estavam ali. Rhonda ficou sentada, imóvel. Seu coração disparou e ela prendeu a respiração, rezando para que aquelas imagens desaparecessem. Então a senhora de vestido branco apareceu. Saiu de um grande caixão, com os olhos fechados, e ficou de pé em frente à cama. Era a senhora dos seus sonhos, só que naquele momento ela não estava sonhando. Deu um grito quando a senhora abriu bem os olhos. Logo depois a imagem sumiu e sua avó entrou no quarto em carne e osso.

Nett entrou logo depois e tentou acalmar Rhonda. Antes que a avó pudesse dizer alguma coisa cruel e desagradável, mandou Rhonda para o quarto de Ray, onde estavam todos os primos e colegas dele. Achou que a estaria poupando, mas Ray percebeu a vulnerabilidade da irmã e aproveitou a situação para fazer umas crueldades semelhantes às da sua avó.

– Ei, Ronnie. Sabe de uma coisa? – Ray falava bem alto para que todos os meninos do quarto ouvissem.

Rhonda estava recostada na cama de Ray, tentando ser o mais discreta possível, quando de repente todos olharam para ela.

– Você conhece o Junior? – perguntou Ray, levantando a cabeça para o filho de doze anos do tio Lowell e tia Dora que estava sentado no chão entre dois companheiros de futebol de Ray.

– Oi, primo Junior – disse Rhonda em voz baixa, sem saber onde Ray queria chegar com isso. Junior sabia exatamente o que Ray ia fazer e olhou para o lado sem cumprimentar Rhonda.

– Não é *primo* Junior, sua burra. Junior é nosso irmão caçula.

Por que Ray sentiu necessidade de dar essa informação naquele momento, Rhonda não compreendeu nem questionou. Ela tinha coisas demais para pensar. Com a morte de tia Nadine, talvez os dois tivessem de se mudar de novo. Para onde iriam agora? Quem iria se incomodar com eles dessa vez? E seu irmão, que raramente tinha alguma coisa a dizer, anunciava na frente de todos que seu primo era na verdade seu irmão. Era uma informação que ela não queria ouvir e da qual não precisava. Mas Ray não parou aí. Continuou a explicar que Junior tinha nascido em uma fase tão conturbada que a mãe deles, Sarah, teve de dá-lo, pois não tinha condições de cuidar do bebê e o pai não se propôs a ajudar. Junior tinha apenas dois meses quando Sarah morreu.

– Por que ele não deu todos nós? – disse Ray com raiva. – Pelo menos teríamos ficado juntos.

Antes que Ray voltasse a falar, Rhonda sentou-se na cama e disse:

– Mas ele deu todos nós! – Olhou para Junior e percebeu que os três eram muito parecidos.

Saiu do quarto, encontrou um canto relativamente calmo na cozinha entre os parentes bêbados e sentou-se perto da porta que dava para o quintal, dizendo para si mesma: "Que amigo Jesus é. Quantos pecados e tristezas nós temos de agüentar..." Ela realmente precisava de um amigo.

* * *

Alguma coisa mágica acontecia quando Rhonda dançava. Ela esquecia de se lembrar que era gorda. Esquecia de se lembrar daquela noite chuvosa de sábado. Não pensava no pai nem pensava na avó. Quando Rhonda dançava, achava-se livre. Achava-se bonita. E sentia-se em paz. Rhonda começou a dançar depois da morte de tia Nadine. Às vezes ia praticar dança com Beanie, às vezes ia ao centro de dança do colégio. Quando não conseguia pensar nem sentir, a dança tornava tudo melhor. A dança ajudou seu corpo a desenvolver-se, e finalmente ela pôde comprar um sutiã. Seu traseiro arredondado começou a tomar forma, e sua barriga era absolutamente chata. Os meninos da escola chamavam-na de "raposinha" e não mais de "peruquinha".

Nett passou a ligar para ela com mais freqüência, e Rhonda falava muito sobre sua dança. Um sábado, quando as duas estavam sentadas no restaurante favorito de Nett, ela perguntou a Rhonda:

– Você me considera sua amiga?

Rhonda sentiu-se culpada. Nett sempre fora boa para ela, mas depois das histórias que os convidados bêbados da tia Nadine contaram não tinha certeza se ainda podia confiar nela. Como não teve coragem de confessar suas dúvidas, tirou os olhos do prato quase vazio e respondeu que sim.

– Você confia em mim? Eu compreendo, se não confiar. Sei que foi muito difícil para você compreender por que eu me afastei tanto tempo da casa de tia Nadine, por isso vou entender se você não confiar mais em mim.

Aquelas perguntas e o sabor das batatas fritas gordurosas deram um gosto azedo na boca de Rhonda. Ela sabia bem onde Nett queria chegar e isso estava embrulhando seu estômago. Então, disse simplesmente que compreendia. Não gostava, mas compreendia.

– Como nós somos amigas, e como você confia em mim, pode me contar a verdade se eu perguntar uma coisa?

Rhonda começou a contorcer-se. Depois pensou: "Talvez ela vá me perguntar sobre o dinheiro que eu roubei." Na verdade, o problema não era esse, mas relacionava-se diretamente ao que Nett perguntou.

– Seu tio algum dia tocou em você? Enfiou as mãos debaixo das suas roupas ou alguma coisa parecida? – Rhonda ficou olhando fixo para ela. Sabia que iria vomitar se abrisse a boca.

– Eu vi a forma como ele olhou para você e não gostei.

De repente Rhonda sentiu-se queimando de calor. Depois começou a tremer, como se a temperatura do restaurante tivesse caído subitamente abaixo de zero. Veio-lhe à cabeça a imagem da roupa de baixo ensangüentada e ela chegou a sentir o cheiro azedo de bebida. Começou a murmurar, e quando tentou falar estava aos prantos. "Pare! Pare!" Quando percebeu que estava falando com a amiga em um lugar público, mudou a frase, mas não o volume.

– Não me pergunte isso! Nunca mais me pergunte isso!

As pessoas das mesas próximas olhavam espantadas. Rhonda chorava tão alto que uma das garçonetes apareceu e perguntou se estava tudo bem. Oh, claro, pensou Rhonda, muita gente tem crises histéricas nos restaurantes. Nett fez um sinal para a mulher ir embora e tentou puxar o banco para que Rhonda chegasse perto dela.

Rhonda tremia e chorava. Nett tentou ajudá-la a levantar-se, depois a andar. Elas atravessaram o restaurante apinhado de gente, tentando não olhar para ninguém. Nett a levou ao banheiro, e Rhonda então caiu de joelhos e arrastou-se para o canto mais próximo. Àquela altura, Nett chorava também. Aproximou-se de Rhonda e sentou-se ao seu lado. As duas ficaram chorando e embalando-se por algum tempo. Uma senhora entrou no banheiro e ofereceu-lhes lenços de papel, outras entraram e ficaram simplesmente olhando. Nett não deu uma palavra até chegar em casa, nem no dia seguinte quando foi ajudar Rhonda a juntar seus pertences e colocar tudo num táxi. Ray levou duas semanas para decidir morar com elas.

Com a escola, deveres de casa, três aulas de dança por semana, ensaios para a apresentação e tarefas domésticas, era difícil Rhonda ter algum tempo livre. Muito menos para engravidar.

Ela e Reggie falaram sobre sexo durante muito tempo. Mais tarde passaram das conversas para a prática. Os dois começaram a ir a festinhas no horário escolar com outros meninos da banda da comunidade com quem tocavam. Matavam aula e passavam o dia na farra. Quando Ray desconfiava que ela não estava indo ao colégio, Rhonda parava com as festinhas e ia às aulas pelo menos por alguns dias. Foi por puro acidente que ela descobriu que nos dias em que ia à escola Reggie passava o tempo todo nas festinhas trancado num quarto com uma menina chamada Beverly. Reggie admitiu que ele e Beverly tinha estado "juntos". Rhonda ficou desolada. Seu silêncio alertou Nett e logo depois ela contou tudo. Isso precipitou a primeira conversa "feminina" das duas. Infelizmente, a conversa chegou tarde demais.

Há coisas que as meninas com seios desabrochando e traseiros redondos precisam saber quando se tornam mulheres. Infelizmente, quando precisam saber essas coisas, as circunstâncias em que vivem podem ser transitórias. Suas famílias podem não estar organizadas ou estar passando por problemas. As mulheres à sua volta podem estar ocupadas, doentes ou ausentes, ou então não se sentir à vontade para conversar sobre coisas que talvez ninguém tenha jamais conversado com elas. Mas as meninas precisam saber e têm perguntas que precisam ser respondidas. Todas as meninas precisam de treinamento, treinamento de feminilidade, na arte e ciência sagrada de se tornar mulher. Esse treinamento inclui informações e exemplos que as capacitem a cuidar de si mesmas e da "mulher" que vai crescendo dentro delas e através delas.

Quando Rhonda precisou ser ensinada a tornar-se mulher, suas circunstâncias de vida eram muito transitórias. Tia Nadine vivia entrando e saindo do hospital, Beanie estava sempre perturbada e Nett era uma visitante esporádica. Ninguém falara a Rhonda sobre menstruação, sobre o primeiro amor, sobre sexo. Nenhuma das mulheres da sua vida jamais mencionou ou exemplificou a auto-educação, o auto-respeito, a autodignidade. Rhonda não tinha ninguém com quem rir sobre as "coisas de meninas", coisas sagradas, secretas e inocentes. Não via gravuras nem exemplos que a ajudassem a compreender o que aconteceria com seu corpo, o que esperar ou o que fazer quando isso acontecesse. A maioria das coisas que Rhonda aprendeu foi nas paredes dos banheiros femininos da escola e com o que os meninos achavam que deviam ensinar quando queriam educar as meninas depressa. Quando alguém notou que ela estava se tornando mulher, era tarde demais para um treinamento. Sua inocência foi roubada e ela teve todas as informações "na prática".

Teddy vivia andando em frente ao apartamento de Nett com outros meninos. Ele morava no andar de cima com a mãe, o irmão e o namorado da mãe. Nett estava sempre de olho em Teddy porque notava que ele estava de olho em Rhonda.

– Fique longe desse rapaz! Ele não é um menino, é um homem feito, e eu não gosto do jeito que ele olha para você.

Rhonda não deu uma palavra, pois não tinha a menor intenção de ficar longe dele. Na verdade, estava esperando uma oportunidade de falar com Teddy sem que Nett estivesse olhando. E não teve de esperar muito tempo.

Quando você precisa ser amada, procura o amor onde puder encontrá-lo. Quando quer desesperadamente ser amada, sentir amor, conhecer o amor, vai buscar o que acha que é o amor. Quando encontra o amor, ou o que acha que é amor, você mente, mata e rouba para mantê-lo. Mas o aprendizado do amor verdadeiro vem de dentro. Não pode ser passado. Não pode ser tirado. Cresce a partir do seu sentido do Eu. Cresce a partir da sua capacidade de recriar, dentro de você mesma e para você mesma, a essência das experiências amorosas que ocorreram na sua vida. Se você não teve experiências amorosas, ou não tem o sentido do Eu, a essência verdadeira do amor escapa. Você tenta encontrar o amor e se vê envolvida em crenças errôneas sobre si mesma e sobre o amor.

– Oi! – disse Teddy, alcançando Rhonda quando ela se dirigia à parada do ônibus. – Eu fiquei imaginando o que teria acontecido com você. – Teddy era charmoso e seu sotaque sulista tinha a suavidade da seda.

– Como assim? – perguntou Rhonda.

– Eu via sempre você e seu irmão indo para a escola todo dia, mas não vejo vocês há algum tempo. – Rhonda sentiu-se envaidecida. Ele andava observando-a!

Nos meses seguintes, Reggie e Rhonda voltaram a se ver e brigaram várias vezes, mas as coisas com Teddy estavam esquentando. Rhonda tinha treze anos e Teddy dezenove. Ele tinha vindo do Mississippi em busca de emprego em Nova York, depois que terminou os estudos. Fora criado pela avó e queria fazer algum dinheiro para mandar para ela. Dizia que seus seis tios e tias iam tendo filhos e largando-os para sua avó criar. Ela estava velha, cansada e era pobre. Rhonda falou que sua avó, ao contrário, não mostrava nenhum sinal de envelhecimento, era muito ágil e má como o diabo.

Sempre que Teddy via Nett tentava ser especialmente simpático. Segurava a porta para ela passar, oferecia-se para carregar suas sacolas e a cumprimentava com ar afável e respeitoso quando ela passava. Mas Nett não lhe dava a menor atenção. Não gostava dele e não se esforçava para esconder seus sentimentos. Mas isso não importava, pois Teddy continuava perseguindo Rhonda. Certa manhã, quando Rhonda saía para a escola, viu Teddy esperando-a no corredor.

– Posso ir com você até a parada de ônibus?

– Não! – disse ela, quase gritando. – Se alguém nos vir... Quer dizer, se alguém contar para minha mãe... Quer dizer, não, eu estou com pressa.

Teddy pegou a sacola de livros da mão de Rhonda e foi descendo as escadas.

– Eu também posso andar depressa, sabia?

Eles foram juntos até a parada de ônibus, rindo e conversando como dois namorados. Quando o ônibus chegou, Teddy inclinou-se e deu um beijo na boca de Rhonda. Foi um beijo gostoso, quente e amigo.

Quando Rhonda chegou em casa à tarde, Teddy estava sentado nas escadas esperando-a. Ele sorriu. Ela sorriu. Quando foi andando para a porta do seu apartamento, Teddy seguiu-a. Enquanto ela procurava a chave da porta, ele se pôs na sua frente e beijou-a de novo. Dessa vez enfiou a língua na sua boca. Rhonda ficou petrificada. Entrou em pânico. Teddy perguntou se podia entrar, e ao ouvir isso Rhonda teve a sensação de que tinham lhe jogado água fria no rosto.

– Está maluco? – gritou. – Você não pode fazer isso!

– Então por que não vamos lá em cima para a minha casa?

– Meu irmão vai chegar a qualquer momento, eu não posso fazer isso, Teddy.

– Eu prometo que você não vai ter de ficar muito tempo lá. Pode ver da minha janela quando seu irmão chegar.

A casa de Teddy era muito diferente da de Rhonda. A sala de estar era cheia de móveis e a pia estava coberta de pratos por lavar. Havia uma risca preta de sujeira em volta da banheira e uma pilha de roupas em cima da cama dele. Reggie e Rhonda geralmente "faziam" de pé, vestidos, com a roupa de baixo arriada até os tornozelos. Mas Teddy jogou a pilha de roupas no chão e ela deitou-se na cama, nua.

Rhonda tinha treze anos e meio e estava completamente nua na cama de um homem feito. Não sabia o que dizer. Teddy beijou-a dos pés à cabeça. Ela não sabia como reagir. Ele lhe perguntou se ela o amava. Ela não abriu a boca. Ele disse que a amava. Ela fechou os olhos e esqueceu-se até de que sabia falar. Sete minutos e meio depois levantou-se e começou a se vestir. Estava sem fala.

Rhonda não podia acreditar que um rapaz bonito e atraente tivesse algum interesse por ela. Seu pai não tinha. Seu irmão não tinha. Reggie tinha, mas era um menino, não um homem. Rhonda não podia acreditar que um homem feito quisesse fazer sexo com ela. Só quando dançava é que se sentia bonita. Fora isso, achava que fora sempre feia. Usaria ao máximo toda oportunidade que tivesse de sentir-se bonita e amada. Mas ainda não sabia que os homens dizem e prometem qualquer coisa quando querem fazer sexo com alguém. Ainda teria de aprender a distinguir a mentira da verdade. E nunca lhe passou pela cabeça que Teddy estivesse mentindo.

Rhonda continuava a ver Reggie, mas com menos freqüência, pois passava todo tempo que podia com Teddy. Quando disse a Teddy que achava que estava grávida, ele não falou nada. Apenas desapareceu. Rhonda e Beverly tinham se tornado amigas de novo, e Rhonda lhe contou seu segredo. Beverly contou à sua irmã, Sandra, que levou Rhonda a um médico. Para tristeza de todas, o médico confirmou que Rhonda estava mesmo grávida, exatamente com quatro meses de gravidez. Sandra disse que tinha pena dela, mas Beverly não conseguiu dizer nada. Rhonda não tinha idéia do que iria fazer.

Naquela noite, telefonou para Reggie e contou a ele que estava grávida. Reggie ficou chocado, mas era um menino decente, gostava de Rhonda e ficou preocupado com ela. Ele não desapareceu. Foi feita uma reunião com os pais da menina de treze anos e os pais do menino de dezesseis anos. Ficou decidido que eles eram muito crianças para se casar e que Rhonda teria o bebê e o entregaria para ser adotado. Decidiram que ela ficaria em casa e freqüentaria uma escola para adolescentes grávidas. No final, Rhonda foi mandada para um lar de meninas grávidas em Queens. Só ao chegar lá é que ela se deu conta de que ninguém havia perguntado quem era o pai da criança.

Três semanas depois de Martin Luther King ser assassinado, Rhonda deu à luz uma menina. A pequena Tracey, nome dado em homenagem à irmã de Reggie, pesava pouco mais de dois quilos e meio e media quarenta e três centímetros. Tracey era igualzinha ao pai. Os mesmos olhos, a mesma cor, o mesmo tudo. Saiu diretamente do hospital para o lar de adoção. Quando Rhonda voltou para casa sentiu Nett desapontada e Ray indiferente. A avó disse "Eu avisei vocês", e Rhonda teve de conviver com sua própria vergonha.

Certo dia, logo depois que Rhonda voltou do lar de meninas grávidas, Teddy reapareceu. Ela estava vindo da loja quando o viu.

– Foi menino ou menina? – Teddy sabia onde ela tinha estado, pois sua mãe e todas as outras mães do prédio comentaram a respeito do seu desaparecimento bem no meio do ano escolar.

– Uma menina – disse Rhonda, continuando a andar sem olhar para Teddy. Quando eles chegaram em frente ao prédio, Teddy deu um "tchau" rápido, atravessou a rua e foi para o parque. Naquele dia e nos dias seguintes, Rhonda ficou sentada na janela observando Teddy.

* * *

O trem ia até o centro em vinte minutos, mas naquele dia pareceu levar uma eternidade para chegar. Toda vez que parava, toda vez que as portas abriam, toda vez que uma pessoa se levantava e outra se sentava ao lado de Rhonda, ela caía no choro. Quando o trem chegou na estação da Rua Setenta e Dois, ela chorava inconsolavelmente. Algumas mulheres à sua volta, sentindo sua tristeza, lhe ofereceram lenços de papel e balas para tosse. Na estação da Rua Oitenta e Seis, uma das mulheres ajudou-a a sair do trem e perguntou o que havia com ela. Rhonda explicou que seu bebê de seis meses, que tinha sido adotado, morrera naquela manhã e ela não sabia o motivo. Sua mãe estava no trabalho e não podia sair, ela não sabia onde encontrar seu pai, e o pai do bebê tinha desaparecido de novo. A única coisa que a mulher conseguiu dizer foi: "Você é tão criança!" Deu mais uns lenços de papel a Rhonda, desejou-lhe boa sorte e seguiu caminho. Rhonda teve de ir sozinha identificar o corpo do bebê.

Reggie e toda sua família foram ao enterro. A assistente social e os pais adotivos também foram. Nett, seu pai e Ray recusaram-se a comparecer. Tracey estava num caixãozinho branco, vestida de branco. Parecia muito pequenininha. Rhonda sentou-se no banco e ficou imaginando por que não sentia pena da filha morta. Não havia nela tristeza, nem sentimento de perda, nem dor. O caixãozinho foi colocado em um carro grande e preto e depois Tracey foi baixada ao solo. Só quando Rhonda olhou para cima e viu a senhora de branco em frente ao túmulo é que sentiu alguma coisa. Uma sensação de coisa encerrada. Finalmente estava tudo terminado.

Depois desses acontecimentos, as coisas rapidamente voltaram ao normal. Em uma questão de semanas Rhonda estava de volta à escola, saindo com as colegas e indo às aulas de dança. Mas as coisas em casa tinham mudado. A única hora em que ela e Nett conversavam era quando Nett perguntava onde ela ia, onde tinha estado e se "andava fazendo bobagem de novo". Sempre que seu pai aparecia, olhava por cima dela, em volta dela, mas nunca diretamente para ela. Ray, agora com dezesseis anos, havia se tornado um verdadeiro alcoólatra. Pouco lhe importava que sua irmã tivesse engravidado e perdido um bebê.

Rhonda aprendera muito no ano anterior. Tudo ocorrera tão depressa que as lições tinham vindo em fragmentos. Um fragmento do que aprendeu foi que, quando você não é importante para as pessoas da sua vida, as coisas que acontecem com você também não importam. Outra lição foi que, depois que as pessoas conseguem o que querem de você, elas vão embora. Outra pequena parte da lição que a vida ensinou a Rhonda foi que, quando você não tem nada do que as pessoas querem, elas também vão embora. A parte mais importante e mais difícil da lição foi aprender que, quando você realmente precisa de alguém, as pessoas que você espera que ajudem não ajudam. Mas quanto a isso não havia grande novidade. Eram coisas que Rhonda havia aprendido muito tempo atrás, na casa da sua avó e na casa de tia Nadine. Ela aprendera a chorar e a seguir seu caminho. Era doloroso e às vezes difícil, mas ela aprendera muito bem sua lição.

As coisas não iam bem para Nett. Ela tinha dois empregos e tentava reduzir seus gastos. Mas estava cada vez mais longe de equilibrar seu orçamento. Nos dias de pagamento, Nett tinha de decidir entre fazer compras de casa, pagar a conta do telefone ou pagar a conta da luz. Nunca havia dinheiro suficiente para tudo, muito menos para os pequenos extras. Rhonda nunca se queixava, embora quisesse todas as coisas que suas amigas tinham. Compreendia que Nett fazia o melhor possível e raramente pedia alguma coisa que custasse dinheiro. Lavava religiosamente as duas saias e duas blusas que usava, uma em cada semana. Nett sentava-se à mesa da cozinha tarde da noite, comia o jantar requentado e ficava vendo Rhonda passar suas roupas, evitando encostar o ferro nas partes puídas ou brilhantes de tanto uso. Às vezes ficava zangada e começava a brigar com Rhonda. Perguntava por onde ela tinha andado naquele dia e por que estava passando aquelas roupas com tanto cuidado. Outras vezes afastava o prato e deitava a cabeça em cima da mesa. Quando Rhonda lhe perguntava o que havia de errado, Nett dizia apenas que estava cansada, mas Rhonda sabia que ela estava escondendo as lágrimas. Por mais que Nett tentasse, por mais que deixasse de lado suas próprias necessidades, raramente tinha uns centavos de sobra.

Para piorar as coisas, Nett descobriu que o pai de Rhonda estava gastando dinheiro com outra mulher. Ela, que sempre se orgulhara de sua aparência, não podia mais comprar esmalte de unha, perfumes caros, nem podia ir ao salão de beleza fazer o cabelo. Ela, que abrira mão de tudo isso pelo reflexo do amor que via nos olhos do marido, ficou incontrolavelmente zangada, irritada e deprimida quando sentiu na camisa dele o cheiro de um perfume que ela não podia mais comprar. Só pensar que o marido estava se exibindo para uma vagabunda com o dinheiro de que ela e seus próprios filhos tanto precisavam e mereciam deixou-a desesperada.

Ray, como seu pai, raramente estava em casa, e era Rhonda em geral quem tinha de agüentar o mau humor de Nett. Rhonda fazia o máximo para sair do caminho dela, mas a um mínimo erro seu Nett descontava nela toda sua ira. Se as tarefas de Rhonda não fossem feitas a tempo e bem feitas, Nett se enfurecia e a privava de seus poucos privilégios. Na maioria das noites, Nett chegava em casa cansada, derrotada e com raiva do mundo. Quando estava mais cansada e derrotada do que enfurecida, comia seu jantar frugal e ia direto para a cama. Quando a fúria prevalecia, ela irrompia no quarto de Rhonda, acusava-a de andar dormindo com algum garoto qualquer e ameaçava-a de enxotá-la de casa se ela engravidasse de novo.

A distância física e emocional entre Rhonda e Nett tornava-se cada vez maior. Elas negavam uma à outra o amor, a compaixão e a compreensão de que tanto precisavam. Rhonda sentia que estava perdendo o amor de Nett e que nunca recuperaria sua confiança. Mas ela não era responsável pelos problemas financeiros e conjugais de Nett. Fazia o máximo para não pedir nada, e Nett parecia não compreender que Rhonda também queria ter coisas bonitas. Também queria ter roupas novas, sapatos novos e algum dinheiro de vez em quando para ir ao cinema ou comprar revistas de romance.

Certa noite, Nett chegou em casa de péssimo humor e encontrou Rhonda no quarto pintando as unhas dos pés.

– Esmalte de unha? Onde você arranjou dinheiro para comprar esmalte de unha? – perguntou, furiosa, num tom de acusação.

– Tia Nita me deu – respondeu Rhonda com ar submisso.

– Verdade? E quanto dinheiro ela te deu? – Rhonda não respondeu. – Cinqüenta centavos? Dois dólares? Vinte dólares? O bastante para pagar a conta do gás? A conta do telefone? Quanto, Ronnie? – Nett ficou de braços cruzados, desafiando Rhonda a contar uma mentira.

– Quarenta dólares – disse Rhonda, em voz quase inaudível.

– Eu acho que não ouvi bem. Quanto você disse? – Chegou mais perto de Rhonda, que agora tremia de medo.

– Quarenta dólares – repetiu ela.

– Onde está o resto do maldito dinheiro? Eu sei que você não trouxe quarenta dólares para esta droga de casa, que preferiu gastar tudo com você mesma. – Olhou nos olhos culpados de Rhonda e soube que tinha razão. – Depois de tudo o que eu fiz por você, de todos os sacrifícios que fiz por você e seu irmão, de todas as horas que trabalhei para pôr um maldito pedaço de porco salgado em um pote de feijão, para te dar um teto, sua egoísta e ingrata. Depois de tudo que eu te dei quando seu próprio pai não me dava um centavo, você saiu e gastou quarenta dólares em quê? Do que você precisava tanto assim para mentir e roubar desse jeito? Até parece um rato deixando um navio que está afundando. Cada um por si. Foi assim que eu te criei? Eu não te disse sempre que nós devemos cuidar de quem cuida de nós? Você não tem jeito, sabia, Ronnie? Você é uma figura patética. Não reconhece nada do que eu fiz por você. Só pensa em ter pena de si mesma. Eu trabalho como uma condenada e é esse o agradecimento que recebo? Sabe do que mais, Ronnie? Eu vou dizer uma coisa... – Nett hesitou por um segundo, mas continuou a falar. – Você e seu pai são iguais. Nenhum dos dois presta para nada, vocês nunca serão nada.

Uma avalanche de dor, desespero e tristeza profunda desabou no quarto, impregnando todos os cantos, tirando o próprio ar dos pulmões de Rhonda, bloqueando a luz dos seus olhos, matando seu espírito ferido.

Nett virou-se e saiu do quarto, e no caminho para a cozinha percebeu o que tinha feito. De certa forma, as palavras venenosas da avó de Rhonda tinham saído da sua própria boca. Ela as usara como armas para soltar sua raiva e frustração. Nett afundou-se com todo seu peso numa cadeira da cozinha. A maldade do seu espírito e das suas palavras a chocaram e amedrontaram. Que tipo de pessoa ela se tornara para causar propositalmente tanto sofrimento em alguém a quem tanto amava? Precisava desculpar-se. Imediatamente. Tinha de abraçar Rhonda e lhe dizer que sentia muito e que gostaria de não ter proferido aquelas palavras horríveis. Tinha de explicar que estava desesperada por não poder sustentar sua família e que estava furiosa, não com Rhonda, mas com o pai dela. Tinha de dizer que a amava muito, que nunca deixaria de amá-la.

Mas era tarde demais. Rhonda tinha ido ao banheiro e tomado todos os comprimidos que encontrou, inclusive a medicação de Ray contra asma. Depois passou em silêncio pela cozinha, seguiu para a sala de estar e deitou-se no sofá. Ela não pretendia acordar no dia seguinte.

Capítulo 8

Qual é a lição quando você não aceita seu passado antes de seguir em frente?

As experiências são apenas as lições que você não conseguiu aprender apresentadas de novo para que dessa vez você faça uma escolha melhor, escapando do sofrimento que a escolha anterior causou.

A cada dificuldade, cada aflição e cada perplexidade, Cristo vem a você e diz gentilmente:

"Meu irmão, escolha de novo."

Um Curso em Milagres

ESTAVA NA HORA DE EU sair da banheira. A água que entrava em jatos não me acalmava mais. Começava a incomodar. Talvez porque eu estivesse me lembrando de coisas demais, depressa demais, e isso aumentasse minha sensibilidade. Quando a gente começa a se lembrar de quem era, fica sensível com relação a quem é agora. Pode começar a duvidar da própria capacidade de seguir adiante. Pode até mesmo duvidar se tem o direito de seguir adiante.

De vez em quando eu duvido de mim mesma. A dúvida é um efeito comum da lembrança. Faz parte da natureza humana avaliar o que a gente pode fazer tomando como base o que já se fez. Quando eu não faço uma coisa certa num dia, tenho medo de cometer o mesmo erro de novo. A essa altura da vida, porém, eu constatei que se não me lembrar do que fiz não vou conseguir fazer nada de forma diferente. Se eu não prestar atenção aos detalhes das minhas ações, repetirei a mesma coisa várias vezes, por puro hábito. E não quero mais agir assim. Se isso significa que eu preciso pesquisar cada cantinho da minha vida até compreender quais são as coisas que eu faço que me levam a situações em que não desejo estar, então me disponho a ficar na banheira, e lembrar, chorar, ficar enrugada e chorar mais um pouco.

Decidi dar uma caminhada. Caminhar nos ajuda a lembrar. Então, saí da banheira, vesti meu moletom rosa preferido e entrei na trilha de sempre. A mata é um lugar bonito para a gente se encontrar. No início dessa trilha, debruçados sobre o caminho, há uns chorões gigantescos que parecem seres humanos, por isso nunca me sinto sozinha. Devo confessar que eu converso com os chorões. Os chorões conhecem todos os meus segredos e todos os segredos de Rhonda. Eu lhes falei sobre ela e eles me ajudaram a lembrar.

Há vários caminhos que levam à mata. Escolhi um que dava voltas pelos chorões e choupos malhados de sol, virando para o leste e depois fazendo curvas para o oeste. Em alguns pontos o caminho era liso e plano, tornando minha caminhada tranqüila. Em outros havia muitas pedras, e as subidas íngremes deixavam meu coração batendo forte e minha respiração curta. Em certos lugares, os galhos altos pareciam querer tocar o céu, convidando o sol brilhante a espalhar-se sobre as flores silvestres que bordejavam a estradinha. Outros trechos eram cheios de folhagens que toldavam o sol me fazendo apertar um pouco o passo. Rhonda e eu entramos no caminho, respiramos fundo e nos dirigimos para o lago claro e azul do final da trilha.

* * *

Quando Rhonda disse a Gary que estava grávida, ele procurou tornar-se invisível. Especialmente para ela. Rhonda tinha apenas dezesseis anos, mas condensara quarenta e cinco anos de experiência durante sua curta existência. Era frágil e carente, e o terapeuta que a tratou depois da sua tentativa de suicídio disse que ela era "emocionalmente perigosa". Às vezes aprendemos coisas sobre nós mesmos que nunca saberíamos se não nos contassem. Às vezes as pessoas contam coisas sobre nós que realmente precisamos saber. Outras, seria melhor que guardassem suas idéias e opiniões para si mesmas. A lição é distinguir uma da outra. Rhonda ainda não aprendera essa lição.

Gary era um rapagão atraente de dezenove anos, impulsionado por seus hormônios, um astro nas corridas, com uma forte reputação de garanhão. Mas Rhonda era nova no Ginásio Jefferson e não tinha a menor idéia disso. Ela nunca tinha marcado um encontro num colégio de verdade, com um colega de verdade. Gary era sensacional. Vinha de um lar estável e pretendia cursar a faculdade. E era uma pessoa simples. Rhonda ainda estava pulando da casa de um parente para a de outro, sem saber ao certo seu endereço. Sentia-se rejeitada e instável.

Depois da tentativa de suicídio, ela ficou um tempo na casa de Nett, mas houve uma ameaça de despejo e ela e Ray tiveram de ir morar com Beanie. Quando o namorado de Beanie mostrou excessivo interesse em Rhonda, ela voltou a morar com Nett. Foi a essa altura que Ray decidiu acabar com aquela "ciranda" familiar. Ficou definitivamente com Beanie e vivia drogado a maior parte do tempo.

O colégio que Rhonda freqüentava ficava a duas horas de viagem da casa de Nett, por isso ela foi transferida para o Ginásio Jefferson. Tentou dançar de novo e logo tornou-se líder do Clube de Dança do Jefferson. Gary notou-a pela primeira vez em uma assembléia da escola, onde o Clube de Dança se apresentou. Ele era voltado para o atletismo e nunca assistira a uma dança africana. Ficou fascinado com a dançarina Rhonda e com o que ela conseguia fazer com o corpo. Rhonda sentiu-se lisonjeada de atrair a atenção de um atleta famoso e bonitão. Foi facilmente seduzida por suas preliminares carregadas de hormônio, pelas piscadelas maliciosas no corredor, pelos telefonemas tarde da noite e pelos encontros secretos. Tudo aconteceu depressa demais. Nett percebeu o problema antes que Rhonda tivesse coragem de lhe contar.

Rhonda e Nett tinham desenvolvido uma rotina matinal. Nett acordava, preparava o café e tomava uma chuveirada. Quando saía do banheiro, Rhonda entrava para tomar seu banho. Quando terminava de se vestir, o café estava pronto. As duas sentavam-se à mesa da cozinha, conversavam e riam juntas antes de saírem para a escola e o trabalho. Era nessa hora que conversavam. Nett contava o que lhe acontecia no trabalho e Rhonda falava da escola. Preparavam a lista de compras do mercado e decidiam quem compraria o quê. Conversavam sobre rapazes, roupas e programas de televisão.

Certa manhã, na hora do café, Nett colocou a xícara na mesa e olhou dentro dos olhos de Rhonda.

– Você está grávida de novo, não está? Dá para ver nos seus olhos e em você toda. – Os olhos de Rhonda encheram-se de lágrimas, mas ela se conteve, recusando-se a chorar. – Quem é ele? – perguntou Nett. – É aquele sujeito que telefona para cá tarde da noite?

– Se eu estiver grávida, é dele – disse Rhonda, com os olhos marejados de lágrimas.

Nett deu um gole no café e continuou.

– Ronnie, Ronnie. Você não pode viver tendo bebês. Eu sei que você quer ter uma família e alguém que te ame. Sei como sua vida tem sido dura, mas um bebê só vai tornar as coisas piores. Você tem de terminar seus estudos para ser alguém um dia, e com um bebê fica mais difícil.

Essa era a hora da conversa particular das duas, por isso Rhonda falou. Contou a Nett que Gary agora a evitava no colégio e não lhe telefonava mais. Nett ficou furiosa. Primeiro com Rhonda, mas principalmente com Gary.

– Ele tem pai? Tem mãe? Tem um número de telefone? – Nett anotou o número e telefonou para a casa de Gary. Quando o pai atendeu, ela informou-lhe que sua filha estava grávida do filho dele. Sugeriu uma reunião para que fosse planejada uma forma de sustentar a criança. O pai de Gary disse que discutiria esse assunto com o filho e lhe telefonaria mais tarde. (Só três semanas depois de o bebê nascer é que ele telefonou.)

No dia seguinte, Gary apareceu no colégio só para dizer a Rhonda que estava furioso por ela ter contado tudo a Nett. Nos meses seguintes foi Rhonda quem ficou furiosa. Furiosa consigo mesma e com Gary. Sentiu-se sozinha, rejeitada e envergonhada. Gary a ignorava, mas um dia em que ninguém estava por perto, ele piscou para ela e tentou tocar na sua barriga crescida. Rhonda cuspiu na cara dele e saiu correndo.

Damon era um bebê lindo. Trouxe muita alegria a Nett e a Rhonda. "Os bebês tiram a cabeça da gente das coisas que não são importantes. Dão uma razão para a gente viver", dizia Nett. Ela gostava de ser chamada de Nana. Era encantada com Damon e superprotetora. Rhonda estava feliz, mas confusa e com medo. No dia em que Damon fez três semanas, olhando para ele no berço, ela tentava decidir se estava feliz, confusa ou com medo, quando notou que seu corpinho ia ficando azulado. Tocou nele e viu que o corpo estava frio e rígido. Arrancou-o do berço e apertou-o contra o peito. "Por favor, meu Deus! De novo não! Por favor!", disse ela aos gritos. Ao ouvir os gritos de Rhonda, Nett saiu correndo. Desceu as escadas voando e chegou à rua. O zelador do prédio também ouviu os gritos e chamou uma ambulância.

Quando Rhonda sentou-se na sala de emergência, esperando o resultado dos testes de Damon, sentiu uma premência de falar com Gary. Precisava dizer que o filho que ele nunca vira tinha quase morrido. Damon estava bem, mas mesmo assim Rhonda achava que o pai precisava vê-lo. Gary viu Damon naquele dia e outra vez quando ele tinha três meses de idade. Quando Damon completou nove meses, Gary foi vê-lo, na véspera do seu casamento. Depois disso, as visitas praticamente pararam.

Rhonda tinha de acordar às cinco e meia da manhã para se vestir, vestir o bebê, andar cinco quarteirões até a estação do metrô, tomar um trem e fazer um trajeto de quarenta e cinco minutos com Damon preso ao seu quadril. Ela trabalhava de sete da manhã às sete da noite cuidando de filhos dos outros e depois voltava de trem para casa. Deixava Damon com Nett e tomava um ônibus que a largava na escola noturna, trinta minutos depois. Quando as aulas terminavam, às dez horas, Rhonda estava exausta. Chegava em casa às onze, jantava, executava as tarefas domésticas, lavava fraldas e fazia o dever de casa. Quando tinha sorte, Nett estava acordada e a ajudava, para ela poder ir para a cama por volta de uma da manhã. Caso contrário, ia para a cama às duas, dormia algumas horas e acordava às cinco e meia para enfrentar tudo de novo.

Rhonda era uma mãe solteira adolescente. Seus fins de semana não incluíam festas, encontros com namorados, nem bate-papo com as amigas. Ela passava a maior parte do tempo lavando roupa, fazendo compras e cuidando de Damon. No resto do fim de semana estudava na biblioteca, ou lia em casa, para dar conta dos trabalhos escolares. Sua vida era difícil, mas ela fazia tudo o que tinha de fazer. Nett não permitia que ela não fizesse.

Damon acabara de completar um ano quando Beanie apresentou Rhonda a Curtis, primo do seu namorado. Curtis era bonitão, muito tímido e estava indo para o Vietnã. Rhonda achou-o razoável e marcou um encontro com ele, coisa que não fazia há muito tempo. Nett só o viu uma vez, mas disse que ele tinha cara de maluco. Curtis procurava alguém com quem pudesse se corresponder enquanto estivesse na guerra, e Rhonda, como se já não tivesse muito o que fazer, prometeu que lhe escreveria.

Ele escreveu. Ela escreveu. Essa correspondência já durava quase um ano quando ele a pediu em casamento. Rhonda sentiu-se lisonjeada, mas depois da proposta de Curtis parou de escrever por completo. Ele continuou a escrever por algum tempo, até parar também. Numa tarde de domingo, Rhonda estava em casa lendo e Nett brincando com Damon, que, com quinze meses, andava e falava, quando a campainha tocou. Nett disse que devia ser o pai de Rhonda, de quem ela tirara a chave de casa no dia em que descobriu que ele tinha cinco filhos com outra mulher. Rhonda foi abrir a porta. Lá estava Curtis com um buquê de rosas na mão e um grande sorriso nos lábios.

Entre o jantar e o beijo de boa-noite, Curtis deu a Rhonda um anel de noivado, dizendo que tinha sérias intenções de casar-se, e estava pronto para começar a vida. Ele a amava e gostava muito de Damon. Além do mais, queria ter um filho. Rhonda concordou em organizar o casamento dentro de dois meses, antes que Curtis tivesse de seguir de novo em alguma missão. Muito excitada, ela começou a fazer listas de lugares, comidas e convidados. Curtis telefonou imediatamente para a mãe, que teve uma reação semelhante à de Nett. Não ficou nada contente de ver seu filho único casar-se com uma menina que ele mal conhecia.

Se Rhonda tivesse prestado atenção, teria compreendido quando Nett lhe disse: "Ele deve ser meio maluco!" Mas ela estava entusiasmada demais com a idéia de um homem querer se casar com ela e se dispor a cuidar do seu filho. Ele estava preparado para tirá-la do lugar onde ela sofrera tanta dor e rejeição. Estava se comprometendo a não deixá-la, não desaparecer, não partir seu coração. Depois que ela se casasse, deixaria de ser uma "mãe solteira", seria esposa de alguém. Curtis estava no exército e um dia teria uma pensão e poderia comprar uma casa. Ele representava um ponto final à vergonha, ao trabalho duro, um ponto final à solidão.

* * *

Eu me sentei para descansar no banco de granito ao lado do lago e ouvi o ruído suave da água batendo na margem, o que me clareou o espírito. Quanto tempo Rhonda levou para aprender que não se pode consertar uma coisa quebrada simplesmente substituindo-a por outra coisa qualquer? Uma coisa substituída continua a ser uma coisa quebrada! Quando você descobre que a coisa está quebrada, deve procurar saber a causa do estrago. Para fazer isso, é preciso abrir a coisa, examiná-la e descobrir a origem do estrago ou do mau funcionamento. Depois disso, é preciso determinar se vale a pena ou não consertar a coisa. Se achar que vale a pena, o conserto deve ser feito com cuidado. Mas, se achar que a coisa não tem conserto, deve livrar-se dela. Deve jogá-la fora, limpar o lugar onde ela estava e, quando se sentir pronta, encontrar uma substituição adequada. Isso chama-se "fechamento". É um pré-requisito para a cura.

Quando a coisa quebrada é sua vida ou sua cabeça, seu coração ou seu espírito, você deve seguir o mesmo processo. Determinar o que está quebrado e como quebrou, para decidir se o conserto vale a pena ou não. E desmontar o que não está funcionando, peça por peça, encontrar a peça quebrada, consertá-la, montar a coisa toda de novo e submetê-la a um teste. Tudo na vida deve ser submetido a pelo menos um teste.

Quando você decide consertar uma coisa, é importante consertar só aquilo que está realmente quebrado. Não o que você acha que está quebrado. Se consertar a tampa quando é o fundo que está quebrado, a coisa não vai funcionar. Se consertar o lado esquerdo e deixar o direito pendurado e quebrado, a coisa vai desabar de novo. Se consertar o lado de fora quando há alguma coisa quebrada dentro, não há como a coisa quebrada funcionar por completo. Rhonda estava tentando consertar o lado de fora. Ela não compreendia a relação entre o que acontecia dentro e o que acontecia fora. Não tinha condições para isso.

* * *

Um dia depois do casamento, Rhonda, Curtis e Damon mudaram-se para Fort Benning, na Geórgia. Alugaram uma casa onde colocaram móveis usados, comprados com o dinheiro que receberam como presente de casamento. No Vietnã, Curtis tinha sido iniciado no uso de drogas. Heroína, estimulantes e drogas psicodélicas. Rhonda descobriu que o marido era viciado em heroína quando ele começou a espancá-la e a roubar as casas vizinhas. Finalmente ele foi preso e confessou-se culpado pelas acusações de roubo. O exército informou a Rhonda que ela não poderia mais viver no conjunto de casas subsidiadas nem receberia mais a pensão mensal. Ela telefonou para Nett, pedindo-lhe que mandasse algum dinheiro para eles poderem voltar para casa. Quando chegou no Brooklyn encontrou forças para contar a Nett que estava grávida de quatro meses.

Rhonda deu ao bebê o nome de Gemmia. Damon ficou encantado de ter uma irmã e fascinado de ver uma coisinha tão pequena fazer tanto barulho. Gemmia chorava a noite inteira. As paredes do apartamento de dois quartos eram finas, e nem Rhonda nem Nett conseguiam dormir direito. Rhonda foi emagrecendo a olhos vistos. O choro deixou Nett absolutamente enlouquecida e ela se tornou má, o que não era do seu feitio.

Ser uma mãe jovem com um filho, ter de trabalhar e ir para a escola era duro. Mas ser uma mãe jovem com dois filhos, com os nervos à flor da pele, tornou o trabalho impossível para Rhonda, e ela foi obrigada a recorrer à assistência pública. Nett deixou de ser má e passou a sentir-se desgraçada e envergonhada.

– Eu nunca pensei que chegaria o dia em que iria ver minha própria filha fazer fila com o resto da ralé para descontar seu cheque. Seu seguro-desemprego! – falou Nett.

– Ninguém sabe que tipo de cheque eu estou descontando, Nett. As pessoas só sabem que eu estou na fila do banco.

– Mas podem imaginar. Irão pensar que você é como o resto daquela ralé que vai para a fila.

Rhonda teve de admitir que era uma esposa e uma mãe muito moça e muito nervosa, cujo marido estava na prisão. Mas se recusou a acrescentar "ralé" aos seus atributos. Para evitar ser confundida com a ralé, só ia ao banco um ou dois dias depois de receber o cheque.

Curtis voltou para a casa de sua mãe, em um bairro elegante, nove meses depois de ter sido preso. Rhonda e as crianças ficaram com Nett. Rhonda e Curtis levaram cinco meses para encontrar um apartamento que estivesse dentro do seu orçamento. Curtis ainda era viciado em heroína e não podia trabalhar. Rhonda e as crianças só ficaram seis semanas na casa nova, pois Curtis roubou a casa da própria mãe. Levou talheres, televisão, máquinas fotográficas e jóias. Vasculhou a casa toda para parecer que aquilo era obra de um estranho. Mas, como ele não era uma pessoa inteligente, foi preso quando tentava empenhar os brincos de brilhantes da mãe.

Rhonda ficou desolada, mas Curtis era seu marido. Ela e uma amiga empenharam suas alianças de noivado e de casamento para pagar a fiança dele. Na terça-feira ele foi solto. Na quinta-feira, um dia antes de ter de se apresentar no tribunal, Curtis desapareceu.

Nada e ninguém na vida de Rhonda parecia dar certo durante muito tempo. Ela queria que seu casamento – e sua vida – funcionasse. Ray se casara, tivera um filho, se separara da mulher e vivia agora bêbado ou drogado. Não podia trabalhar. O Estado de Nova York legalizara as apostas de corridas, atrapalhando as operações de jogo do pai de Rhonda, que assim deixou de trabalhar. Sua avó estava velha. Continuava má como o diabo, mas não podia mais trabalhar. Nett tinha um novo namorado e o relacionamento deles estava funcionando, mas o seu com Rhonda tinha degringolado.

Rhonda estava magra e, embora tivesse recuperado o cabelo, nada mais corria bem na sua vida. Ela começou a participar das aulas de dança no centro comunitário para se sentir melhor, e fez uma nova amiga, Charlene. Essa amiga ofereceu-lhe um emprego como professora de dança e acenou com um emprego como conselheira de mulheres jovens num centro de reabilitação que funcionava vinte e quatro horas por dia. Foi lá que Rhonda conheceu John.

Capítulo 9

Qual é a lição quando você passa a ter um comportamento autodestrutivo?

Você é livre para crer no que escolher,
e os seus atos atestam suas crenças.
Nós nos alegramos por você ser capaz de saber no que crê
e saber que tem o poder de mudar
aquilo em que crê.

Um Curso em Milagres

EU ME AJOELHEI À BEIRA do lago e afundei as mãos na água fria, deixando-a fluir pelos meus dedos. Embora a água fosse clara, meu reflexo estava distorcido. Era a sombra de Rhonda. Havia muito ainda de Rhonda dentro e em volta de mim. O que ela fazia e como fazia. O que ela sentia e como eu reagia. Os galhos dos chorões que rodeavam o lago pareciam um pouco mais caídos, um pouco mais vergados. Mesmo assim, eram lindos e transmitiam muita paz. Ocultos entre os choupos, rodeados das flores de verão que morriam para dar lugar às florações de outono, eles formavam uma espécie de simetria que não estava presente na vida de Rhonda, mas que Iyanla precisava desesperadamente ver.

Eu tinha me lembrado de Gary, de Curtis, de um casamento infeliz, um marido na prisão e o nascimento de dois filhos. Tinha aliviado minha lembrança do peso dos primeiros dezenove anos de Rhonda.

Eu podia ver por que Rhonda se achava uma vítima. Podia ver por que ela corria de um lado para o outro, tentando afastar-se dos lugares onde tinha sido uma vítima. Podia ver por que ela se achava feia, rejeitada, destinada a magoar os outros e ser eternamente magoada. Tive pena dela. Não tanto pelo que lhe acontecera, mas por ela não conseguir ver o que estava acontecendo. Tive pena por ela não conseguir entender seu padrão de comportamento e por não haver ninguém que se dispusesse a lhe mostrar. Ela estava envolvida em um padrão destrutivo: era magoada, seguia em frente sem curar sua mágoa e acabava encontrando-se em outra situação onde seria magoada de novo.

Eu via claramente que o que Rhonda estava vivendo baseava-se na identidade transmitida pela avó e pelo pai. Era um padrão criado na sua infância. Ela era jovem, sofrida e confusa. Sofrimentos e confusão geram sofrimentos e confusão. Abuso e traição geram abuso e traição. Rhonda estava atraindo o que lhe acontecia porque não sabia que existia outra alternativa. Só tinha aprendido a fugir do que acontecia sem compreender direito para onde ia. Eu queria cantar para ela. Queria abrir a boca e cantar com o coro de chorões e choupos, crisântemos e begônias em flor. Queria cantar uma canção de amor para a meninazinha perdida, abandonada e vítima de abusos que chorava na minha alma. Tive medo que alguém estivesse passando pela trilha e me ouvisse cantar, por isso dei meia-volta e fui para casa cantarolando.

* * *

Era um ritual anual pelo qual Rhonda e seus filhos tinham esperado com ansiedade a semana toda. Caiu num domingo. Desenhos animados e panquecas para as crianças. Café e bate-papo para Rhonda e Nett. Era aniversário de Nett, por isso todos tinham presentes para lhe dar. As crianças haviam feito seus próprios cartões. Rhonda economizara durante meses para comprar o perfume favorito de Nett e dois livros que ela desejava. Estava animada com os presentes e animada com a idéia de ir à casa de Nett no carro que seu pai lhe dera de presente de aniversário. E estava contente também de ficar umas horas longe de John, que tinha passado a semana toda de péssimo humor.

Rhonda encontrava-se em frente ao prédio de Nett, tentando trancar a porta do carro, quando notou que John se aproximava.

– Me dá as chaves do carro – disse ele. Não era um pedido, era uma ordem.

– Para quê? – perguntou. John não gostou do tom de sua voz, nem de ser questionado.

– Como "para quê"? Eu pedi as chaves e isso basta. Preciso ir à casa da minha mãe também. – Rhonda percebeu que o humor de John não tinha melhorado nada.

– Eu não vou ficar muitas horas aqui. Quando sair, deixo você na casa da sua mãe – ela retrucou.

– Olhe aqui sua puta, me dá essas chaves logo!

John nunca lhe falara assim, e ela não soube bem como reagir. Trancou o carro e foi saindo, mandando as crianças se apressarem.

– É melhor você não ir saindo assim de mansinho – disse John, andando atrás dela.

Rhonda virou-se, preparada para perguntar o que havia de errado. Se tivesse olhado melhor, teria visto o que estava para acontecer. A mão dele recuou antes de bater em cheio no seu rosto. Doeu muito.

Quando John puxou Rhonda do chão, ela o empurrou para trás, pegou as crianças e saiu correndo para não apanhar de novo.

Ao ver o rosto machucado de Rhonda, Nett ficou furiosa. Depois de bater a porta na cara de John, que insistia em entrar, ela e Rhonda ficaram tentando ouvir se ele tinha ido realmente embora. Quando o telefone tocou, elas quase pularam de susto.

– Me desculpe. Me desculpe. Eu nunca mais vou fazer isso. Me desculpe. Você acredita em mim? Por favor, acredite em mim – disse John, desesperado.

– Eu falo com você mais tarde – foi a única coisa que Rhonda conseguiu dizer.

No quinto telefonema, John parecia estar chorando. Depois de duas horas de maratona de telefonemas, Rhonda não se importava se ele estava chorando, só queria que ele parasse de telefonar.

As crianças contaram a Nana que o pai batera na mãe, depois começaram a comer panquecas, como se o incidente não tivesse ocorrido. Nett queria chamar a polícia e mandar prender John. E era também a favor de lhe dar um veneno. Naquela noite, depois que terminaram de jantar, Rhonda decidiu que iria trabalhar e pensaria mais tarde no que fazer a respeito de John. A última coisa que Nett disse para Rhonda antes de ela ir embora foi: "Depois que eles batem na gente uma vez, não param nunca." Durante muito tempo essa afirmativa de Nett pareceu errada.

Rhonda e John trabalhavam juntos no centro de reabilitação. John era um ex-viciado em heroína e trabalhava como diretor-assistente do programa. Rhonda não sabia nada sobre dependência de drogas e muito menos sobre o processo de recuperação. John foi seu professor. Ele tinha vivido do outro lado da mesa durante oito anos e nos últimos cinco anos passara para o lado dos recuperados. Era um bom professor e protegeu muito Rhonda nos primeiros meses do seu emprego. Os dois trabalhavam no turno da noite e geralmente jantavam juntos. Trabalhavam juntos em grupos de apoio. Passavam muitas noites conversando. John fazia Rhonda rir. Ela o ajudava com os relatórios. Parecia tudo muito romântico. Quando o diretor do programa fez um comentário elogioso sobre seus nove primeiros meses de trabalho, ela deu a chave da sua casa para John. Isso aconteceu um ano antes de ele bater nela pela primeira vez.

Quando Rhonda chegou ao trabalho naquela noite, depois de ter apanhado de John, ele insistiu em pedir desculpas.

– Você me deixou com raiva. Não me respondeu e virou as costas. Me forçou a bater em você. – Essa foi a desculpa.

Rhonda olhou para John por cima do aro dos óculos escuros que Nett lhe emprestara para esconder o olho roxo. Achou que estava ouvindo errado. Depois compreendeu.

– Você está me culpando por ter batido em mim? – John não gostou do tom dela.

– A culpa *é* sua. Toda vez que você vai à casa da sua mãe se comporta como se fosse boa demais para falar comigo.

Ele tinha certa razão. Rhonda sabia que Nett não gostava dele e provavelmente seu comportamento mudava quando ela estava por perto. Mas daquela vez não tinha sido nada disso.

– Minha mãe estava dentro de casa quando você me bateu porque eu não te dei as chaves do meu carro. – John não gostou do tom dela pela segunda vez. Levantou-se da cadeira, aproximando-se de Rhonda. Quando ela, instintivamente, colocou as mãos no rosto para se proteger, John arrependeu-se de novo e se sentou.

– Por favor, vá para casa. Seu olho está muito feio. Eu não quero que os outros te vejam assim.

Ele parecia realmente preocupado, mas Rhonda sabia a verdade. John não queria que os clientes ou o grupo vissem o resultado da sua agressividade. No entanto, as desculpas de John acabaram abrandando Rhonda.

– Eu prometo que nunca mais vou te bater. Você acredita em mim? Por favor, acredite. – John ainda estava pedindo desculpas quando o táxi chegou para levar Rhonda para casa.

Quando você acha que ama alguém, tenta ao máximo passar por cima dos seus defeitos. John tinha muitos defeitos, e a maioria o deixava extremamente inseguro. Embora ele tivesse terminado o segundo grau do colégio, mal sabia ler ou escrever. Media mais de um metro e oitenta e pesava cem quilos. Mas não era essa a razão de suas mamas serem desenvolvidas. Ele sofria de uma disfunção glandular que também alterava seu humor. E, além disso, lhe causava asma. Sua asma o incapacitava quando ele ficava zangado ou irritado. E esses freqüentes períodos de incapacitação levavam-no a um machismo excessivo quando ele estava se sentindo bem.

Rhonda era grata a John por muitas coisas. Ele lhe dera atenção quando todos a ignoravam e lhe ensinara muito sobre aconselhamento e o processo de recuperação. Ele a ajudara nos momentos difíceis que ela tinha passado depois que Curtis desapareceu. John sabia tudo sobre Curtis e Gary, e mesmo assim tratava os filhos deles como se fossem seus. Damon e Gemmia o chamavam de "papai". É preciso ser homem de verdade, pensava Rhonda, para criar filhos de outro homem e deixar que eles o chamem de pai. John foi também o primeiro homem que deu dinheiro a Rhonda para ajudá-la a sustentar seus filhos. No início, ele entregava a maior parte do seu pagamento para Rhonda fazer as despesas de casa, gastar com as crianças e comprar outras coisas de que precisasse.

Só um homem que ama uma mulher lhe dá dinheiro. Rhonda era tão grata por ser amada que estava disposta a fazer tudo para retribuir esse favor. Tão grata, de fato, que decidiu ter um filho com John. E só quando ficou grávida é que ele começou a acusá-la de sair com outros homens. O telefone tocava em sua casa e, quando ela respondia, era desligado. Certa noite, depois de várias dessas chamadas, Rhonda resolveu parar de atender durante o resto da noite. Quando John chegou em casa ficou furioso, embora Rhonda lhe explicasse por que não havia atendido o telefone.

– Como eu posso saber onde você está? Pensei que tivesse acontecido alguma coisa com você ou com as crianças. Ficou maluca?

– John, já é tarde. Me deixe em paz – falou Rhonda, puxando as cobertas por cima da cabeça e tentando virar por cima da barriga crescida.

John arrancou-a da cama e lhe deu um tapa com tanta força que ela caiu no chão. Depois puxou-a e lhe deu outro tapa. Rhonda tentou fugir. Ele a alcançou. Ela gritou. Ele a estapeou de novo, dessa vez dizendo: "Cala a boca, sua f.d.p.!" Depois começou a fazer um interrogatório: "Onde você foi? Com quem estava?" Toda vez que ela não respondia, levava um tapa. Quando respondia, levava um tapa também e era chamada de mentirosa.

O barulho de móveis caindo e Rhonda gritando acordou as crianças. John mandou que elas voltassem para a cama e que Rhonda calasse a boca. Talvez, se ele tivesse parado de jogá-la na cama e tirá-la da cama de novo para lhe bater mais, ela tivesse ficado absolutamente quieta. Quando John sentiu que ia ter um ataque de asma, deu um último tapa e foi para o banheiro buscar seu remédio. Rhonda levantou-se, levou os filhos de volta para a cama e lhes fez companhia até que eles dormissem. Depois subiu na cama com o homem que tinha batido no seu corpo grávido, fez sexo com ele e teve ânsia de vômito.

* * *

A brisa da tarde dava uma sensação gostosa no meu rosto. Era refrescante e eu precisava muito ser refrescada. A volta para casa sempre parecia mais curta do que a ida. Quando eu abri a porta, a cachorra me recebeu. Ela é bonitinha. Muito chata, mas bonitinha. Meu marido estava entretido com sua ocupação favorita dos domingos. Vendo televisão. Quando se virou e viu meu rosto, tentou pensar em alguma coisa para me dizer. Como não conseguiu encontrar as palavras, levantou-se e me deu um abraço. Sentindo a força dos seus braços à minha volta, comecei a chorar.

– É muito difícil. Eu detesto isso.

– Você vai conseguir. Eu sei que vai – disse ele baixinho. – Tem de conseguir. Só vai se sentir bem depois que fizer isso. Vá com calma. Vá com bastante calma.

Eu tinha passado quase quatro horas pensando em tudo aquilo, mas ainda não sabia por que tinha de despedir Karen. Ele fez chá para nós, desligou a televisão e eu lhe contei um pouco do que estava me lembrando.

* * *

Rhonda examinava o rosto machucado no espelho do banheiro quando, de repente, uma mulher apareceu no espelho por trás dela. Rhonda deu um pulo! Virou-se de costas, mas não viu ninguém. Seu rosto estava horrível. Toda vez que as crianças olhavam para ela, choravam. Seus olhos, lábios e nariz estavam terrivelmente inchados. John sentia-se tão arrependido que não teve coragem de voltar para casa por quatro dias. Na terceira noite da sua ausência, Rhonda sonhou com a mulher que tinha visto no espelho. Ela disse seu nome: Carmen. Falou que era sua amiga, que "sempre estava lá". Seu recado era claro: "Saia dessa casa! Largue esse homem com quem está vivendo agora. Eu vou dizer aonde você deve ir e o que deve fazer. Assim que sua meninazinha nascer você deve ir embora. Se não for, ele vai te matar. Você confia em mim?"

Para Rhonda, era uma raridade lembrar-se de um sonho. Mas desse ela se lembrou. Lembrou-se mas não escutou.

Acreditou que John estava reafirmando seu amor por ela quando lhe deu uma nova máquina de lavar depois de ter fraturado três costelas suas e o queixo quando ela estava com oito meses de gravidez. Por isso é que ela não reagia nunca e dizia para si mesma: "Eu não posso bater num homem que me ama."

– Você não pode amar um homem que te espanca, e ele não pode te amar! – dizia Nett aos gritos. Ela sabia há muito tempo que John estava batendo em Rhonda, mas não conseguia convencê-la a deixar o marido.

– Eu tenho três filhos de pais diferentes – argumentava Rhonda. – Para onde eu vou? Não tenho dinheiro nem instrução. As únicas coisas que sei fazer é costurar e dançar. Quem vai me querer?

– Quando ele acabar com você é que ninguém vai te querer! – gritava Nett. – Você vai virar uma verdadeira louca delirante.

Nett estava com medo, com raiva e zangada. Rhonda estava cansada, confusa e exausta. Todos lhe faziam a mesma pergunta: "Por que você continua com ele?" A mãe de Gary morava no apartamento vizinho e ouvia as surras por trás das paredes. Ficava furiosa e achava que Gary devia levar seu filho embora. Todas as amigas de Rhonda lhe perguntavam por que ela ficava naquela casa. Ouviam sua história, diziam o que ela devia fazer com John enquanto ele estivesse dormindo e insistiam para que ela o deixasse. Mas ninguém chegou a lhe oferecer um lugar para ficar se ela largasse o marido. Rhonda achava que era porque todos tinham medo dele. Ele era igualzinho à sua avó.

A bebê Nisa era a imagem do pai. Foi só por essa razão que a mãe de John começou a ser gentil com Rhonda. Quando Nisa tinha seis meses ela começou a chamar Rhonda de "nora", o que era muito melhor do que "mãe da minha neta". O nascimento de Nisa pareceu acalmar John também. Ele não vinha com tanta freqüência para casa, mas quando vinha era mais civilizado.

As coisas vão melhorar quando nos mudarmos, dizia Rhonda consigo mesma. John vivia tentando encontrar um apartamento, o que ela atribuía à sua melhora. Ela não tinha mãos a medir, cuidando das crianças e empacotando todos os seus pertences para a mudança. Parecia que finalmente convencera John de que não o estava enganando, e se permitiu acreditar que as coisas podiam realmente melhorar. Quando John chegou em casa e anunciou que tinha encontrado um apartamento e que eles se mudariam no sábado seguinte, Rhonda finalmente convenceu-se de que as coisas iam funcionar.

Mas John não voltou para casa na sexta-feira anterior à mudança. Nett disse que cuidaria das crianças para Rhonda terminar de empacotar tudo. No final da manhã de sábado, quando o caminhão da mudança não apareceu, Rhonda se deu conta de que não sabia o nome da transportadora. A tarde virou noite, e ela ainda se recusava a acreditar no que sabia que estava acontecendo. O telefone já tinha sido desligado, por isso ela foi a um telefone público da esquina e ligou pedindo para Nett trazer as crianças. Quando Nett chegou, deu uma olhada nas caixas que Rhonda tinha empacotado para a mudança e começou a chorar.

Depois que ela saiu, Rhonda voltou ao telefone público da esquina, dessa vez com as crianças. Ligou para a senhoria do novo apartamento, que lhe informou que "seu marido" não havia feito o depósito do aluguel. O apartamento já estava alugado para outra pessoa.

Em algum lugar na cabeça de Rhonda, uma vozinha ficou dizendo: *Respire! Continue a respirar!* Ela sentiu o corpo cansado ficar dormente. Quando voltou para casa, deu de comer às crianças e pôs todas para dormir. Colocou Nisa num colchão no chão e tentou manter a respiração. Finalmente descobriu que aquilo não ia funcionar. *Respire! Continue respirando!* Encontrou uma caixa onde estava escrito BANHEIRO e abriu-a. Tirou todos os medicamentos que conseguiu encontrar. Fenobarbital, Nitol, Tilenol, aspirina e até mesmo vitaminas. Jogou fora os vidros, tão velhos que não dava nem para ler a bula e as orientações. Levou as pílulas para a cozinha e colocou-as no chão. Engoliu todas lentamente, uma por uma. Ela não queria mais respirar.

Aceitamos ou rejeitamos a forma como os outros nos tratam dependendo da forma como nos vemos. Quando somos feridos, sangramos. O sangramento nos faz sentir mal. A maneira como os ferimentos foram causados é que determina há quanto tempo estamos sangrando e se o sangramento é grave. Nos cortes superficiais o sangue aflora rapidamente e, embora sejam dolorosos, é fácil estancar o sangramento. Quando há um corte fundo, o sangue leva mais tempo para subir à superfície. No caso de um ferimento mais profundo, em geral leva-se mais tempo ainda para constatar o dano que ele causou. Quando os ferimentos são muito profundos e o sangramento persiste por um longo período, podemos saber que não gostamos de nós mesmos.

Rhonda tinha uns ferimentos superficiais, mas a maior parte de sua vida era constituída de uma série de cortes fundos e penetrantes que nunca tinham sarado e continuavam sangrando. Ela tentava estancar o sangramento com comida, cigarros e até mesmo com sexo. Mas o sangue continuava a fluir. Estava esvaindo da sua cabeça, do seu coração, e derramando-se na sua vida. Rhonda não gostava dela mesma. Não se sentia bem com ela mesma. E como poderia? Ela não tinha a menor noção de que estava ferida. Tentava apenas sobreviver. Não tinha idéia de que só conseguiria curar seus ferimentos se os reconhecesse. Precisava lembrar como tinha sido ferida. Precisava olhar para dentro do seu coração e fazer as pazes com aqueles que tinham causado seus ferimentos. Mas isso era muito difícil para uma mãe de vinte e um anos, com três filhos, que só queria um pai para seus filhos e uma pessoa que a amasse.

Rhonda ouviu o bebê chorar, mas não conseguiu se levantar. Não sabia se a luz no seu rosto era luz do dia, luz da cozinha ou alguma luz misteriosa que fazia com que ela se sentisse quente e apaziguada. *Oh, meu Deus, eu não consigo respirar!* Viu muita gente à sua volta.

Sarah estava lá. A linda mulher que ela vira no espelho do banheiro quando era criança estava lá. Carmen estava lá. E um homem muito grande e muito preto, sem camisa, pisava no seu corpo. O choro do bebê começou a diminuir. *Oh, meu Deus, por favor me ajude!* A próxima pessoa que Rhonda viu foi ela mesma. Estava absolutamente linda. A mulher do espelho identificou-se como Mary. Chegou perto da linda Rhonda e beijou sua cabeça e seu rosto. Depois ficou tudo escuro.

Quando Rhonda acordou, sua garganta estava doída e os olhos, colados. Ela queria perguntar onde estavam as crianças, mas não conseguiu falar. Na próxima vez em que acordou, conseguiu perguntar para a mulher ao seu lado que dia era. Era uma terça-feira. Quando Rhonda perguntou onde estava, a mulher respondeu:

– Enfermaria psiquiátrica do Hospital Brookdale.

Rhonda reconheceu que era exatamente onde ela precisava estar naquele momento da sua vida.

Capítulo 10

Qual é a lição quando você é uma criança sem mãe e tem de criar seus próprios filhos?

Lembre-se disso: toda decisão que você toma
origina-se do que você pensa que é
e representa o valor que
você dá a si mesmo.

Um Curso em Milagres

QUEM PENSARIA QUE A VIDA em uma enfermaria de doenças mentais pudesse ser uma experiência tão empolgante? Quem pensaria em ir para uma enfermaria de doenças mentais quando precisasse desesperadamente de descanso, clareza e paz de espírito? Rhonda jamais considerara essa possibilidade, mas agora estava convencida disso. Tudo ao seu redor tinha cor de sopa de ervilha. Havia um aroma acre no ar que fazia sua cabeça rodar. Grossas algemas prendiam seus pulsos, e os remédios que fluíam para dentro do seu braço deixavam seu estômago embrulhado. Mas não era essa a parte emocionante. Absolutamente emocionante era ver-se flutuando acima de si mesma, no teto do quarto verde-ervilha. Rhonda tentava descer do teto, mas, como não conseguia mexer os lábios, voltava a dormir. Quando acordou novamente havia um homem ao lado da sua cama e o quarto tinha mudado de cor. Era agora acinzentado.

– Você sabe onde está? – perguntou ele.

– Sei. – Seus lábios já podiam se mexer.

– Sabe por que está aqui? – Ela sabia, mas teve muita vergonha de responder e ignorou a pergunta. – Sabe que tentou se machucar? – Não havia como evitar essa pergunta.

– Acho que sei. Quer dizer, sei sim. Eu tentei me suicidar.

– Sabe por quê? – perguntou ele, num tom áspero e insistente. Aquilo deixara de ser maravilhoso para tornar-se doloroso e incômodo, vergonhoso e difícil. É melhor simplificar as coisas, pensou ela.

– Porque meu marido, ou melhor, meu namorado disse que íamos nos mudar, mas ele mentiu, e o bebê estava chorando.

– Quer me falar sobre isso? Sobre a mudança e sobre o bebê chorando?

– Os bebês choram quando estão com fome, com medo ou com frio – disse Rhonda. – Choram quando pensam que estão sozinhos ou quando sentem que alguém vai machucá-los. Se a gente fizer barulho quando estão dormindo, eles acordam chorando. Se a gente não os beija antes de colocá-los no berço, eles choram até dormir.

Rhonda não tinha certeza se estava fazendo sentido o que dizia, mas assim mesmo continuou:

– Os bebês choram quando as mães morrem e os pais os abandonam. Choram quando são trancados no armário e quando batemos neles. O bebê chora quando pensa que a gente gosta mais de todos os outros bebês do que dele. E quando a gente maltrata um bebê e diz para ele não chorar, ele... – A voz de Rhonda sumiu. Ela estava voltando para o teto de novo.

– O que acontece quando você diz para um bebê não chorar? – A voz do médico levou-a de volta à cama.

– O bebê vai parar numa instituição de doenças mentais.

– Como você? – O médico estava compreendendo.

– Exatamente como eu – respondeu Rhonda.

Depois de arranhada a superfície, todo o resto vem à tona. Rhonda falava rápido, para que seus lábios não parassem de mexer antes que ela pusesse tudo para fora. Falou para o médico sobre Ray e sua asma, sobre Nett e suas horas extras de trabalho. Falou sobre sua peruca e sobre a dança. Só para impressioná-lo, contou que tinha de trabalhar o dia inteiro e ir à escola de noite. Depois começou a chorar e disse que era feia, gorda e que comia muito o tempo todo.

Não falou sobre o sábado chuvoso no porão com o tio Leroy, nem que ele a estuprara porque ela havia roubado seu dinheiro. Nem que naquele exato momento uma parte sua estava flutuando no teto. Não contou ao médico inquisidor a surra que tinha levado de seu pai na noite do Dia das Bruxas, nem que ele a ignorava quando passava por ela com uma mulher dentro do carro. E não adiantava fazer menção à mulher do espelho – Carmen?. Nem à mulher de vestido branco que a seguira durante toda a vida. Depois de dizer ao médico tudo que achava que ele precisava saber, olhou-o diretamente nos olhos e perguntou:

– Quem é o senhor? Onde eu estou, exatamente? – O médico parou um instante para pensar na resposta que iria dar.

– Acho que você vai ficar conosco por algum tempo.

Ela já sabia disso e estava grata por tudo. Quando o médico levantou-se para sair, ela apontou para as correias e perguntou num tom humilde:

– O senhor pode, por favor, tirar essas coisas?

Ele demorou pelo menos uns três minutos e perguntou:

– Você vai se machucar de novo?

Rhonda sentiu-se insultada.

– Não! Claro que não! – disse, bruscamente. – O que o senhor está pensando? Acha que eu sou louca? – Dessa vez, o médico não respondeu. Virou-se e foi embora.

Vários minutos depois, outra pessoa maravilhosa entrou no quarto e deu em Rhonda uma injeção milagrosa que a deixou em êxtase. Quando ela acordou, suas mãos e pés estavam soltos e ela sabia onde estava.

A primeira ligação telefônica que fez não foi para saber de seus filhos. Não foi para Nett, para seu pai ou para John. A primeira ligação foi para Gary, o pai do seu filho. Ela disse onde estava e pediu que ele fosse visitá-la. Três horas depois, Gary caminhava pelo corredor para visitar a mulher que ele não via e com quem não falava há um ano. A mulher que morava ao lado da sua mãe. A mulher que lhe dera um filho.

Rhonda e Gary conversaram mais naquele dia do que na época do colégio. Ele chegou a dizer que sentia muito vê-la naquele lugar, perguntou-lhe o que tinha acontecido, mas logo depois admitiu que já sabia. Sabia que Rhonda pensara que não tinha para onde ir. Gary não pediu exatamente desculpas, mas disse que quando ela tivesse alta ele faria o que pudesse para ajudá-la. Falou sobre seu novo emprego e explicou por que ele e a esposa não estavam mais juntos.

Ao levantar-se para sair, inclinou-se e beijou Rhonda na testa. Quando ela o levou até a porta, segurou sua mão e disse que sabia que ela ficaria boa. "Você pode melhorar. Eu sei que pode." Rhonda só foi vê-lo de novo cinco anos depois.

Nett declarou que não podia e não iria visitar Rhonda num "lugar como aquele". Toda vez que as duas se falavam Nett chorava, por isso Rhonda parou de lhe telefonar. Seu pai só apareceu no hospital três semanas depois. Disse a Rhonda que ele e sua "esposa" estavam cuidando de Damon e Gemmia, e que John tinha levado o bebê.

– Você parece bem. – disse ele, examinando o quarto.

– Está querendo dizer que eu não pareço louca? – perguntou Rhonda.

– Ninguém aqui parece louco, mas as pessoas têm problemas. – Seu pai sabia que era melhor parar com o assunto. – Nett mandou umas roupas e outras coisinhas para você – falou, entregando uma sacola plástica a Rhonda. – Está precisando de algum dinheiro?

– Não – respondeu Rhonda, olhando dentro da sacola. – Minha amiga Ruth Carlos descontou meus cheques e me trouxe o dinheiro ontem.

– Quanto ela trouxe?

– Eu nem sei. Não contei. Aliás, não quero guardar esse dinheiro aqui. Você pode guardar para mim? – perguntou Rhonda, sem se lembrar da situação financeira de seu pai.

– Posso – respondeu o pai, tentando disfarçar sua alegria. – Precisa que eu pague alguma coisa para você?

– Não. Basta guardar o dinheiro. Vou precisar dele quando tiver de procurar outro lugar para morar quando sair daqui. – Rhonda pediu licença, voltou para o quarto e lhe entregou uma sacola de papel cheia de dólares. Seu pai prometeu que voltaria a visitá-la na sexta-feira seguinte, mas Rhonda só o viu seis semanas mais tarde, quando já estava fora do hospital. E nunca mais viu a cor do seu dinheiro.

Freqüentemente, nós nos sentimos sozinhos. Confundimos isso com solidão e tentamos preencher o vazio e o silêncio com atividades, barulho e gente. Mas a reclusão do hospital propiciou o silêncio de que Rhonda tanto precisava para ouvir seus pensamentos. Ela pôde ficar quieta e deixar seus sentimentos aflorarem. Nesse silêncio, teve consciência de seus medos e também de sua força. Percebeu que tinha fé e aprendeu a acreditar no poder da sua fé. A reclusão trouxe também para Rhonda a luz de que ela tanto necessitava. Ela sentiu com toda a clareza o que queria e o que não queria.

Rhonda era uma paciente mental modelo. Tomava sempre seu remédio. Na verdade, escondia-os debaixo da língua e depois tirava uma soneca para que as enfermeiras pensassem que o remédio fizera efeito. Esforçava-se seriamente para responder às perguntas idiotas que o Dr. Miller fazia sobre sua vida. Quando a equipe médica não a estava incomodando, ela se sentava junto à janela e ficava se lembrando. E escrevia tudo de que se lembrava.

Lembrou-se dos adultos da sua vida que lhe haviam ensinado a ter medo: medo deles e medo do que eles poderiam lhe fazer. Escreveu sobre a mágoa por tudo o que lhe haviam feito e o que não lhe haviam feito. Lembrou-se de todas as formas com que eles haviam ferido seu corpo e seus sentimentos. Tudo isso Rhonda pôs no papel. Depois escreveu sobre as coisas que eles falavam e as mentiras que haviam dito para ela e sobre ela. Lembrou-se que pensava que eles cuidariam dela e a protegeriam, mas que ninguém havia feito isso. Decidiu que não confiaria mais nas pessoas. "As pessoas", escreveu, "não ligam para você." Decidiu também que não seria como nenhum dos adultos que a haviam criado. E escreveu isso também. Depois escreveu sobre si mesma e como gostaria de ser.

Lembrou-se de muitas coisas que havia feito, dito e sentido. E tentou lembrar por que fizera tudo aquilo. Lembrou-se que quase sempre sentia medo e que ficava triste por sentir tanto medo. Lembrou-se que vivia com raiva e compreendeu que era a raiva que a levava a mentir para as pessoas e a roubar seus pertences. Tentou se lembrar de todas as mentiras que tinha contado e de todas as coisas que havia roubado, mas parou ao perceber que isso lhe tomaria o dia todo. E concluiu que fazia tudo aquilo não pelo prazer de fazer, mas porque queria uma certa coisa. Não conseguia lembrar o que era, mas sabia que queria muito isso.

Talvez o que quisesse, pensava, era ser amada, ser bonita e ser notada por seu pai. Talvez só quisesse ser algo mais do que a peste que sua avó dizia que ela era. O que ela realmente queria era que Nett fosse sua mãe e que Ray parasse de beber. Queria dinheiro e um bom lugar para morar. Queria saber a verdade, a pura verdade sobre sua mãe verdadeira. É difícil ser uma pessoa inteira quando não se sabe a verdade sobre sua própria mãe. E Rhonda desejava loucamente ser uma pessoa inteira, não um saco de pancadas. Queria viver uma vida normal. O modo como estava vivendo, ou tinha vivido até então, não era normal nem por um decreto. Os outros achavam que ela era normal, e ela sabia como isso tornava sua situação tão perigosa.

Quando nós fazemos as coisas que os outros acham que devemos fazer, da forma que acham que devemos fazer, eles pensam que estamos bem. Mas Rhonda sabia que não estava bem. Não estava louca, mas não estava nem normal nem bem. O que não sabia era quem gostava dela. Não sabia o que havia de errado com ela. E queria muito ser importante para alguém.

Depois lembrou-se que ela era importante para seus filhos, para seus queridos bebês. Só pela graça de Deus ela encontrara forças para cuidar deles. Só por Sua misericórdia conseguira lhes dar o que nunca tivera. Amor. Mas será que ela realmente os amava? Sim. Rhonda sabia, sem sombra de dúvida, que amava seus filhos. Tinha de admitir que de início não os quisera, mas os amava. Como é que alguém que nunca foi amada, nunca conheceu o amor de verdade, pode amar? Rhonda pensou nisso por um instante e então concluiu que, ao contrário dos adultos da sua vida, ela amava seus filhos como eles eram. Eram três personalidades únicas que possuíam qualidades que ela podia amar.

Rhonda amava seus lindos rostinhos e o calor de suas mãozinhas dentro das suas. Amava o cheiro deles depois que os banhava e levava para a cama. Adorava pentear o cabelo de Gemmia e beijar-lhe o pescoço. Adorava o jeito de Damon fazê-la rir. Ele era um menino brincalhão. Tinha nascido para o palco. Além de tudo, seus filhos eram inteligentes. Damon já sabia contar de um a cem quando estava no jardim-de-infância. Gemmia era uma artista. Desenhava com qualquer coisa, em qualquer lugar. Era frágil e delicada como Nett. Os olhos de Rhonda encheram-se de lágrimas quando ela pensou no seu bebê. Nisa tinha apenas seis semanas de vida, e as duas não haviam tido oportunidade de se conhecer. Ela não podia nem imaginar a possibilidade de Nisa não estar sendo bem cuidada ou sentindo falta da mãe. Preferiu pensar e acreditar que Nisa estava bem e que sabia que sua mãe a amava.

Rhonda só chorou quando se permitiu lembrar dos rostos amedrontados dos filhos quando John batia nela, ou quando ela chorava por John não estar em casa. Quando se lembrou dos seus rostinhos, lembrou-se também de seu próprio medo, e isso a fez chorar. Os pacientes da enfermaria psiquiátrica não podem ser vistos chorando nas áreas comuns, porque pensam que eles estão tendo um surto. Quando surtam, os doentes mentais recebem medicação. Rhonda não queria ser medicada com drogas, pois estava vendo com clareza pela primeira vez na vida. Então aprendeu a chorar para dentro, sem derramar lágrimas. Aprendeu a se lembrar, a sentir e a chorar com o coração, mantendo uma aparência perfeitamente normal para o mundo exterior. E pensou que, na verdade, era o que tinha feito a vida inteira e que as pessoas chamavam a isso de "representar".

Todos os dias Rhonda escrevia uma carta para os filhos. Em quase todas as cartas pedia desculpas por tudo que não havia feito. Pedia desculpas por nunca lhes ter dito que os amava. Explicava que ninguém, nem mesmo Nett, jamais a olhara diretamente nos olhos e dissera "Eu te amo". Desculpava-se por ter gritado com eles quando estava zangada e por não estar sempre com o jantar pronto na hora. Fez grandes promessas aos filhos naquelas cartas. Promessas que pretendia cumprir. Promessas que não sabia como cumprir.

Ela podia melhorar, como Gary tinha dito. Mas como? Como iria aprender a melhorar? Quem iria ensiná-la? As pessoas que tiveram a oportunidade de ensiná-la, de lhe dizer o que ela precisava saber, não tinham conseguido. Ela precisava aprender a melhorar por conta própria. Tinha de aprender a ser uma mãe melhor, mas primeiro tinha de aprender a ser uma pessoa melhor. Rhonda não se julgava uma pessoa inteira. Ela era uma coisa quebrada, espancada e desesperançada. Achava-se horrorosa, feia e suja. Tinha de descobrir uma maneira de se tornar inteira, limpa e bonita. Gary dizia que ela era muito bonita e muito inteligente. Quanto à inteligência era fácil. Mas bonita? Ela teria de refletir sobre isso por algum tempo.

Rhonda só conseguia achar-se bonita e brilhante por breves instantes. O que isso queria dizer? Bonita como quem? Brilhante como o quê? Ela não se sentia bonita. E nunca vira seu brilhantismo ser demonstrado. Como alguém pode ser bonita quando está com raiva, confusa e amedrontada? Rhonda admitia que tinha medo do que sua raiva, confusão e medo causariam em seus filhos. Eles poderiam vir a ser exatamente como ela. Oh, meu Deus! Que idéia terrível! Ela sabia que tinha de fazer alguma coisa imediatamente. O Dr. Miller e seus colegas achavam que ela perdera o juízo. E ela sabia que estava justamente ali para encontrar seu juízo. Estava em busca do seu lindo Eu e de sua cabeça brilhante. Sentada junto à janela, no quarto da enfermaria psiquiátrica, Rhonda lembrou-se de rezar.

"A oração pode fazer coisas que você não pode", dizia sempre sua avó e as outras mães da igreja. "Pode consertar coisas que você nem percebeu que estavam quebradas." Há pouco a fazer quando nos encontramos num estado de fadiga mental e exaustão. Há pouco a fazer quando sentimos que não somos amadas por ninguém. Isso nos torna incapazes. Quando acreditamos que ninguém se importa conosco, temos a tentação de parar de tentar melhorar. Mas Rhonda lembrou-se que, quando não se pode fazer nada, pode-se sempre rezar. Começou a repetir, como um mantra: *Por favor, meu Deus, por favor me ajude. Por favor, meu Deus, por favor me ajude.* Pouco depois, o mantra tornou-se um pouco mais definido: *Por favor, meu Deus, por favor me ajude a criar meus filhos. Por favor, meu Deus, por favor me ajude a entender quem eu sou. Por favor, meu Deus, por favor me ajude a me afastar do John. Por favor, meu Deus, por favor me ajude a me sentir melhor.*

Rhonda rezava o dia inteiro. Rezava quando tomava banho e se vestia. Rezava quando estava comendo. Rezava quando ajudava as outras pacientes a achar coisas invisíveis e coisas mortas que elas acreditavam que estavam escondidas no quarto. Rezava quando falava com o Dr. Miller. Uma vez, rezou em voz alta durante uma consulta.

– Você vê Jesus ou alguma outra entidade religiosa? – perguntou o Dr. Miller.

Era verdade. Eles realmente achavam que ela estava maluca! Com toda a sinceridade possível, e sem rir na cara dele, Rhonda respondeu:

– Dr. Miller, não se pode ver Jesus. Ele está no céu, com Deus! – Ele não se mostrou convencido.

– Você ouve vozes? As vozes mandam você se machucar?

Rhonda mentiu. Ela ouvia vozes, mas não aquelas a que ele se referia.

– Não, Dr. Miller. Eu não ouço vozes, nem vejo luzes, nem como insetos invisíveis.

– Você está zangada?

– Não! E nem estou maluca! – A velha e determinada Rhonda estava de volta.

– O que você quer fazer quando sair daqui, Rhonda?

– Por quê? Isso importa?

– É claro que importa. Você é jovem e bonita. Tem três filhos para criar. Você é importante, Rhonda, e não permita que ninguém lhe diga o contrário. – Suas palavras foram tão gentis que Rhonda sentiu que ele estava sendo sincero.

– Eu quero me encontrar, encontrar o meu verdadeiro Eu. Quero criar meus filhos de um modo diferente do que fui criada.

– Essas duas coisas são importantes. São muito importantes – disse o Dr. Miller.

Rhonda não sabia como, mas sabia que o Dr. Miller acabara de responder às suas preces. *Encontre seu verdadeiro Eu e crie seus filhos de um modo diferente. Não apenas diferente. Melhor.*

Quando ela se levantou, o Dr. Miller estava no meio de uma frase. Ela olhou para ele e disse calmamente:

– Obrigada, Dr. Miller. – E saiu da sala. Três dias depois, ele lhe deu alta do hospital.

Graças a Deus as pessoas mudam de idéia. Gary tinha pago o aluguel do apartamento de Rhonda para evitar que o proprietário jogasse seus pertences na rua. Quando ela chegou em casa, sua cachorrinha Lady estava na porta. Dava para ver suas costelas através do pêlo cinza esticado. O apartamento cheirava mal. Todos os aparelhos domésticos haviam sido desligados. Não havia sinal de John. Só de pensar no tamanho da tarefa que tinha pela frente, ela sentiu os joelhos fraquejarem. Sua cabeça estava nebulosa novamente. Antes que a primeira lágrima lhe escorresse no rosto, uma voz preencheu o vazio da sua cabeça e do seu quarto. *Pare! Não tenha medo. Não entre em pânico. Você vai saber o que fazer. Vai saber o que falar. Dê comida para Lady e vá para a casa de sua sogra. John e o bebê estarão lá.* Sem questionar o que estava ouvindo, Rhonda saiu do apartamento.

Parecia que apenas uns minutos haviam se passado quando ela se viu a quinze quilômetros de distância, do outro lado da cidade, tocando a campainha da casa. Quando Mildred abriu a porta, Rhonda entrou rapidamente, para que a sogra não a deixasse do lado de fora.

– Quando você saiu do hospício? – perguntou ela, com ar de desprezo.

Rhonda entrou, sem responder, e foi diretamente à sala de estar. Nem John nem Nisa estavam lá, mas ela sabia que seu espírito não a havia enganado. Mildred seguiu-a, resmungando e xingando. Não havia sinal de John nem do bebê. Quando Rhonda se virou, sem dizer uma palavra, Mildred deu um salto. Ela realmente devia pensar que Rhonda estava louca. Mas, pela primeira vez na vida, Rhonda sentia-se firme no seu propósito. Não ia chorar nem fugir. Queria ir direto ao ponto, e Mildred percebeu isso.

– Ele não está aqui – ela disse, antes que Rhonda fizesse a pergunta.

Rhonda olhou diretamente nos olhos de Mildred e falou tão suavemente que a assustou.

– Ligue para ele. Diga que eu estou aqui e que quero ver meu bebê. – Mildred percebeu o tom resoluto de Rhonda e foi rapidamente para o telefone. Os olhos de Rhonda não a deixaram enquanto ela falava. Quando Mildred desligou, Rhonda foi até o quarto e sentou-se em uma cadeira toda rasgada.

Ficou sentada ali sem mover um músculo, com as costas retas. Não abriu a boca. Olhou fixo para a parede e lembrou-se das promessas que havia feito a seus filhos nas cartas que escrevera. Ficou sentada durante trinta minutos, esperando John chegar, o que deixou Mildred muito nervosa. Quando ouviu a campainha, deu um pulo.

John entrou com Nisa no colo, escondida nas dobras do cobertor. Quando seus olhos se encontraram, Rhonda estendeu os braços para receber o bebê. Mas John lhe deu as costas, sentou-se em uma cadeira do lado oposto do quarto e olhou para ela. Rhonda desviou os olhos por um instante, para ter certeza de que Mildred não estava se preparando para atacá-la pelas costas. Quando se virou para encarar John, notou uma mocinha na porta, segurando a sacola do bebê. Fez-se silêncio total no quarto. Cada segundo parecia demorar uma hora. Rhonda olhou calmamente para John.

– Pode me dar o bebê, por favor?

John ignorou-a. Começou a tirar o cobertor do bebê, e Rhonda sentiu o coração bater-lhe nas têmporas e nos pés. Finalmente John olhou para Rhonda e começou a gritar obscenidades para ela, dizendo o que iria e não iria fazer.

Rhonda permaneceu calma e a voz guiou-a: *Não entre em pânico. Você vai saber o que dizer. Fale com força e autoridade.* Quando Rhonda falou, sentiu a calma começar a dissipar-se.

– Por favor, John. Me dá o bebê. Só quero segurar meu bebê. Não vou a lugar nenhum com ela. – Parecia o apelo de uma mãe desesperada, chorando por seu filho. John não se comoveu, mas Mildred sim.

– Dê o bebê para ela, Johnnie – ordenou. – Deixe de ser idiota. – Nisa estava agora completamente descoberta. John apertou-a contra o peito e elevou a voz.

– Você não conhece Rhonda. Ela é louca. Não me diga o que fazer! Eu não vou dar para essa puta o meu bebê! – A voz guiou Rhonda: *Fique calma!*

De repente, John deu um salto e investiu contra Rhonda, aos gritos:

– Para quem você está olhando? Para quem você está olhando?

Rhonda não se moveu. Ela estava rezando. "Embora eu ande pelo vale das sombras da morte, não temerei o mal..."

John tentou amedrontá-la, fazer com que ela se acovardasse e chorasse. Uma tática que tinha sempre funcionado até aquele dia. Ela estava disposta a fazer o que fosse preciso para tirar seu bebê daquele homem. Ele não era mais o homem que havia batido nela quando estava grávida do bebê que ele agora apertava contra o peito. Não tinha mais aquele tamanho todo. Não era mais um monstro. Era um garotinho amedrontado, de seis anos de idade, insistindo em fazer o que queria. Rhonda podia ver isso nos olhos de John. Ouviu isso nas palavras dele e não quis amedrontar uma criança com medo. Sentou-se e olhou para a jovem mulher que continuava de pé na porta de entrada.

Depois, Rhonda não se lembrava quem tinha começado a falar, mas lembrava da conversa. Era cheia de acusações mútuas. John falou das coisas erradas que Rhonda fazia e que o forçaram a bater nela. Rhonda disse que John havia mentido sobre a compra do apartamento. Ele disse que Rhonda havia chamado a polícia e que ele tinha ficado humilhado quando eles foram procurá-lo no trabalho. Quando parecia que os dois não chegariam a lugar algum, Mildred deu um pulo do sofá, arrancou a peruca da cabeça e atirou-a no chão.

– Estou cansada dessa merda! Dá a droga do bebê para essa mulher, senão ela não vai sair nunca da minha casa!

Quando o cachorro de Mildred viu a peruca deslizar no chão, agarrou-a com os dentes e ficou brincando com ela pelo quarto. John tentou tirar a peruca da boca do animal, ainda segurando o bebê. John puxava de um lado e o cachorro puxava ao contrário. De alguma forma, no meio disso tudo, o bebê passou dos braços de John para os braços de Rhonda. Na hora em que a peruca foi resgatada, Rhonda estava sentada na cadeira, beijando o rostinho de Nisa. Ela parecia limpa. Quando John percebeu o que tinha feito, deixou-se cair na cadeira e atirou a peruca na mãe.

Rhonda voltou a atenção para a mocinha que, como um espectador de uma partida de tênis, tentara acompanhar as palavras que

Rhonda e John despejavam um contra o outro. Então Rhonda lhe falou com uma voz suave.

– O que este homem contou para você achar que era direito aceitar um pai com um bebê de seis semanas de vida?

A moça mexeu-se inquieta, olhando para Rhonda e depois para John. Não tinha certeza se deveria responder. Quando Rhonda repetiu a pergunta, uma palavra de cada vez, ela respondeu num impulso:

– Ele disse que você tinha ido embora. Nós estamos juntos há quase seis meses. Eu tenho um filho também! Sei cuidar de um bebê. E eu amo John.

Rhonda ignorou o que ela disse.

– Quantos anos você tem? – perguntou.

– Vinte e um – respondeu a moça, com orgulho.

– Obrigada. Nisa parece limpa e muito bem cuidada – falou Rhonda.

John disse a Rhonda que ia levar o bebê embora, enquanto ela beijava o rostinho de Nisa. *Um monte de beijos. Um monte de beijos. Os bebês precisam de um monte de beijos.*

Quando Rhonda se levantou com o bebê nos braços, todos se levantaram também. Pareciam estar se posicionando para o ataque, caso ela ousasse sair pela porta. Mas ela não saiu. Andou na direção de John e colocou o bebê nos seus braços.

– Eu estou indo agora para casa fazer uma faxina. Devo terminar lá pelas sete horas. Até às oito da noite espero estar com Nisa em casa, no seu berço. – Beijou o bebê pela última vez, virou-se e saiu do quarto. Antes que pudesse perceber, estava de volta em casa. Eram duas e meia da tarde.

Lady cumprimentou-a na porta, sentindo-se nitidamente melhor agora que estava alimentada. Rhonda abriu umas caixas e achou as luvas de borracha e os utensílios de limpeza. Ajoelhada, começou a limpar a merda de cachorro que havia pelos quartos e a rezar. Limpava e cantava: "Não vou deixar ninguém me botar para baixo." Enquanto colocava lençóis limpos na cama – na verdade um colchão no chão –, ela ouviu a voz novamente: *Fique calma e saiba o que fazer.* E ela sabia, realmente sabia.

As mães são muito importantes para os filhos. Elas fornecem o sangue vital, a energia mental e o "alimento da alma" de que toda criança precisa para desabrochar. Os pais nos mostram como sobreviver. As mães nos ensinam a desabrochar e a florescer. A mãe deve ensinar, nutrir, guiar e dar o apoio espiritual de que a alma necessita para se desenvolver. Quando a criança não tem mãe, ou alguém que desempenhe amorosamente esta função, uma parte da sua mente, da sua alma e da sua vida permanece em constante estado de ansiedade e carência. O que a criança quer é ser alimentada e amada da forma que só a mãe sabe amar. Só a mãe pode gerar a graça, a misericórdia, a beleza e a suavidade do espírito. O espírito divino. O espírito da energia materna está presente em toda mulher. Mesmo que a mulher não saiba, ela é mãe, pelo simples fato de ser mulher. Alguns pais são capazes de ser mães. Outros, como o de Rhonda, não são.

Quando a mulher não sabe que é mãe, ou como ser mãe, os filhos ficam perdidos. Ela não é sensível a eles nem às suas necessidades. Suas palavras são pronunciadas com aspereza. Suas ações são abruptas e cortantes. Ela é autoritária. Conhece as regras da maternidade, mas não a graça. A graça do amor da mãe quebra as regras sempre que for necessário para que a criança seja nutrida. Diante de uma mãe autoritária, o crescimento da criança é prejudicado. Fica difícil e doloroso demais para ela expressar seus sentimentos ou suas necessidades. E os sentimentos e as necessidades não expressas geram raiva e medo.

Quando a mulher não entra em contato com sua própria dimensão divina – mesmo que ela não saiba que é este o nome do seu Eu mais profundo –, não pode oferecer Deus aos seus filhos. Não pode dar amor, talvez por não ter recebido amor. Ela segue as regras que dizem que o amor, o ato de amar e a misericórdia do amor são fraquezas. O que ela não sabe é que quando a mulher de coração fechado é colocada no papel de mãe, ela não pode ser outra coisa senão fraca.

As mulheres da vida de Rhonda tinham cuidado dela com o coração fechado. Elas não sabiam disso, mas Rhonda sentia. Durante toda a vida ela se sentira uma criança sem mãe. Não foi regada pela graça, nem podada pela misericórdia, nem cultivada pelo amor. Aprendeu as regras da maternidade, mas não aprendeu a temperá-la com graça. Aprendeu a ser forte, mas não aprendeu a força gentil e graciosa da mansidão. Rhonda tinha ouvido dizer que "os mansos herdarão a terra", mas não podia imaginar como eles fariam isso. Como ela faria isso. Era uma criança ferida que ainda não tocara na mulher, na mãe, na essência de Deus que havia no seu espírito. Não aprendera a fazer isso, mas dispunha-se a fazer.

Às quatro e meia Rhonda foi ao telefone público da esquina para ligar para a casa de seu pai. Ficou muito contente de falar com Damon e Gemmia. Rhonda perguntou ao pai se ele podia lhe entregar as crianças na manhã seguinte. Ele respondeu que sim e falou que havia um apartamento vazio no último andar do seu prédio. Era pequeno, mas com um aluguel razoável. Disse que falaria com o proprietário.

Quando Rhonda voltou para o apartamento eram exatamente cinco horas. Deitou-se no colchão para descansar, e às cinco para as oito a campainha tocou. Ao dirigir-se para a porta, ela viu a sombra de John através da cortina de renda. Respirou fundo e girou a maçaneta. Percebeu que a energia calma que tomara conta do seu corpo no início do dia estava se esvaindo. Seu coração começou a bater forte e seus joelhos fraquejaram.

Às oito horas John tinha partido e Nisa dormia nos braços da mãe.

Capítulo 11

Qual é a lição quando você aprende a lição e depois a esquece?

Para o resto da minha vida, há dois dias
que nunca mais vão me incomodar.
O primeiro é o ontem com todos os seus
erros e lágrimas, suas alegrias e derrotas.
O ontem já passou, saiu para sempre do meu controle
O segundo é o amanhã, com suas armadilhas
e ameaças, seus perigos e mistério.
Até o sol raiar novamente, não penso no amanhã,
pois ele ainda não nasceu.

Og Mandino, em *The Return of the Ragpicker*
(A volta do Ragpicker)

RHONDA FEZ TUDO para gostar da sua nova madrasta, dos seus irmãos e irmãs, e surpreendeu-se ao descobrir que eles já conheciam sua avó e Ray. Os meninos e as meninas ficaram animados quando finalmente conheceram a "irmã mais velha" e souberam que ela era vizinha deles. Sempre que ouviam Rhonda e os filhos saírem do apartamento no quarto andar, abriam a porta do seu apartamento para lhes dar um alô. Rhonda tentou ao máximo ser gentil, mas o mero fato de eles existirem a enfurecia. Seu novo apartamento era o menor possível e de um enorme desconforto, mas não havia nele cuecas penduradas no banheiro. Rhonda e as crianças usavam o apartamento sem qualquer presença masculina.

Rhonda levou um ano para se organizar e perceber que não poderia criar seus filhos com um salário de duzentos e vinte e nove dólares por mês. Nett ajudava quando podia, mas estava magoada por seus netos morarem no mesmo prédio que o avô e "aquela mulher". John deixara claro que só daria alguma assistência a Rhonda se ela fizesse sexo com ele. O irmão de Rhonda, Ray, lhe dava uns dólares no dia do pagamento, mas ela tinha de receber o dinheiro antes que o irmão começasse a beber. Ocasionalmente, através de uma agência de empregos temporários, ela conseguia algum trabalho que não declarava na previdência social. À medida que as crianças foram crescendo, o tamanho do apartamento tornou-se ainda menor. Rhonda pensou em se mudar, mas não havia dinheiro suficiente para isso.

Quando você está passando por um período de dificuldades, é difícil acreditar que está sendo preparada para uma coisa melhor. É difícil ver que o desespero que sente no fundo do estômago vai deixando você mais forte. É impossível saber que o medo que sente quando as contas estão atrasadas ou a geladeira está vazia torna você mais capaz de tomar decisões prudentes. Quando você vive um período de dificuldades, sente-se fraca e paralisada. É difícil pensar. Rhonda começava a duvidar de si mesma. Sentia-se fraca, cansada, quase paralisada. Não conseguia ver como poderia resolver seus problemas. Dinheiro era um problema. Ser mãe era um problema. Homens que não prestavam era um problema. John telefonava todos os dias, insistindo para voltarem a ficar juntos. Era um pouco demais para uma mulher de vinte e três anos de idade agüentar.

Rhonda acabou se casando com o problema. Ela e John trocaram alianças e votos de fidelidade em uma cerimônia íntima entre os dois. Embora ela ainda fosse oficialmente casada com Curtis, achava importante que John quisesse se casar com ela. O casamento funcionou por dois anos. Depois os problemas voltaram a surgir.

John e Rhonda não brigavam. Ele batia nela. Ponto final. Tinha parado de lhe dar tapas. Agora dava socos. Quando ela caía no chão, ele a arrastava, tentava estrangulá-la e, se ela procurasse fugir, começava a chutá-la. A maior parte das vezes ele a espancava porque ela gastava dinheiro. Rhonda gostava de gastar dinheiro. Sentia-se bem com isso. Gastava dinheiro com roupas e sapatos para ela e para as crianças. Enquanto ela fazia compras, John gastava dinheiro com outras mulheres. Quando voltava para casa e descobria o que Rhonda tinha comprado, começava a espancá-la.

As compras não eram a única desculpa para John bater em Rhonda. Ele também batia nela porque era terça-feira. Batia porque era dia de lua cheia. Batia se não houvesse muita comida em casa. Batia quando não gostava do que ela cozinhava. Tapas, socos, estrangulamentos e chutes eram a forma de John comunicar a Rhonda o que ele queria que ela fizesse ou não fizesse. A única coisa pior do que os espancamentos era saber que, se ela não descobrisse o que ele estava tentando lhe comunicar, seria espancada de novo.

Enquanto as crianças estavam na escola e John no trabalho, Rhonda ficava planejando como iria deixá-lo. Em alguns dias fazia planos mirabolantes, logo abandonados por serem inviáveis. Via-se carregando as crianças, perseguida por John, sempre imaginando que conseguiria fugir dele. Mas na noite em que John a arrancou da cama e lhe bateu na cabeça com uma ripa do estrado, ela chegou à conclusão de que teria de tomar um atitude rapidamente.

Fez uma apelação para conseguir proteção judicial. John devia manter-se a cinqüenta metros de distância dela ou do prédio. Se violasse essa ordem, ela teria como recorrer: chamaria a polícia e ele seria preso. Rhonda controlava a situação, o que deixou John furioso. Ela permitia que ele fosse em casa uma vez por semana para ver as crianças, fazer sexo com ela e lhe dar dinheiro para o mercado. Rhonda era sexualmente viciada em John, mas sabia que se ele entrasse de novo na sua vida acabaria matando-a. Ou pior, poderia machucar uma das crianças. Embora ele nunca tivesse levantado a mão contra elas, quando estava perseguindo Rhonda e jogando-lhe coisas em cima poderia atingir uma das crianças.

O dinheiro que ela recebia de John ajudava nas despesas, mas não era suficiente. Rhonda ouviu falar de um concurso de dança que oferecia um prêmio de mil dólares, uma viagem de sete dias a Aruba e, entre outras coisas, um conjunto de malas. A costureira da sua avó lhe fez um vestido, Nett mandou-a ao salão de beleza e seu pai e sua madrasta cuidaram das crianças para ela poder ir aos ensaios. Participar desse concurso deu a Rhonda a oportunidade de voltar a dançar. Ela preparou sua apresentação como se aquilo fosse sua razão de viver e na noite do concurso apresentou-se com grande precisão. Quando a mestre-de-cerimônias anunciou que Rhonda era a vencedora, ela viu a luz no final do túnel. Uma luz pequena e mortiça, mas brilhante o suficiente para mostrar-lhe o que estava escrito na parede: *Você é bonita! Pode vencer!*

Tony foi um prêmio extra. Ele era *disc-jockey* e morava com a namorada. Trabalhava na estação de rádio que promovera o concurso. Quando Rhonda saiu vencedora, Tony entrevistou-a no seu programa. Eles se apaixonaram e Rhonda passou a freqüentar o apartamento dele quando John e a namorada de Tony estavam no trabalho. Todo dia Tony escrevia uma nova poesia para Rhonda, e toda noite lia a poesia no programa de rádio. Depois de três meses ela estava numa tal felicidade que todos, inclusive John, perceberam.

John ficou sem saber o que fazer. Disse que Rhonda era lésbica, convencido de que ela estava dormindo com a mulher que havia coordenado o concurso de beleza. Sherry era só uma amiga, garantiu Rhonda. Sherry reconhecera seu talento para a dança e queria que ela ensinasse dança às crianças da comunidade. John tinha tanta certeza de que sua mulher e Sherry estavam envolvidas sexualmente, que levou algum tempo para descobrir que Rhonda estava saindo com outro homem.

John vinha em casa com mais freqüência agora, o que tornava um pouco mais difícil para Rhonda esconder sua felicidade. Mas ela continuou a passar todo o tempo que podia com Tony. Aos poucos, foi gastando com ele o dinheiro que havia ganho no concurso até ficar sem nada. Num dia cinzento e nublado ela fez sexo com Tony na casa dele, depois caiu no sono. Quando acordou, a rua estava coberta de neve e o transporte da cidade era um perfeito caos. Os ônibus pararam. Os trens enguiçaram. Os carros foram abandonados nas estradas. Rhonda ficou ilhada. Antes de pensar no que fazer, ouviu a chave da namorada de Tony girando na fechadura.

Tony empurrou Rhonda para dentro do armário do quarto e jogou as roupas em cima dela. Pouco depois, quando a namorada, sem suspeitar de nada, foi ao banheiro, ele abriu a porta do armário e fez Rhonda sair do apartamento às pressas. Ela saiu com as roupas na mão, vestida apenas com a camisa de Tony. Desceu as escadas e foi para o porão, onde se vestiu atrás de umas latas de lixo. Cambaleando pela neve que lhe chegava aos joelhos, chegou à cabine telefônica mais próxima e ligou para casa. John tinha apanhado as crianças na escola e não entendeu por que ela não estava em casa quando chegaram. Rhonda explicou que tinha ido ao centro fazer umas compras e fora apanhada de surpresa pela tempestade de neve. A mentira lhe pareceu convincente, mas quando ela finalmente conseguiu chegar em casa, duas horas depois, descobriu que se enganara.

Rhonda tinha aprendido muito cedo que quando as pessoas ficavam bravas com ela podiam machucá-la. Aprendeu que quando não fazia o que os outros queriam eles diziam que ela os estava perturbando, que os deixava com cara de idiota ou se sentindo mal. Aprendeu que merecia que lhe fizessem qualquer coisa em função de alguma coisa errada que ela tivesse feito. Merecia ser espancada, ser machucada, sofrer abusos violentos, de uma forma totalmente desproporcional ao erro cometido. De certa forma, no fundo, Rhonda acreditava que merecia ser machucada e espancada por ser má, por não valer um tostão furado, porque nunca seria ninguém na vida. Ela era uma vítima, e as vítimas levam sempre a pior.

Ser uma vítima era o motivo inconsciente de quase todas, se não todas, as ações de Rhonda. Era o que a levava a fazer e a dizer coisas apesar de saber previamente que teriam um impacto e uma conseqüência violentos. Sofrer violência, sofrer abuso, ser machucada tinham se tornado um padrão na sua vida. A maioria das pessoas é sempre leal aos seus padrões de comportamento, mesmo que não tenha consciência deles. Essas pessoas acabam criando o que acreditam que irá acontecer. Rhonda não era uma exceção à regra. Ela sabia que, se John tivesse idéia do que ela andava aprontando, iria espancá-la a mais não poder. Sabia o que iria acontecer, porque ele já a ameaçara várias vezes, já a acusara várias vezes e demonstrara suas suspeitas infundadas várias vezes. John iria espancá-la. Por que ela vinha mantendo um relacionamento com outro homem, querendo acreditar que John não descobriria, apesar de saber o que aconteceria se ele descobrisse? São as experiências vividas pelas pessoas que fazem com que elas adotem um padrão que consideram verdadeiro. Quando isso acontece, as pessoas não pensam. Elas agem. E colhem o que plantaram com suas ações.

Rhonda sabia que John não acreditaria nela, pois ele nunca tinha acreditado. Sabia que, mesmo que acreditasse, o simples fato de ela ter se atrasado tantas horas seria suficiente para ele lhe bater. E ela estava absolutamente certa.

John não deu uma palavra quando Rhonda entrou em casa e tirou o casaco. Poupou-a de um longo interrogatório, pois duvidaria de cada resposta. Não a ameaçou nem berrou, o que teria acontecido normalmente. Naquele dia, as coisas ocorreram de forma diferente. Assim que Rhonda tirou o casaco, ele puxou-a e começou a esganá-la sem dizer uma palavra. Em silêncio, com a raiva estampada nos olhos, apertou sua garganta até ela sentir que a vida escoava lentamente do seu corpo. Quando seus joelhos dobraram, fazendo-a cair, John teve tanto ódio que lhe deu um soco na cara. Bateu nos seus dois olhos fechados, depois arrastou-a pelo chão e voltou a esganá-la. Ela mal conseguia respirar.

Com a mesma rapidez com que começou, John parou, sem conseguir respirar, com um violento ataque de asma. Caiu contra a parede e deslizou de mansinho até desmoronar em cima de Rhonda com todo o peso do seu corpo. Ela foi escorregando aos poucos por baixo dele, tentando recuperar o fôlego. Levantou-se, apoiada na parede, e olhou para John. Ele apertava o peito e seus olhos rolavam nas órbitas. Era digno de pena, tal como seu irmão quando ia para o hospital. Uma voz cheia de medo e raiva, vinda do fundo da cabeça, dizia a Rhonda: *Deixe que ele morra! Deixe que ele morra aí!* Rhonda levou algum tempo para perceber que ele não era seu irmão. Era um homem que quase a matara um momento antes. A voz tornou-se mais alta. *Deixe o f.d.p. morrer deitado aí! Ele é um porco!* A cabeça de Rhonda travava uma batalha entre o passado e o futuro, entre Ray e John, entre fugir e ficar ali encostada à parede. Foi então que ela teve outra revelação breve e fugaz.

A equação se invertera! Rhonda era agora senhora da situação! Estava em posição de poder. Era ela a forte. Agora era ela quem podia machucar alguém. Rhonda nunca tinha estado numa situação como essa, e simplesmente não sabia o que fazer. Naquele momento não percebeu que aquela era a oportunidade de assumir o poder sobre sua própria vida. Não tinha idéia de que naquele momento seria possível mudar o padrão, fazer uma coisa diferente. Mas a cena assustadora de John tentando respirar e as implicações de sua possível morte ameaçaram sua independência. A batalha continuou na sua cabeça. Por mais brutal que ele fosse, ela o amava. Ele não era diferente de ninguém que ela acreditava que a tivesse amado no passado. Além do mais, John a amava. Ele lhe dissera e demonstrara seu amor das formas habituais – um amor doloroso, sofrido e cheio de restrições, o único que ela conhecia. Acima de tudo, ela acreditava que precisava que John a valorizasse, a salvasse, declarasse que ela não tinha errado de novo.

Quando você está tentando se reconstruir, precisa ficar alerta. Precisa observar-se com cuidado. Precisa prestar muita atenção no que está pensando, no que está fazendo e no que está dizendo a si mesma e aos outros. Reconstruir-se significa prestar muita atenção para não passar mensagens confusas. Se disser uma coisa e fizer outra, vai se confundir, vai esquecer o que está fazendo e cair na armadilha de que queria se libertar. Quando você está se reconstruindo, precisa eliminar da sua forma de agir tudo o que fazia com que ela fosse um caos. Precisa pensar de uma nova forma, agir de uma nova forma e manter a boca fechada. Se você começar a falar sobre o que vai fazer, corre um grande risco de se confundir.

Quando você está se reconstruindo, é preciso prestar muita atenção no que comunica. Porque, além das palavras que usa, você se comunica com uma linguagem mental, uma linguagem emocional e uma linguagem corporal. Se as três linguagens não estiverem dizendo aquilo que você quer comunicar com clareza, as pessoas também vão ficar confusas.

A boca de Rhonda usara uma linguagem: *Eu posso fazer isso.* Seu coração usara outra: *Isso é muito difícil para fazer sem amor.* E seu corpo dissera uma coisa completamente diferente: *Ele deve me amar. Se não me amasse, não dormiria comigo.* Ela se confundira! Não tinha prestado atenção. Quando você age como se fosse casada com um homem, usa dinheiro dele e faz sexo com ele, não pode falar seriamente em deixá-lo. Rhonda sabia disso, mas quando pensava em criar os filhos sozinha ela se esquecia. Quando você fica com um homem que a espanca brutalmente não pode falar em reconstruir sua vida. Ela sabia disso também, mas tinha esquecido, pois se acostumara a ser espancada. Rhonda sabia como sobreviver a um espancamento. Era o padrão com o qual aprendera a viver. Ela não dissera a si mesma nem a ninguém que poderia sobreviver sozinha com três filhos. Tinha esquecido que sua capacidade e seu desejo de fazer isso era a única coisa que importava. Era essa parte da reconstrução que Rhonda nunca aprendera.

No processo da auto-reconstrução, você corre o risco de escorregar e cair. E, quando cai, muitas vezes bate com a cabeça. A batida pode causar atordoamento, deixar você com a cabeça enuviada e a fala atrapalhada. Você irá certamente dizer e fazer a coisa errada várias vezes seguidas. Quando Tony disse a Rhonda que não podia mais vê-la, ela ficou atordoada. A namorada descobrira que eles tinham um caso e ameaçou mandá-lo embora de casa. Rhonda ainda estava ali parada, incrédula, quando John telefonou para dizer que a perdoava e que a amava. A nuvem de confusão ainda não tinha se afastado quando, vários dias depois, John foi visitar as crianças, deu-lhe uma surra das piores e foi embora com as três.

A polícia disse que não poderia fazer nada. Ela teria de ir à vara de família na segunda-feira. E eles ainda estavam na sexta.

– Ele vai trazer as crianças de volta – disse Nett. – Eles sempre trazem. Está só tentando te deixar com raiva. Além do mais, pode dar um tempo para você acalmar os nervos e não ter outra crise. – Nett sabia de todos os detalhes sórdidos, mas já desistira de tentar convencer Rhonda a deixar John.

– Me deixar com raiva? Ele está tentando me matar há anos! – Nett recusou-se a discutir sobre isso.

Quando Rhonda ligou para o pai, ele não deu atenção.

Rhonda tinha anotado o número do Disque-Oração. Uma mulher respondeu:

– O que eu posso fazer por você hoje?

– Meu marido levou meus filhos e eu não sei onde ele está. – Rhonda sentia-se exausta, derrotada e tentava falar sem chorar.

– Deus cuidará dos filhos Dele. Eles não são seus filhos. Pertencem a Deus. Estão em segurança. Estão sob a proteção do Todo-Poderoso agora. Deus está ouvindo seu pranto, mãe. Ele não deixará de lhe entregar seus filhos.

A mulher ouviu Rhonda chorar mais um pouco e prometeu que nas próximas vinte e quatro horas ela teria notícias das crianças. Vinte e quatro horas depois, John telefonou perguntando se podia levar as crianças para casa. John e Rhonda não se falaram durante o resto do dia. Rhonda só foi para a cama bem depois que John caiu no sono.

Rhonda tinha acabado de dormir quando sentiu uma coisa sacudir seu corpo. Seu coração disparou. Ela abriu os olhos e ouviu uma voz dizer: *Levante-se e saia desta casa. Saia agora!* Era uma voz familiar, e Rhonda sentiu-se completamente segura. *Ele vai te matar. Você precisa sair daqui agora! Você receberá instruções de como agir.* Ela podia ouvir seu coração pulsar nas têmporas. Saiu da cama de mansinho e foi para o quarto das crianças. *Acorde o menino primeiro.* Rhonda carregou Damon, pediu que ele acordasse Gemmia e vestiu Nisa. *Leve só o necessário.* Então Rhonda encheu quatro sacolas plásticas com roupas das crianças.

Saíram de casa e andaram dois quarteirões e meio para chegar ao metrô. Rhonda prendeu Nisa nos quadris, com uma das mãos carregou duas sacolas e com a outra foi arrastando Gemmia. Ao aproximar-se da estação lembrou que não tinha um tostão e não sabia para onde ir. Os quatro pararam diante dos cinqüenta degraus que levavam à plataforma, e Rhonda ficou pensando como chegariam lá.

– Precisa de ajuda? – perguntou um homem.

– O que eu preciso é de passagens para o metrô e um cigarro para mim – respondeu Rhonda.

O homem atendeu aos seus dois pedidos sem dar uma palavra e foi embora. Já estava longe quando Rhonda pensou em pedir que ele a ajudasse a subir as escadas. *Não desista cinco minutos antes do milagre.* Foi uma lição da qual ela nunca se esqueceria.

Rhonda e as crianças ficaram fora durante duas semanas. Um dia, depois que John foi para o trabalho, ela entrou numa loja e comprou o material de que precisava para trocar a fechadura da porta. Quando John chegou em casa, sua chave não entrou na fechadura. Por mais que ele pedisse, Rhonda não o deixou entrar, e finalmente ele desistiu.

Umas semanas depois, ela deixou John sair com as crianças. Enquanto eles estavam fora, ela percebeu que ele abrira sua bolsa e roubara a chave da porta. Quando John chegou, tocou a campainha e ela abriu a porta. Nenhum dos dois fez menção à chave. Alguma coisa lhe dizia que ele voltaria à noite. Rhonda sabia que se entrasse em pânico e ficasse nervosa não conseguiria fazer o que tinha de fazer. Depois de colocar as crianças na cama, ela foi calmamente para a cozinha e pegou na gaveta um facão de cortar carne. Colocou a corrente na porta e deitou-se no chão, em frente à entrada.

Às duas da manhã ouviu os passos de John do lado de fora do apartamento. Ouviu-o enfiar a chave na fechadura e viu a maçaneta começar a girar devagar. Deu um pulo do chão e trancou a porta. John destrancou-a e empurrou-a, mas a corrente agüentou e ele não conseguiu entrar. Ficou de pé no corredor gritando obscenidades para Rhonda, que pedia que ele a deixasse em paz. A única coisa que separava o violento John da amedrontada mas determinada Rhonda era a pequena corrente de metal, e ela não sabia por quanto tempo a corrente agüentaria o peso dele. Pegou o facão do chão, enfiou-o pela abertura da porta com toda a força e sentiu que tinha encostado em alguma coisa. Ouviu John gritar e cair no corredor, xingando e gemendo de dor. Rhonda foi até a janela e olhou para fora. Um carro de polícia estava parado na frente do prédio e os policiais interrogavam John, estirado no chão. Seu sangue brilhava sobre a neve.

John passou duas semanas no hospital. Os médicos disseram que a faca não atingira seu coração por uma questão de milímetros. Quando ele teve alta, foi procurar Rhonda. Postou-se debaixo da janela e chamou-a aos gritos. Xingou-a de todos os palavrões que sabia e ficou gritando a plenos pulmões.

Quando você decide tomar uma atitude, ganha forças vindas não se sabe de onde. Na segunda noite das ofensas verbais de John, um anjo apareceu a Rhonda sob a forma do Sr. Johnson, seu vizinho de porta. Nunca tinham trocado mais do que pouquíssimas palavras, mas ele era cordial quando a encontrava no corredor. O Sr. Johnson saiu do seu apartamento, desceu as escadas e foi até a rua, onde John gritava obscenidades debaixo da janela de Rhonda. Tirou uma arma do casaco e encostou o cano no ouvido dele.

– Eu não conheço bem sua esposa, mas toda vez que a vejo ela é gentil comigo. As crianças estão sempre limpas, são bem comportadas, e ela não incomoda ninguém. – John manteve-se imóvel. – Você, ao contrário, Sr. Fulano, é uma desgraça para sua raça. Mas eu vou dizer uma coisa. Se um dia você aparecer por aqui de novo perturbando sua mulher ou as crianças, eu estouro seus miolos, seu f. d. p.

Em seguida, o Sr. Johnson guardou a arma no paletó e entrou, fugindo do frio.

Capítulo 12

Qual é a lição quando você começa a se ver como realmente é?

Não tenha medo de olhar para dentro de si.
O ego lhe diz
que dentro de você só existe culpa
e implora para que você não olhe.
Ele implora que, em vez disso, você olhe para seus irmãos
e veja a culpa neles.
Mas isso você não consegue, a não ser que permaneça cego.

Um Curso em Milagres

O CHÁ DE SÁBADO À TARDE com meu marido é sempre agradável. Hoje foi especialmente aconchegante e reconfortante. Agradeci dizendo que ele é uma bênção na minha vida e deixei-o voltar ao seu programa de televisão. Depois disso fui tomar um chuveiro.

A água quente batendo em minhas costas estava deliciosa. Água quente e sabonete de nozes lavam as sombras que nos atormentam. Eu podia sentir as lembranças sendo lavadas enquanto recitava mentalmente as lições. Se você sofre durante muito tempo, fica meio aparvalhada. Ri sozinha comigo mesma. Rhonda ficou aparvalhada durante muito tempo. Não que ela fosse burra. Mas a dor intensa do sofrimento constante da sua vida deixou-a insensível. Ela não tinha a sensação de si mesma nem do seu poder para dirigir sua vida em outra direção.

Quando ficamos tempo demais em um lugar ao qual não pertencemos, certos padrões de sofrimento gravam-se na nossa mente. Rhonda ficou tempo demais com John. E levou tempo demais para encontrar a força, disciplina e coragem de que precisava para se estruturar. Fiquei parada debaixo do chuveiro, deixando aquela ducha tranqüilizante purificar e lavar os nove anos aparvalhantes que Rhonda havia passado com John. Mas ela acabou conseguindo deixá-lo. Recusou-se a falar com ele. Recusou-se a sofrer abuso ou a abusar de si mesma. Sua amiga Ruth levou-a para sua casa. Sua amiga Roseanne ajudou-a com as crianças. Suas amigas Linda e Lorraine apoiaram-na, e as três se apoiaram mutuamente, agarrando-se umas às outras e chorando juntas quando as coisas começaram a melhorar. No final, foi trabalhando em dois empregos que Rhonda comprovou a si própria que era capaz de cuidar de si e dos filhos.

Peguei o sabonete e ao me massagear levemente fui afastando os anos de abuso e descaso que Rhonda vivera nas mãos de tantas pessoas, inclusive dela mesma. Formei uma bela camada de espuma sobre o medo, o desprezo e a negação. Abri a torneira no máximo e me enxagüei. A feiúra e a insignificância escorreram pelo ralo. Quando me senti totalmente limpa, comecei a dançar e a cantar no chuveiro. "Às vezes me sinto como uma órfã..." "Mamãe disse que haveria dias assim..." "Não acredito que Ele tenha me levado até esse ponto para depois me abandonar..." "Você tem que dar um pouco, ganhar um pouco..." "Não vou deixar ninguém me perturbar..." "Sou uma mulher, ouçam meu rugido!"

– Você parece estar se divertindo um bocado – disse meu marido, espiando por cima da porta do boxe. – Vai atender o telefone?

– Quem está ligando para o meu telefone? – Era um *jingle* que eu tinha inventado em cima de "Quem está batendo à minha porta".

– É Karen. – O medo percorreu meu corpo como um torpedo.

– Não. Diga a ela que estou no chuveiro – sussurrei.

– Eu já disse isso.

– Então diga de novo. Diga que mais tarde eu ligo.

Há certas coisas que sabonete de nozes e água quente não conseguem lavar. Com relação a Karen, eu tinha ficado tempo demais num relacionamento onde não me sentia alimentada, acalentada nem apoiada. Isso reforçara os padrões de inutilidade e desproteção que subsistiam dentro de mim. De alguma forma, eu continuava a me ver como vítima. Dissera a mim mesma que era impotente para deter as pessoas que ultrapassavam os limites na minha vida. Pensei a respeito dos três anos seguintes de Rhonda. Anos de solidão. Anos de isolamento. Anos em que ela não tinha certeza, mas seguia em frente. Anos em que usara uma couraça para encobrir sua alma ferida e alquebrada. Anos de trabalho, falta de trabalho, procura de trabalho, sem encontrar trabalho. Três longos anos de insegurança e instabilidade. Eu me ensaboei novamente e deixei que a água lavasse esses anos.

Então, de repente, eu entendi. Algumas pessoas não sabem como e outras nunca pensam em voltar atrás para limpar a merda que fizeram. A maioria quer começar hoje e se sentir melhor amanhã. Elas querem fazer aula de ioga, ouvir uma fita de meditação, esfregar um cristal na cabeça, e acreditam que de uma hora para outra consertaram sua vida e curaram sua alma. Não é possível criar uma nova forma de ser em um dia. É preciso tempo para lembrar, limpar e juntar forças. Quem acelera demais, antes de juntar as forças de que precisa para seguir numa nova direção, acaba caindo de cabeça. Eu não estava pronta para falar com Karen. Ainda não tinha entendido por que ficara tanto tempo em um relacionamento que não me alimentava. E precisava compreender por que estava com medo de demiti-la. Para chegar a isso, tinha de me lembrar o que havia acontecido com Rhonda quando ela se fortaleceu e seguiu em busca de seus novos desafios. A forma como lidamos com novos desafios é sempre um reflexo do quanto estamos curados.

Eu precisava urgentemente tirar uma soneca. *Não vá dormir no trabalho. Descanse, mas não durma.* Eu iria descansar na minha sala de oração. Era o único lugar da casa onde a cachorra sabia que não podia entrar. Eu me sequei, me enrolei numa toalha grande e fui para a sala de oração. Sentei em minha cadeira favorita e puxei um cobertor até o queixo. Comecei a rezar para conseguir me lembrar só mais um pouco. *Regozije-se nos caminhos do Senhor e Ele lhe mostrará os desejos do seu coração... Senhor, é meu desejo conhecê-Lo e servi-Lo. É meu desejo reconhecê-Lo em tudo o que faço. É meu desejo que os Seus desejos se realizem em minha vida e através de minha vida. É meu desejo ser uma luz, Sua luz para o mundo. Por favor, mostre-me as coisas a meu respeito que precisam ser mudadas. E quando eu souber quais são, eu Lhe pedirei, Senhor, que as leve embora, para que eu possa ser tudo o que o Senhor me criou para ser.*

Rhonda rezou pedindo orientação. Ela tinha parado de trabalhar à noite porque não podia deixar as crianças sozinhas e não tinha condição de pagar uma *baby-sitter.* Ela aproveitava seu direito à licença para ficar mais em casa. Mas para isso tinha de ir ao escritório da previdência social.

Era um local lúgubre, detestável, onde as pessoas recebiam um salário para descobrir diferentes formas de tratar as pessoas como animais. Rhonda sempre chegava na hora certa. Vestia a mesma roupa de sempre quando ia se credenciar aos benefícios: *jeans* baratos, camiseta branca e tênis. Sempre levava os documentos necessários, o que ajudava a tornar a coisa um pouco mais suportável. Desagradável, mas suportável.

Havia uma grande comoção ocorrendo no escritório da previdência social quando Rhonda chegou. Uma cliente xingava e uma assistente social berrava. Todo mundo olhava, esperando para ver quem daria o primeiro soco. Rhonda sentou-se perto das mulheres que estavam discutindo. Várias outras pessoas envolveram-se na discussão, e, enquanto olhava, Rhonda prometeu solenemente a si mesma que iria procurar um emprego ou voltaria a estudar. Mas não passaria o resto da vida entrando e saindo de lugares como aquele.

Uma assistente social, no meio do salão, começou a berrar para uma cliente: "Todas as mães desempregadas são iguais. Alguém devia colocar vocês de joelhos, com vendas nos olhos e fuzilá-las!" Rhonda levantou-se imediatamente e nem esperou para falar com sua assistente. Saiu porta afora e fez todo o trajeto até o ponto de ônibus falando consigo mesma.

"Estou cheia. Quando começam a falar em fuzilar as pessoas pobres, estou fora!" Entrou no ônibus furiosa. "Que ousadia a dessa mulher! Ela deve ser parente da minha avó para falar com as pessoas desse jeito!" Rhonda lembrou-se como era pequena a oferta para trabalho em meio expediente, e sua voz foi contaminada pelo medo. "Como vou alimentar meus filhos, pagar meu aluguel, comprar sapatos?" Foi quando notou o anúncio: *Se você está pronto para mudar sua vida, venha para a Escola Medgar Evers.* Rhonda saltou do ônibus no próximo ponto e pegou outro que ia para a escola. Vinte minutos depois estava na secretaria da Escola Medgar Evers preenchendo sua ficha de inscrição.

Rhonda descobriu que não era tão burra quanto pensava. Depois de fazer o exame de avaliação inicial, disseram que ela não precisaria ter aulas de pré-admissão. Um anjo no departamento de auxílio financeiro ensinou-a a preencher outra ficha, de forma a conseguir o máximo de benefícios. Outro anjo no departamento de matrícula orientou-a a escolher os créditos e como encaixar todos seus horários de aula em quatro noites. Munida de pilhas de papéis sobre a volta à universidade, Rhonda foi para casa aguardar sua carta de admissão. A carta chegou três semanas depois, juntamente com a aprovação de seu pedido de auxílio financeiro. Dois meses mais tarde, aos vinte e nove anos, Rhonda começava a cursar o segundo grau da escola.

Sua avó, seu pai e a mulher dele disseram que ela era louca de abrir mão de seus benefícios da previdência social. Mas Nett dispôs-se a datilografar seus trabalhos. As crianças queriam saber se podiam ir à aula com ela. Ruth convidou-a a tomar um drinque em sua casa para celebrarem. Linda e Lorraine ofereceram-se para ajudar com as crianças. John desligou o telefone na sua cara. Rhonda estava tão excitada que pensou que iria explodir. Na semana anterior ao início das aulas lhe ofereceram um trabalho na escola por três meses. Tudo parecia muito fácil. Rhonda se perguntava por que não tinha feito aquilo antes.

Quando estava no segundo ano, descobriu que era uma escritora razoável. De fato, tão razoável, que uma de suas professoras a acusou de ter plagiado um artigo, dizendo que uma caloura não tinha condições de produzir um trabalho daquele calibre. Rhonda desempenhava seu papel de mãe pelo telefone, envolveu-se em atividades políticas e viveu um bom momento de sua vida. Fez novos amigos, e pela primeira vez teve relacionamentos saudáveis, não sexuais, com homens. Ela e seus colegas falavam de assuntos não relacionados a dinheiro ou sexo. Era uma nova experiência para ela. Além do mais, Rhonda tinha um novo namorado. Seu nome era Eddie.

Rhonda conheceu Eddie em um barco. Ela e alguns amigos resolveram fazer um cruzeiro pelo rio Hudson. Quando estavam saindo do barco, Rhonda tropeçou no pé dele. Ao virar-se para pedir desculpa, Eddie sorriu e perguntou para onde ela estava indo. Acompanhou-a do barco até um bar no Brooklin e os dois dançaram durante horas. Na manhã seguinte, quando se levantou da cama dele, Rhonda constatou que acabara de ter sua primeira transa de primeira noite. Foi uma primeira noite que durou cinco anos.

Eddie era bom e gentil, diferente de todos os homens que Rhonda já conhecera. Era três anos mais novo que ela, mas muito mais responsável e atencioso do que John. Ajudava com as crianças durante o período de aulas e saía com elas no fim de semana para que Rhonda pudesse estudar. Eddie a fez feliz. Não apenas sexualmente satisfeita, mas feliz até à raiz dos cabelos. Era um relacionamento tranqüilo, amoroso e pleno de satisfação, uma nova experiência para ela. Havia apenas dois pequenos problemas: Rhonda queria se casar com Eddie, mas Eddie não queria se casar com Rhonda. Ele dizia muito claramente que não queria uma família "pronta".

– Não me entenda mal – dizia ele. – Eu amo você e as crianças, mas não é isso que quero para mim.

Rhonda ouvia o que ele dizia, mas estava certa de que poderia mudar sua cabeça. Volta e meia o assunto vinha à tona e Eddie repetia sempre a mesma coisa. Ela ouvia, se transtornava, chorava e procurava descobrir o que poderia fazer para ele mudar de opinião. Eddie nunca mudou de opinião e Rhonda começou a suspeitar que ele estivesse vendo outra mulher. E estava.

No penúltimo ano da escola, Rhonda tinha aprendido algumas lições muito importantes na Medgar Evers e com Eddie. Aprendera que quando a mulher é inteligente, bonita e esforçada, umas pessoas gostam dela e outras a desprezam. Aprendera que não se pode pretender que as pessoas façam uma coisa que não estão inclinadas ou não querem fazer. Aprendera que, se você se coloca disponível para os outros, as pessoas dispõem de você. Aprendera que quando se trabalha duro, quando se concentra a atenção e a energia em uma coisa, na maioria das vezes dá resultado. Aprendera também que por vezes, independente de se trabalhar muito ou não, as coisas simplesmente não acontecem da forma que você pensava que elas iriam acontecer.

Mas umas coisas Rhonda não aprendera. Você não pode fazer as pessoas gostarem de você, por mais que tente. Rhonda não sabia por que tinha tanta necessidade de agradar as pessoas. Ela não aprendera que o que pensamos de nós mesmos é mais importante do que o que os outros pensam a nosso respeito. Rhonda não entendia por que ainda se sentia mal consigo mesma. Ainda não aprendera que as pessoas mentem para conseguir o que querem dos outros, e depois que conseguem mentem sobre os outros. Por que ela permitia que as pessoas mentissem para ela? E quando sabia que estavam mentindo, por que não conseguia lhes dizer isso? Ela ainda não aprendera que o seu relacionamento com o pai influenciava seu relacionamento com os homens, e não aprendera que podia viver sem um homem na sua vida. Ainda almejava muito a aprovação do seu pai. Achava que quando se formasse ele ficaria orgulhoso dela. Rhonda precisava pertencer a alguém e não tinha a menor consciência do quanto esse sentimento determinava seu comportamento. Ela não aprendera que na vida ela era mais importante do que qualquer outra coisa. Rhonda não aprendera que quando a gente faz coisas certas por motivos errados as coisas nunca funcionam.

* * *

Senhor, perdoe-os porque eles não sabem o que fazem. Senhor, me perdoe porque eu não sabia o que estava fazendo. Fazia calor na sala de oração. Eu me levantei para abrir a janela e olhei para as belas árvores do meu jardim, pensando como Rhonda tinha trabalhado duro para terminar o segundo grau. Ela estava tão concentrada em trabalhar, criar os filhos e fazer seu curso, que nunca parara para celebrar suas realizações e a si mesma. Mas não fizera todo aquele trabalho porque o desejava para si. Fizera para provar alguma coisa aos outros.

Fizera o trabalho em protesto aos comentários da assistente social sobre as mães desempregadas. Fizera para provar que sua avó estava errada. Fizera para que seu pai a aplaudisse, dizendo que ela era inteligente. Rhonda trabalhara freneticamente para tentar provar ao mundo que as mães adolescentes não estão necessariamente fadadas ao fracasso. E fizera isso para poder proporcionar uma vida melhor para seus filhos. Em momento algum ela tinha parado e dito: *Isso é o que eu quero para mim. Faço isso porque é importante para mim.*

Olhando para trás, constatei que o curso não tinha preenchido o vazio que Rhonda sentia em sua vida. Eddie tampouco. Talvez por isso nunca se sentira bem-sucedida. Ela não aprendera que sucesso significa desejar realizar alguma coisa para sua própria satisfação. Rhonda nem ao menos estava voltada para o sucesso material. Lutava para conseguir o que considerava sucesso pessoal. Para ela, isso significava alguém lhe dizer: "Você se saiu bem." A verdade é que Rhonda não queria que alguém lhe dissesse isso, queria que sua família dissesse isso. Infelizmente, estava tão ocupada tentando extrair essas quatro pequenas palavras da boca deles que nunca as disse para si mesma. Quando sua família não demonstrou aprovação, Rhonda sentiu-se ainda mais desvalorizada. Achou que não era o que eles queriam que ela fosse. E trabalhou ainda mais para conseguir o efeito desejado.

Oh, meu Deus! É isso o que eu estou querendo! Quero a aprovação de Karen. Quero que ela me diga que estou fazendo um bom trabalho. Fico achando que, se eu fizer o que Karen quer que eu faça, terei sua aprovação. Será isso mesmo? Não pode ser! Eu devo ter crescido mais do que isso. Será que ainda me importo tanto com o que os outros pensam a meu respeito? Camada sobre camada. Cada vez que a gente repõe uma camada descobre que é preciso curar um nível acima. Com tristeza, tive de admitir a mim mesma que eu ainda precisava e queria a aprovação e a aceitação dos outros. Eu, assim como Rhonda, estava disposta a aceitar qualquer coisa para obter essa aprovação. Rhonda convivera com isso durante toda a vida. Se não fizermos o que as pessoas querem que façamos, elas nos desaprovarão. Terão raiva de nós. Tentarão nos ferir e nos deixar. Karen me salvara. Eu estava me comportando como uma vítima. As pessoas estão lá fora para me pegar. Preciso que alguém me salve. Que me proteja de uma forma que meu pai e meu irmão nunca protegeram.

Foi como se eu tivesse recebido um chute no estômago. Dobrei o corpo e me deixei cair na cadeira. E então percebi que tudo aquilo era mais do que uma simples busca por aprovação. Eu estava fazendo o que achava que devia fazer para que alguém gostasse de mim. Como Karen tinha me salvado, eu queria que ela gostasse de mim. Estava me sentindo com seis anos de idade novamente, feia e rejeitada, tentando arranjar alguém que gostasse de mim. Percebi também que me sentia em dívida com Karen por tudo o que ela havia feito por mim. Queria lhe provar que estava agradecida. Quando somos gratos a alguém, devemos demonstrar isso. E uma forma de demonstrar é permitir que façam com a gente o que quiserem. Se nos baterem, não reagimos. Ficamos deitadas ali, esperando que nos violentem.

Apertei os olhos fechados e vi as pequenas pilhas de merda na minha própria mente. A merda de Rhonda tinha aparecido na minha vida de inúmeras formas. Eu não pedia o que queria. Tinha medo de dizer às pessoas o que estava realmente sentindo. Não emitia minha opinião se achasse que poderia irritar alguém. Queria sempre agradar as pessoas em meu detrimento. Nunca achava que tinha feito o suficiente, ou que era boa o suficiente. Precisava sempre que alguém mostrasse meu valor. Cada uma dessas pilhas tinha um formato diferente, mas eram basicamente iguais. Eu estava ainda em busca de amor. No que dizia respeito a Karen, tinha medo de perder o que pensava que fosse seu amor. Era um ferimento enorme e profundo que eu ainda não havia curado.

* * *

Quando o telefone tocou às sete da manhã, Rhonda pensou que fosse Eddie. Era Nett. Ela não estava se sentindo bem e pediu que Rhonda fosse com ela ao médico.

– Qual é o problema? – perguntou Rhonda.

– Não sei. Passei a noite em claro. Senti muito frio. Tive vômitos e diarréia. Estou tão fraca que quase não consigo ficar em pé.

– Depois que eu levar as crianças à escola, vou aí te buscar.

– Obrigada, Ronnie – disse Nett. – Muito obrigada.

Nett era uma das poucas pessoas que Rhonda conhecia que sempre agradeciam. Sempre agradecia os pequenos presentes que ela lhe dava. Rhonda sentia prazer dando presentes para Nett, assim como levando-a ao supermercado no seu velho Chevrolet. O carro já era uma piada na família. Custara exatamente cem dólares. Tinha sido pintado de uma cor que Rhonda chamava de "verde-vômito", com uma porta marrom e um rádio AM que funcionava. Rhonda punha suas melhores roupas, o velho e esfarrapado casaco de *vison* que sua avó lhe dera e saía dirigindo o carro mais feio do quarteirão. As crianças achavam o carro hilariante, mas mesmo nos dias mais frios do inverno o carro pegava.

Nett estava com uma aparência horrível. Quando Rhonda olhou para ela, disse: "Você está com a cor do nosso carro." – Nett sempre fora frágil, mas agora estava suando, toda encolhida e muito pálida. Naquela tarde ela foi internada no hospital. Rhonda sentia-se quase tão mal quanto Nett. Ficou no hospital até a acomodarem em um quarto, com soro na veia. A possibilidade de perder Nett nunca passara pela cabeça de Rhonda.

As seis semanas seguintes foram terríveis. Os médicos fizeram todos os testes em Nett, mas não conseguiam encontrar a causa de sua doença debilitante. Cada vez tentavam uma medicação diferente, e freqüentemente Nett reagia mal. Estava tão magra e fraca que praticamente não conseguia levantar os braços. Todas as manhãs Rhonda deixava as crianças na escola, visitava-a no hospital e saía na hora do almoço para assistir às aulas. Depois ia para casa, dava comida às crianças e voltava direto para o hospital.

Rhonda nunca sabia em que condições iria encontrar Nett. Alguns dias encontrava-a suja do sangue que vazara de uma coleta para testes. Outros dias encontrava-a aos prantos porque ninguém tinha lhe dado comida ou ajudado a fazer sua higiene. Rhonda lhe dava banho, mudava os lençóis da cama, penteava seu cabelo e aguardava até que ela dormisse. Passava de seis a oito horas por dia no hospital.

Nett já estava internada há quatro meses quando um dia Rhonda chegou e encontrou um grande grupo de internos e enfermeiras junto à porta do quarto dela. Teve vontade de sair correndo pelo corredor, mas estava chocada e amedrontada demais. À medida que se aproximava do quarto, mais fraca se sentia. A multidão na porta afastou-se para ela passar. Quando Rhonda viu o que estava acontecendo, quase desmaiou. Havia sangue por toda parte. Nett tinha um tubo enfiado na garganta e outro no nariz. Havia novas máquinas ao lado da cama, que assobiavam e apitavam. Mas o pior de tudo era ver a pequena e frágil Nett estirada na cama, nua, com os médicos conversando calmamente à sua volta.

– O que houve? Que merda está acontecendo? – gritou Rhonda para os médicos, tentando cobrir Nett com o lençol que pegara no chão. Mas os lençóis estavam todos ensangüentados e os tubos atrapalhavam.

– Sua mãe teve uma parada respiratória e tivemos de intubá-la. Ela parece estar bem agora, mas precisamos fazer mais alguns testes.

– Nenhum teste mais! – Rhonda gritou para eles. – Saiam! Saiam! Vocês estão matando Nett! Saiam daqui! Agora!

– Você só está nervosa – disse um médico em tom paternalista. – Vamos lá fora conversar com calma.

– Não, vocês é que vão sair! Saiam agora!

Os médicos concordaram e foram conversar no corredor. Nett estava inconsciente, com os olhos encovados. O grande tubo que saía de sua boca estava preso com esparadrapo no seu rosto. Seu cabelo parecia um novelo, de tão emaranhado. Rhonda foi até o corredor e pegou um jogo de roupas de cama e toalhas de um carrinho. Quando retirou os lençóis sujos da cama, encontrou dois dentes quebrados de Nett debaixo do travesseiro. Olhou para os dentes, para o rosto de Nett, e caiu de joelhos. Pôs o rosto entre as mãos e chorou ao dar-se conta de que ia perder sua melhor amiga.

Escândalo, desgraça e desapontamento toldaram a formatura de Rhonda. Nett tinha voltado do hospital e estava morando com Rhonda e as crianças. Rhonda tinha lhe comprado uma roupa nova e chamado uma cabeleireira em casa para fazer seu cabelo. Mas, quando Eddie foi buscá-la, ela sentiu-se fraca demais e foram só as crianças.

O pai de Rhonda disse que não ia porque não tinha condução.

Rhonda teve a melhor média da turma e foi a oradora. Era também presidente da Associação Estudantil Governamental. Atuou como uma das principais militantes de um protesto estudantil que resultou na substituição do reitor da escola. Duas semanas antes da formatura, um grupo de estudantes acusou-a de dormir com os professores para conseguir boas notas. Alguns membros do comitê que derrubara o reitor acusaram-na de traí-los junto à mídia e aos políticos locais. Como participante do comitê que buscava um novo reitor para a escola, ela era abordada e bajulada por candidatos ao cargo. Quando lhes disse que pretendia votar segundo sua consciência, chamaram-na de vendida. Gente que a apoiava em particular passou a ignorá-la publicamente. Rhonda estava confusa e sentida, mas manteve-se firme em sua posição.

Ela mesma fez um belo vestido branco de renda inglesa para a formatura. Com o tecido a quatorze dólares o metro, foi o vestido mais caro que ela teve na vida. As crianças também usaram roupa branca. Quando Rhonda atravessou o palco para receber o diploma, as crianças foram andando ao seu lado. Damon deu uma gingada no meio do palco, para delírio da platéia. Eddie e toda a sua família estavam presentes. Até mesmo sua avó foi e tirou fotos. Embora ela nunca tivesse elogiado ou dado os parabéns a Rhonda, era visível que estava orgulhosa e excitada.

Sem a presença de Nett e de seu pai, a formatura teve pouco significado para Rhonda. Ela trabalhara duro para lhes provar que podia chegar lá, e eles não compareceram. Ela podia entender a ausência de Nett, mas a desculpa de seu pai era totalmente inaceitável.

Rhonda passou o verão cuidando de Nett, indo e vindo do hospital. Ela melhorava um pouco e logo depois piorava, sem que os médicos chegassem a um diagnóstico. Finalmente, ela começou a melhorar consideravelmente. Recebeu alta do hospital três semanas antes de Rhonda entrar na faculdade de direito. Uma semana depois, Eddie decidiu que chegara a hora de dizer adeus.

Eles estavam sentados na cozinha, conversando sobre o *show* de Steve Wonder a que tinham acabado de assistir. Eddie bebia rum e fumava. Rhonda levantou-se e se espreguiçou. Estava cansada e pronta para ir para a cama. Então Eddie anunciou que estava saindo e que não voltaria.

– Onde você vai? – perguntou Rhonda.

– Para casa – respondeu Eddie.

– O que quer dizer com "não vou voltar"?

– Não vou te ver mais. Para mim, acabou.

– O quê?

– Sempre te disse que não era isso o que eu pretendia para minha vida. Acho que estou pronto para me casar.

– Com quem?

– Ainda não sei, mas estou pronto.

– Tudo bem. Se é isso o que você quer.

Rhonda ouviu as palavras dele, mas não acreditou. Depois de três dias sem notícias de Eddie, começou a pensar que ele falara sério. Passou a ligar freneticamente para a casa dele, para a casa da mãe e para o Disque-Oração. Pediu que suas amigas observassem a casa dele para ver onde ele ia. Levou mais duas semanas para descobrir tudo. Então mandou as crianças para casa do seu pai, desceu as cortinas da casa, foi para a cama e ficou lá uma semana.

No dia em que finalmente saiu da cama, vestiu-se e foi direto para a casa de Eddie. Quando ele abriu a porta, ela não soube o que dizer. Os dois jogaram conversa fora por alguns minutos, até que Rhonda pediu para entrar.

– Não é um momento adequado, disse Eddie. – Eu não estou sozinho.

– Está com quem? – perguntou Rhonda.

– Com uma pessoa lá em cima.

– Não me importo! Preciso falar com você.

Rhonda passou a jato por Eddie e foi direto para a escada que levava ao apartamento dele. Quando entrou, não pôde acreditar em seus olhos. A mulher que estava em pé no meio da sala tinha o mesmo peso, a mesma altura e o mesmo corte de cabelo de Rhonda. Ela foi correndo para o banheiro e fechou a porta. Rhonda sentou-se e Eddie ofereceu-lhe uma bebida.

– Essa é a sua mulher? – perguntou Rhonda.

– Não, é apenas uma amiga.

– O que você está fazendo? Por favor, me ajude a entender exatamente o que você pensa que está fazendo.

– O que você quer que eu diga? Faz quatro anos que eu venho te dizendo a mesma coisa. Eu não quero uma família pronta. Não é nada contra você, nem contra seus filhos. O problema é comigo mesmo. Simplesmente, não é isso que eu quero.

Rhonda permaneceu sentada absorvendo aquelas palavras. A outra mulher saiu do banheiro e pediu licença para usar o telefone. Quando acabou a ligação, voltou-se para Rhonda.

– Não sei bem o que está acontecendo, mas me desculpe.

– Você não precisa se desculpar. Isso não tem nada a ver com você – disse Rhonda. – Eu é que preciso saber até que ponto estou disposta a me sacrificar para que alguém me ame. Obrigada por você estar aqui.

A próxima vez que Rhonda viu Eddie foi quando ele a visitou na Filadélfia, para onde ela tinha se mudado a fim de exercer advocacia.

Capítulo 13

Qual é a lição quando você perde alguém que realmente ama?

Há um lugar em você
onde a paz é perfeita.
Há um lugar em você
Onde nada é impossível.

Um Curso em Milagres

O ROSTO DA MULHER sentada do outro lado da mesa estava altamente distorcido. Mesmo na semi-escuridão Rhonda podia ver isso. Sua voz também mudara. Ela estava falando, segundo afirmou, pela voz da mãe de Nett, Ivy Brown.

– Eu não quero que ela sofra – dizia a voz. – Quero que ela descanse.

–Você pode fazer com que ela melhore? – perguntou Rhonda, sem saber ao certo o que estava vendo e ouvindo.

– Se você colocar uma fatia de pão, um copo d'água e um pedaço de tecido roxo em cima da mesa, vou fazer tudo para que ela não sofra. – Rhonda concordou em fazer o que ela pedia.

A mulher que falava era uma médium. Rhonda tinha aprendido muito sobre espíritos e sobre gente que falava com eles. Recorreu a uma médium para descobrir por que Eddie resolvera ir embora. Recorreu a outra para pedir um número de sorte a fim de ganhar o dinheiro de que precisava para começar a cursar a faculdade de direito. Lia livros sobre médiuns e telefonava para eles. Agora estava sentada em frente a uma que lhe dizia o que ela devia fazer para ajudar Nett a recuperar-se. Rhonda tinha passado por muita coisa na vida, mas não acreditava que pudesse viver sem Nett.

Rhonda estava buscando. Buscando respostas, buscando orientação e buscando a si mesma. Havia mudanças radicais em sua vida, e ela se sentia despreparada. Tinha consciência das mudanças, mas não sabia o que fazer com elas. De muitas formas ela se sentia forte e calma. Mas, de outras, sentia-se fraca e instável. Tinha tantos questionamentos sobre tantas coisas que se sentia insegura.

Sua base de apoio estava reduzida. Sua querida amiga Ruth fora assassinada. Seus colegas do segundo grau estavam trabalhando. Nett não dizia coisa com coisa a maior parte do tempo. Ela não tinha um namorado e seus amigos sentiam-se intimidados com seu esforço para melhorar de vida. Rhonda passou a achar que era boa demais para continuar com aquelas amizades. Estava conhecendo pessoas completamente diferentes na faculdade de direito, quase todas vindas de famílias e lugares de que ela só ouvira falar através dos jornais.

A faculdade de direito era bem diferente da escola de segundo grau. Seus colegas de direito eram mais inteligentes e muito arrogantes, o que fazia com que ela se sentisse inferior e burra, como Ray costumava chamá-la. Eles liam livros dos quais ela nunca ouvira falar. Sabiam coisas sobre o mundo que ela nem imaginava que existissem. Os livros de direito de Rhonda pesavam quase tanto quanto ela. Eram textos grandes e intimidantes, cheios de palavras que ela nunca vira antes. Seu maior problema era não ter ninguém com quem compartilhar seus sentimentos, a não ser a médium. Rhonda sentia-se sozinha e cansada. E continuava buscando.

Durante o dia, ia às aulas. À noite, trabalhava em qualquer coisa que pudesse encontrar para ajudá-la a atingir sua meta. Damon, já com catorze anos, trabalhava como mensageiro e geralmente dava a Rhonda o dinheiro que ela precisava para pagar o lanche na faculdade ou o jantar em casa. Duas semanas antes das suas primeiras provas de final de semestre, Nett foi para o hospital pela terceira vez em catorze meses. Rhonda se viu forçada a deixar a faculdade para poder cuidar de Nett e teve de trabalhar em horário integral para pagar as enfermeiras particulares. Quando não estava trabalhando ou visitando Nett, visitava os médiuns.

Quando montou um altar em casa e falou para os filhos sobre as coisas espirituais que andava fazendo, eles acharam que a mãe tinha perdido o juízo. Como sabiam que ela estava levando a sério a busca espiritual, ficavam ouvindo suas histórias só para fazê-la feliz. Mas quando ela explicou que eles podiam fazer coisas espirituais para ajudar Nett, os três começaram a levar o assunto a sério também. Ver Nett deteriorar-se a olhos vistos era uma experiência dolorosa e assustadora para as crianças.

A doença de Nett era lúpus. Quando os médicos finalmente chegaram a esse diagnóstico, tinham tirado quase todos os seus dentes e colocado um tubo permanente na sua traquéia, saindo no meio do pescoço. As doses maciças de esteróides deixaram-na parcialmente cega. O prognóstico dos médicos não era nada bom. Mas Rhonda não aceitava isso. Ela rezava, acendia velas, ia à igreja e fazia tudo o que podia para salvar sua amiga, sua mãe.

Quando Nett recebeu alta do hospital, não só estava em péssima forma como tinha freqüentes alucinações. Os médicos recomendaram que Rhonda a colocasse em uma casa de repouso. A irmã mais velha de Nett, Sharon, concordou. Sharon tinha se aposentado recentemente e não queria ficar cuidando de Nett, embora dissesse que estava disposta a ajudar o máximo possível. Mas Rhonda não concordou. Ela sabia que se levasse Nett para sua casa iria perturbar toda a família, mas achava que não tinha outra saída. Mudou-se para um apartamento de três quartos, onde havia espaço para Nett, o equipamento médico e os suprimentos necessários.

Nett ficou em um quarto, ela em outro e os três adolescentes no terceiro. Damon, Nisa e Gemmia estavam tão felizes por sua Nana ter saído do hospital que não se importavam de dormir empilhados.

Depois de várias semanas, Nett conseguiu finalmente ir ao banheiro e alimentar-se sozinha – com uma pequena ajuda. Ela adorava ver televisão, mas não se lembrava do próprio nome. A única característica física que sobrevivera intacta a esse sofrimento que durou dezoito meses foi seu cabelo. O cabelo longo e negro que Rhonda tanto admirava quando criança transformara-se em uma bela cabeleira grisalha emoldurando o rosto fino e pálido de Nett.

Ela estava sentada na cadeira de rodas certa noite, vendo televisão, enquanto Rhonda penteava e escovava seu cabelo, quando começou a ter alucinações. Começou a gritar alto, sacudindo as mãos freneticamente, como se estivesse se protegendo de um atacante imaginário.

A cena foi demais para Gemmia suportar. Ela ficou no meio do quarto, gemendo, inconsolável. Sua Nana, que fazia panquecas perfeitas, que jogava *war* com ela e nunca se esquecia do seu aniversário, ia morrer.

– Ela não está morrendo – assegurou-lhe Rhonda. – Está doente, mas vai melhorar.

Enfermeiras auxiliares entravam e saíam da casa o dia todo. Os suprimentos médicos eram entregues a cada dois dias. A conta de luz subia cada vez mais. As alucinações de Nett eram traumáticas para todos que as presenciavam. As crianças precisavam de um pouco de paz em casa. Rhonda precisava voltar para a faculdade de direito. Estava fazendo todo o possível para cuidar da única mãe que havia conhecido na vida, mas em breve teria de parar com isso.

Três meses depois, Nett voltava para sua própria casa. Rhonda não deixara de pagar o aluguel de Nett, na esperança de que um dia ela melhorasse e pudesse viver por conta própria. Os filhos de Rhonda ofereceram-se para visitar sua Nana e ajudar quando a mãe voltasse para a faculdade de direito. Rhonda telefonou para o Departamento de Serviço Social e eles concordaram em mandar uma atendente em horário integral para cuidar de Nett.

Quando Rhonda conseguiu juntar coragem para falar com Nett, ela começou a chorar. Rhonda ficou de coração partido, com a sensação de não ter feito por Nett tudo o que podia. A médium afirmara que Rhonda estava fazendo uma coisa corajosa, mas ela não acreditava. Até que um dia Nett recobrou consciência e lhe disse: "Eu sei que você tem muito o que fazer. Siga em frente. Eu vou ficar bem." – Logo depois Rhonda chamou uma ambulância para levá-la para casa.

* * *

Estava ficando escuro lá fora e as árvores haviam se tornado sombras contra o céu da noite. Eu me sentei na sala de oração, lembrando e chorando. Sempre que penso em Nett, eu choro. Ela foi a maior amiga de Rhonda, a luz do seu mundo. Foi a única pessoa que amou Rhonda incondicionalmente. Tenho de admitir que ela sabia ser má e cáustica quando queria, mas só quando se sentia frustrada. Eu compreendia por que ela se sentia frustrada com a vida, com ela mesma e às vezes com Rhonda.

Nett era uma artista intuitiva fenomenal. Conseguia desenhar qualquer coisa que visse. Quando jovem, sonhou em ser artista e ganhou uma bolsa para a escola de arte da cidade. Embora seus pais, operários imigrantes pobres, não pudessem lhe dar os dez centavos de que ela precisava para a passagem de ônibus, Nett dispunha-se a andar um quilômetro e meio até a escola, com qualquer tempo. Mas como era responsável por seu irmão menor, George, invariavelmente chegava atrasada. Depois de algum tempo, a escola comunicou que, se ela não pudesse chegar à aula na hora, perderia a bolsa. Mais tarde, Nett teve de parar de estudar para trabalhar.

Grande parte da sua vida adulta girou em torno do pai de Rhonda. Ela passou anos e anos tentando construir seu relacionamento e manter o casamento. Como isso não funcionou, ela perdeu toda e qualquer esperança com relação a si mesma e à vida.

Pensar em Nett e nos seus sonhos frustrados me entristecia. Ela sabia o que era ver sonhos se esvaírem em fumaça. Sabia também o que significava ter um talento especial e não poder usá-lo. Se não fosse por Nett, Rhonda nunca teria sabido que era inteligente ou que podia superar as más experiências pelas quais tinha passado. Às vezes Nett ficava frustrada com Rhonda e lhe dizia: "Você não está tentando, tem de continuar a tentar até não poder mais." Puxa!, como eu sentia falta dela! E tinha certeza que Rhonda sentia também. Tenho pena de Nett não ter chegado a ver o que eu consegui. Sei que ela ficaria entusiasmada.

O pai de Rhonda nunca se entusiasmava com coisa alguma. Eu me lembro do dia em que ela lhe disse que ia ser iniciada no sacerdócio da cultura ioruba.

– Que bom. O que é isso? – Rhonda explicou que era o mesmo que se tornar ministra. Só que em vez de ir para um seminário, ela teria de passar por um processo de iniciação de sete dias, seguido de um ano de estudo e aprendizado.

– Por que cargas-d'água você quer fazer uma coisa dessas? – perguntou o pai, sem tirar os olhos da batata que estava descascando.

– Eu me sinto bem. Pela primeira vez na vida acho que compreendo Deus de uma forma que me faz sentir bem. A cultura ioruba me ajudou nisso. Toda a minha vida eu quis conhecer Deus de uma forma que não me apavorasse.

– Que bom. Muito bom. Mas já que você pode fazer essa coisa ioruba, por que não pode ir ao templo comigo?

Na época em que Rhonda tinha se separado de John, seu pai havia se tornado discípulo de Paramahansa Yogananda. Tinha mudado seu nome e sua alimentação e ia ao templo três vezes por semana. Convidou-a várias vezes, mas Rhonda sabia que a ioga e a filosofia oriental não atingiam sua alma. Era a energia africana que a entusiasmava. Ela adorava a música e o mistério da cultura ioruba.

Uma das médiuns que Rhonda tinha procurado lhe dissera que seu destino era ser ministra. Mas ela nunca pensou que isso ocorreria na tradição africana. Os únicos ministros que ela conhecera eram os que via na igreja da sua avó. Ela deixara de freqüentar a igreja por se considerar uma "pecadora". Rhonda cansou-se dos ministros lhe dizerem que ela iria queimar no inferno porque fumava, porque pintava as unhas e, acima de tudo, porque gostava de fazer sexo. Achou que, se deixasse Jesus em paz, ele a deixaria em paz.

Todo o trabalho espiritual de uma ioruba era feito em casa ou na casa de outros ministros. A Bíblia era o Oráculo de Ifa, as escrituras sagradas do povo ioruba, datada de dois mil anos antes da Bíblia cristã. Era preciso também estudar as ervas, os planetas, os números, e todo tipo de coisas que a igreja da avó de Rhonda rejeitava. Mas Rhonda se arriscaria a ir para o inferno se pudesse pôr sua alma em ordem. Ser ministra ioruba, disseram a Rhonda, significava aprender a ser completa na mente, no corpo e no espírito, e a administrar essa pessoa completa. Saber como a vida e o universo da vida funcionam. Compreender que a vida é mais do que aquilo que podemos ver. A vida é tangível e intangível, com esferas de energia visíveis e invisíveis. É dever do ministro ajudar as pessoas a manter seu equilíbrio em todos os níveis da vida.

Dos sete dias de iniciação, a verdadeira cerimônia levou apenas três. Os outros quatro dias foram gastos em ouvir, aprender e descansar. Quando alguém não a estava lavando, estava rezando sobre ela. Quando não estavam rezando, recebiam alguma coisa para comer, beber ou usar no pescoço, nos pulsos ou nos tornozelos. Ela era uma *yawo*, um bebê. Rhonda nunca havia visto tanta gente disposta a servi-la e feliz por ela estar viva. Quando os sete dias terminaram, ela foi para casa vestida de branco dos pés à cabeça. Usou branco todos os dias durante um ano. Depois que voltou para casa, os sonhos e as vozes tornaram a aparecer.

Os sonhos de Rhonda foram ficando cada vez mais claros e excitantes. Ela lembrava da maioria deles, mas alguns passavam tão rápido que não dava para lembrar de nada. Quando acordava estava exausta. Três meses após sua iniciação, Rhonda teve uma série de sonhos cheios de significado.

No primeiro, a campainha tocou e Rhonda desceu as escadas para abrir a porta. Do lado de fora estava a imagem da morte. Era uma figura alta, sem rosto, vestida com uma capa branca com capuz. Quando Rhonda bateu a porta e virou-se para subir, a figura apareceu no alto das escadas, entrou no apartamento e fechou a porta. Rhonda acordou, pulou da cama e correu pela casa, em busca da imagem. Estava na cozinha quando percebeu que tinha sido um sonho. Seu coração batia forte, sua boca estava seca e ela tremia como vara verde.

Na noite seguinte teve um sonho semelhante. Dessa vez, a figura estava na porta do apartamento quando ela foi atender a campainha. Assustada, deu um passo atrás. A figura atravessou seu corpo, entrou no corredor e foi para o quarto das crianças. Mais uma vez Rhonda acordou em pânico. Correu para ver as crianças e verificou que elas estavam bem. Deixou a luz do seu quarto acesa e em vez de voltar para a cama começou a rezar. Rezou em todas as línguas que conhecia. Rezou no altar e pediu que seus ancestrais a ajudassem. Ela sabia que alguém estava prestes a morrer. Não podia ser Nett, que agora já comia sozinha, andava e falava. É Damon, pensou. Alguma coisa vai acontecer com ele. Prometeu a Deus que rezaria e jejuaria durante três dias a fim de receber uma mensagem. Precisava saber o que devia fazer para salvar seu filho. Não voltou para a cama e não deixou Damon sair de casa no dia seguinte.

Na outra noite, Rhonda teve o sonho mais assustador de todos. Dessa vez, quando a campainha tocou, a imagem da morte estava por cima da sua cama, olhando para ela. Rhonda ficou paralisada por algum tempo, gritando e chorando no sonho. O telefone da mesinha-de-cabeceira acordou-a.

– Ronnie? – Era Edna, a mulher do seu pai.– Eu tenho más notícias. Seu pai está morto.

Sem acordar as crianças, Rhonda vestiu a roupa branca, entrou no carro verde com uma porta marrom e chegou na casa do seu pai em tempo recorde.

Ele estava na cama, com os braços dobrados no peito e parecia dormir. Edna disse que tinha ido ao templo e quando voltou encontrou-o naquela posição, e viu a seguinte mensagem:

Querida Ed,
Por favor, diga à mamãe que eu sinto muito. Sinto muito.
Harry.

Só então ela percebeu que o marido estava morto.

Edna parecia muito tranqüila, e Rhonda também. Ela tentava compreender o que se passava dentro dela. Meu pai está morto e eu me encontro aqui sentada olhando para ele, fria como uma pedra de gelo. O que quer dizer isso?

Ficou na casa do pai durante doze horas até o corpo ser removido. Quando a avó chegou, Rhonda abraçou-a. Como todos os outros, a avó foi até o quarto e ficou em silêncio ao pé da cama onde seu filho jazia morto. Sacudiu a cabeça de um lado para o outro, depois cobriu a boca com as mãos e disse baixinho: "Ele parece estar dormindo." Saiu do quarto lentamente e foi para a cozinha, onde passou o resto do dia cumprimentando as pessoas e convidando-as a entrar no apartamento.

Ray não saiu da cozinha. Quando o caixão com o corpo foi carregado para fora do apartamento, ele não o acompanhou. Nett, naturalmente, não apareceu.

Rhonda ficou sentada no sofá o dia inteiro. Estava tentando encontrar algum sentimento de tristeza ou de perda no seu corpo ou no seu espírito. Ficou sentada, tentando chorar pelo pai. No dia seguinte, quando lhe telefonaram para dizer que ela teria de comparecer ao necrotério para identificar o corpo, sentiu raiva, não tristeza.

No início foram feitos planos para o enterro. Mas fazia muito tempo que o pai de Rhonda não tinha um trabalho permanente. Quando a família concluiu que o dinheiro para o enterro era pouco, se é que havia algum, os planos foram reduzidos drasticamente. Rhonda retirou todos os centavos da sua conta bancária para ajudar no enterro do pai e pediu que os amigos mandassem flores e comida.

Muitos parentes não viam Rhonda desde os jogos de cartas no porão da tia Nadine e os verões de Atlantic City. Alguns mostraram-se surpresos de ela ter sobrevivido. Quando ela disse que era agora ministra africana, eles falaram: "Que bom. O que quer dizer isso?"

Rhonda foi ao enterro do pai. Sentou-se na fila da frente, junto a Damon, Gemmia e Nisa, que estavam muito tristes. O avô tinha sido bom para eles. Rhonda demonstrou e sentiu muito pouca emoção durante a cerimônia, mesmo quando sua avó começou a chorar alto. Quando tudo terminou, ela foi para casa e achou que sentiria alguma coisa para poder chorar. Mas nada aconteceu.

* * *

Eu estava pronta para sair da sala de oração e voltar para a banheira de água quente e óleo de rosas. Era tudo de que eu precisava. O pai de Rhonda nunca lhe deu rosas. Nunca lhe fez um elogio. Até morrer, nunca tinha posto os braços em volta dela e dito que a amava. O pai de Rhonda maltratou-a e negligenciou-a, e mesmo assim ela o amava incondicionalmente. Rhonda não sabia disso, mas eu sabia.

Eu sabia que durante muito tempo Rhonda sentiu tanta raiva do pai pelo que ele havia feito e pelo que não havia feito, que não teve oportunidade de perceber quem ele era. Ele tinha sido uma criança sofrida, que fez o que pôde para educar a filha. Não era capaz de fazer por ela o que não fizera por si mesmo. Nunca o haviam ensinado a amar, portanto ele não sabia como expressar amor a seus filhos ou a si mesmo. Eu sei que ele fez o melhor que pôde. Eu podia entrar em uma banheira de água quente e derramar as lágrimas que Rhonda não pôde derramar. Ela não tinha idéia do que era julgamento e perdão. Não tinha idéia do amor incondicional. Passara a vida ansiando por alguma coisa que já tinha: o melhor que seu pai podia dar.

Amor incondicional não significa aceitar ou justificar maus-tratos. Não significa desculpar os erros e as fragilidades dos outros. Significa aceitar e amar as pessoas apesar do que elas têm de negativo. Se Rhonda soubesse disso, teria aprendido a rir com seu pai e a divertir-se em sua companhia quando ele estivesse disponível. Quando não estivesse disponível, ela não teria se atribuído qualquer culpa. Não teria pensado que lhe faltava alguma coisa de que precisava para ser amada.

Rhonda amava seu pai incondicionalmente. Por isso nunca falou mal dele. Por isso ficou tentando chamar sua atenção. Quando damos amor, queremos nos sentir correspondidos.

O que Rhonda não sabia era que o amor que o outro nos dá não vem do mesmo lugar ou da mesma forma que o nosso. Nett foi o amor que o pai de Rhonda não pôde dar. Ruth, Eddie e seus filhos eram expressões de amor. O amor de Deus. Rhonda não percebeu que, por pior que fosse a situação, alguma coisa ou alguém vinha sempre animá-la e amá-la. Não porque ela fosse especial, mas porque era digna de amor. Amor sempre gera amor. Apesar de tudo o que ela passou na vida, não se tornou uma pessoa violenta, nem viciada, nem má. Sempre encontrou alguém para ajudá-la, alguém para amar. Rhonda queria tanto ser amada de uma forma determinada, por uma pessoa específica, que não conseguia perceber o amor à sua volta. O amor nunca era suficiente. Ela poderia ter preenchido o vazio que sentia celebrando o amor que ela mesma era e o amor que tinha para dar.

Rhonda tinha aprendido que o amor é algo que se recebe quando se faz a coisa certa. Se ela fizesse, receberia amor. Se não fizesse, perderia o amor. Aprendeu que o amor é uma barganha, quando na verdade o amor é um princípio. Como quase todos que conviveram com Rhonda a fizeram sofrer, ela associava intimamente amor a sofrimento, fosse ele mental, emocional ou físico. O amor fazia Rhonda sofrer. Por isso, quando ela amava alguém, feria mais a si do que aos outros.

Quando o aroma do óleo de rosas impregnou o banheiro cheio de vapor, eu comecei a ver as coisas com mais clareza. Eu vinha barganhando com Karen. Tinha entrado no jogo de fazer para receber, e não do amor incondicional. Karen havia aparecido na minha vida num momento de grande necessidade. Foi um instrumento usado por Deus para preencher essa necessidade. Foi um sinal do amor de Deus. Eu não devia nada a Karen a não ser amor. E não tinha de ser magoada para lhe dar amor. Ela estava me amando da única forma que sabia, e cabia a mim determinar se isso funcionava ou não para a minha vida. Se não funcionasse, eu podia amá-la e me afastar dela sem ressentimento nem raiva. A única coisa que tinha a fazer era amar. Agora eu compreendia que isso se relacionava à relação de Rhonda com seu pai e também à de Karen comigo. O que eu não compreendia era John. O que Rhonda estava fazendo com John? Deixei meu corpo soltar-se na água quente antes de começar a pesquisar isso.

* * *

As roupas brancas que Rhonda usou nos primeiros anos de seu sacerdócio sempre atraíram a atenção dos homens. Os bêbados da rua lhe pediam para rezar por eles. Os católicos perguntavam se ela estava cumprindo "uma promessa". Mas seus colegas da faculdade de direito viviam tão ocupados com os estudos que nem notavam o tipo de roupa que ela usava. Rhonda adaptou-se bem na volta ao curso de direito, Nett sentia-se cada dia mais forte e as crianças não davam problema. Ela estava estudando espiritualmente e sentia-se em paz nesse processo. E arranjou um novo amor.

Adeyemi foi o amor da juventude de Rhonda. Ela apaixonou-se por ele aos treze anos, mas, como ele namorava uma amiga sua, aprendeu a deixar esse amor adormecido, achando que nunca ficariam juntos. Anos depois, Rhonda soube que Adeyemi havia se casado e tinha cinco filhos, fazia trabalho comunitário e era ativista político. Ele já estava separado da esposa há mais ou menos um ano quando Rhonda começou a trabalhar com ele num projeto. Essa relação de trabalho em breve transformou-se em uma relação mais íntima. Ele sabia que Rhonda era uma sacerdotisa e pediu seu conselho espiritual para sua situação conjugal.

Certa noite, quando ele levava Rhonda para casa de carro, perguntou se podia beijá-la. Ninguém jamais lhe perguntara isso! "Eu não posso estar ao mesmo tempo na sua cabeça e na sua cama", explicou Rhonda. Se ele estava lhe pedindo conselho, não poderia beijá-la em hipótese alguma. Adeyemi não levou mais do que uns segundos para escolher. Uns dias depois, quando davam uma caminhada, ele segurou a mão dela. Nenhum homem – nem seu pai, nem Gary, nem John e nem mesmo Ray – jamais andara de mãos dadas com ela. Rhonda sentiu-se com treze anos de idade de novo e todo o amor que reprimira durante dezoito anos veio à tona.

O trabalho de Adeyemi levou-os a Albany, no Estado de Nova York. Certo dia, quando estavam juntos, chamaram Rhonda ao telefone.

– John morreu – disse uma voz desconhecida.

– O quê?

– Aqui é Pat. Sinto muito incomodar, mas seus filhos me deram o número do seu telefone. – Pat era casada com um primo de John. – Ele morreu ontem à tarde no trem. Teve um ataque de asma.

Rhonda sabia que isso era uma tragédia. John tinha apenas trinta e seis anos. Tinha uma nova esposa e uma filha de dois anos. Era também pai da sua filha, Nisa, e a ajudara a criar seus filhos. Mas, mesmo assim, sentiu uma vontade irresistível de rir. E, logo que desligou o telefone, caiu na gargalhada. Quando contou a Adeyemi por que estava rindo, ele disse que aquilo era uma desgraça. Então ela parou de rir e começou a dançar, de uma forma absolutamente vergonhosa. Uma sacerdotisa dançando porque o homem que a espancara durante sete anos tinha morrido. A única pena que ela sentia era não poder desfilar em uma parada.

Quando Rhonda chegou em casa, estava recomposta. Deu a notícia aos filhos e teve dificuldade de entender suas reações. Nisa começou a chorar, mas quando notou que Damon e Gemmia não estavam chorando, parou. Todos sabiam a verdade sobre o pai. Rhonda deixou-os decidir se iriam ou não ao enterro. Os três decidiram não ir. Ela foi sozinha.

Quando chegou ao velório uma hora antes da hora marcada para a família, o caixão estava aberto. John deixara crescer uma barba que, segundo Rhonda, lhe dava um ar distinto. "É isso aí", disse Rhonda a si mesma. "Vou pôr um ponto final no nosso caso agora." Ajoelhou-se no banco acolchoado ao lado do caixão, olhou para as flores, as paredes e o teto. Só não conseguiu olhar para o rosto dele. E falou exatamente o que estava sentindo.

– Quando me disseram que você tinha morrido, eu dancei. Sinto muito, mas eu dancei. Fiquei contente de me livrar de você. Mas agora, ao te ver deitado aqui, quero que você saiba que estou muito triste. – Baixou os olhos para olhar o rosto dele e lembrou-se de uma coisa que estava aprendendo no seu treinamento para o sacerdócio. Ser sempre grata.

– Antes que você se vá, quero te agradecer. Obrigada por ter me ensinado tanta coisa sobre mim mesma. Obrigada por ter me mostrado como me defender. Obrigada por ter me dado todo o tempo de que eu precisava para aprender a cuidar de mim mesma. Eu sei que nem você nem eu sabíamos que estávamos fazendo isso. Obrigada por Nisa. É minha caçulinha querida, você não precisa se preocupar com ela. Obrigada pela grande ajuda que você deu na criação dos meus filhos, uma ajuda que os pais deles não deram. Obrigada pelo dia em que você saiu da cama e foi para o meio da neve consertar o pneu furado do meu carro, que eu não te deixava usar.

Quando Rhonda percebeu que seu rosto estava coberto de lágrimas, pôs a mão sobre a mão de John, respirou fundo e continuou:

– Eu te perdôo. Eu te perdôo. Eu te perdôo. Sei que você fez o melhor que pôde. Eu te perdôo por ter mentido para mim e para você mesmo. Eu te perdôo por ter abusado de mim e abusado de você mesmo. Eu te perdôo por todas as mulheres com quem você dormiu quando vivíamos juntos. Eu te perdôo por ter me abandonado quando eu estava grávida. Eu te perdôo por todas as acusações que você me fazia. Eu te perdôo por sua incapacidade de ver que eu estava desesperada e magoada. Eu te perdôo por tudo e peço que você me perdoe. Eu te perdôo e quero que você descanse em paz.

Quando sentiu que não tinha mais nada a dizer, debruçou-se sobre o caixão e beijou o rosto de John. Encontrou a esposa dele na entrada da agência funerária. "Eu sou Rhonda e gostaria de lhe dar os pêsames. Aqui está meu telefone. Se quiser um dia que as crianças se encontrem, por favor me ligue." Afastou-se sem esperar qualquer resposta. Parou do lado de fora para ver se iria derramar mais lágrimas, lágrimas que não queria levar para casa. Mas não tinha mais nenhuma.

* * *

Rhonda quase desmaiou quando viu uma carta enfiada por baixo da porta do seu apartamento. Sabia que o aluguel estava atrasado. Mas a carta era do Departamento de Recursos Humanos pedindo que ela se apresentasse no Departamento Federal de Investigação para responder a umas acusações de fraude da previdência social.

Na sua primeira ida ao escritório, Rhonda descobriu que Sharon, a irmã de Nett, a estava acusando de ter descontado um dos cheques que Nett recebia por invalidez. Segundo uma investigação, o cheque fora descontado quando Nett estava hospitalizada. Rhonda não tinha nada a esconder. Explicou que descontara o cheque, como descontara vários outros cheques da sua mãe, para pagar o aluguel. Disse aos investigadores que usara o dinheiro daquele cheque para alugar um apartamento onde Nett pudesse morar com ela. O investigador informou-lhe que suas ações eram ilegais e que ela poderia ser presa.

Rhonda estava explicando que sua mãe sabia que ela descontava seus cheques, quando um dos investigadores perguntou:

– Onde está sua mãe?

– Está em casa – respondeu.

– Em casa, onde? – Rhonda deu o endereço de Nett.

– Segundo nos consta, este é o endereço de Lynnette Harris. Nós queremos saber o endereço de sua mãe.

– Não estou compreendendo.

– A irmã da Sra. Harris nos informou que a Sra. Harris não é sua mãe. É sua madrasta.

Rhonda se sentiu tão mal, que eles lhe ofereceram um copo d'água. Disseram para ela voltar duas semanas depois com uma cópia do aluguel e a comprovação de que Nett tinha morado com ela. Rhonda foi diretamente para a casa de Nett.

– Você sabia que Sharon está tentando fazer com que me prendam? – Nett ficou em silêncio. – Sabia que se eu for presa não posso trabalhar como advogada no Estado de Nova York?

– Sharon quer o dinheiro que nos deu de volta. Ela precisa do dinheiro. – Nett referia-se ao dinheiro com que Sharon contribuíra por livre e espontânea vontade para pagar as enfermeiras particulares contratadas para cuidar da sua irmã.

– Ela está tentando arruinar a minha vida! Se eu for presa por acusação de fraude federal, não vou poder praticar advocacia.

– Ela precisa do dinheiro que me deu. Afinal de contas, ela é minha irmã.

Rhonda ficou muda. A única coisa que conseguiu fazer foi olhar para aquela mulher sentada na cadeira de rodas diante dela. Aquela não era a Nett que ela conhecia e amava. Não era a Nett que a tinha beijado, que cuidara dela, que a tinha amparado e que tinha garantido que Rhonda um dia seria alguém na vida. Para não se sentir mal, disse para si mesma que não conhecia aquela pessoa.

– Eu preciso ir embora – falou, sem saber se beijava aquela mulher ou não.

– Tudo bem – concordou Nett. – Quer pedir a Damon para me trazer uma *pizza*? – Rhonda saiu sem dizer nada.

* * *

Eu me afundei um pouco mais na banheira e lembrei que Rhonda tinha rezado naquela noite. Mais uma vez seu coração fora apunhalado. Fazia tanto tempo que ela não ouvia falar da sua mãe que realmente acreditava que Nett fosse sua mãe. Nossa cabeça é uma maravilha. Faz com que a gente creia no que precisa crer para sobreviver. Tem a capacidade de bloquear a dor e as informações que podem nos soterrar. A cabeça de Rhonda tinha bloqueado muitas informações. Quando começou a rezar para ver com mais clareza e receber uma orientação, as informações vieram à tona. Mas ela ainda não aprendera a discernir as coisas com exatidão. Ainda estava procurando do lado de fora. A verdade de que precisava encontrava-se dentro dela.

Pai, perdoe-os, pois eles não sabem o que fazem! Ela estava sendo punida. Não pelos outros, mas por ela mesma. Não estava se punindo por uma coisa que havia feito, mas por aquilo em que acreditava. Ela ainda acreditava que merecia ser punida. Ainda acreditava que não era digna de amor. O que Sharon tinha feito reforçou o que Rhonda acreditava sobre si mesma. Eu podia ver claramente que outro padrão havia emergido na sua vida. Era um padrão velado, do qual ela não tinha consciência. *Para que acontecesse uma coisa boa, primeiro tinha de acontecer uma coisa ruim.* Nas vezes em que Rhonda estava mais feliz devia haver uma coisa ruim oculta nas trevas. Ela não se permitia apreciar e celebrar os frutos do seu trabalho.

Eu me sentei ereta na banheira, espalhando água por cima da borda e no chão. É isso aí! Oh, meu Deus! É isso aí! Eu fiz sucesso demais! Meus livros estão saindo bem demais, eu estou me saindo bem demais. Rhonda sente que não merece sair-se bem. Ela tem de ser punida em vez de se alegrar por completo com o que eu estou fazendo. Eu me coloco em situações nas quais me sinto mal. Nas quais não posso ser feliz. Oh, meu Deus! Essa coisa com Karen é resultado de um padrão oculto que sabota minha própria felicidade. Enquanto eu me sentir mal a respeito de Karen, do que ela faz, do que não faz e de como me trata, não vou conseguir ser feliz, e Rhonda está sendo punida.

Então percebi que de certa forma Rhonda deve ter notado que estava agindo de acordo com o padrão antigo. Talvez fosse a oração, talvez sua cabeça estivesse mudando e ela percebesse que não precisava ser punida. Eu sabia que estava próxima da resposta. E tinha de me lembrar o que acontecera em seguida.

* * *

Rhonda voltou ao Departamento Federal de Investigação com os papéis solicitados. Eles procuraram seu dossiê durante horas, mas não o encontraram. Então disseram que ela podia ir embora. Rhonda sentiu-se aliviada. Mas ainda estava magoada com a história toda e isso afetou sua formatura do curso de direito. Como ela cursara a escola de direito por razões erradas, a formatura não lhe trouxe a realização que estava buscando. Muitas pessoas haviam duvidado que ela conseguisse terminar, e ela provou que podia. Mas seu pai estava morto e Nett doente demais para comparecer à cerimônia. Portanto, nenhum dos dois se fez presente para assistir à sua realização.

Os três anos da escola de direito tinham sido exaustivos. Rhonda mal teve força para celebrar. Os constantes problemas financeiros cobraram um preço alto. Tentar compreender os mandados, as ações e os casos da Suprema Corte era exaustivo em termos mentais e físicos. Tentar lembrar-se de todas as coisas que devia saber sobre o sacerdócio e preocupar-se constantemente com Nett, mesmo depois de ter se sentido traída por ela, foram acréscimos à carga pesada que Rhonda levou consigo ao longo de todos aqueles anos da faculdade.

Seu filhos estavam em êxtase. Sua mãe ia ser uma advogada! Eles se consideraram muito importantes no bairro. Rhonda sabia que era "famosa" para eles, mas assim mesmo se culpava por aquilo que os havia feito passar. Ao vê-los vestidos para sua formatura, ficou pensando se tudo valera a pena. Damon e Gemmia trabalhavam depois do colégio e pagavam a maior parte das contas da casa. Nisa, em plena puberdade, estava passando por muitos problemas. Tinha dificuldade para ler e estava atrasada nos estudos. Precisava da mãe de uma forma que Damon e Gemmia nunca tinham precisado. Rhonda não conseguiu dar o apoio pelo qual a filha tanto ansiava. Ela não aprendera a fazer isso. Aprendera apenas as regras.

Adeyemi vivia viajando. De vez em quando ele dava uma escapada, e Rhonda sempre descobria. Eles tinham tentado morar juntos, mas Rhonda acabara desistindo. A relação deles estava mudando e ela afligiu-se ao perceber que muitas coisas na sua vida tinham mudado significativamente. A formatura da escola de direito significava que tudo iria mudar ainda mais e ela não tinha certeza se ainda suportaria tantas mudanças.

Rhonda teve uma oferta de emprego na Filadélfia. Ela queria ir, mas não queria deixar Nett sozinha. Adeyemi não queria que ela saísse de Nova York. Rhonda tinha muitas decisões a tomar e precisava decidir-se logo.

Passou a maior parte do verão estudando para o exame da Ordem dos Advogados. Quando tudo terminou, perguntou se Nett gostaria de mudar-se para a Filadélfia. Ficou triste mas ao mesmo tempo aliviada quando ela disse que não queria ir. Mais uma vez, Nett compreendeu que Rhonda tinha de cuidar da sua própria vida. E Rhonda compreendeu que seria melhor distanciar-se um pouco de Nett, para seu próprio bem.

No mês anterior à sua mudança para a Filadélfia, Adeyemi decidiu que iria tentar reatar seu casamento. Rhonda vinha sentindo que isso ia acontecer, mas fez todo o possível para evitar.

– Tudo o que eu aprendi no nosso relacionamento vou tentar dividir com minha mulher – explicou Adeyemi. – Ela viveu comigo durante quinze anos. É um hábito difícil de quebrar. Eu sei que se você e eu tivermos de ficar juntos, ficaremos. Mas, no momento, preciso da minha esposa e de meus filhos.

Rhonda sentou-se na beira da cama e ficou olhando para o homem que amava desde os treze anos de idade. Sabia que ele estava partindo e que só lhe restava chorar.

– Por favor, não faça isso. Por favor. Você tem tanta coisa boa à sua frente. Não chore. É preciso que acredite que isso é para o nosso bem.

Mas ela não acreditava em nada disso. Acreditava que ele era um cretino, um sujo. Era mais um da longa fila de homens que haviam se aproveitado dela, depois jogando-a fora. Mas não lhe disse nada, só chorou.

Há sempre a hora da eliminação. As árvores e flores perdem sua identidade. À medida que a antiga identidade morre, nasce uma nova. O corpo desprende-se constantemente. Parte disso ocorre de forma invisível, em tal silêncio e com tal naturalidade que nem chegamos a perceber. O coração e o espírito também se desprendem. Desprendem das emoções e experiências de que não precisamos mais. Desprendem das coisas que detêm nosso crescimento, e este é também um processo invisível. Mas como no desprendimento emocional e espiritual há muita energia despendida, em geral nós o sentimos. É como se estivéssemos morrendo. E estamos. Da mesma forma que as flores e as árvores morrem, nós morremos para nossa antiga identidade. Esse desprendimento, ou morte, não é o nosso fim. É o nosso começo.

Capítulo 14

Qual é a lição quando você aprende todas as lições erradas?

O que você poderia querer que
o perdão não lhe pode oferecer?
Quer paz? O perdão lhe oferece.
Quer felicidade e calma,
uma certeza do seu propósito
e um senso de valor e beleza
que transcende o mundo?
Quer carinho e segurança,
e o calor da proteção certa sempre?
Quer uma tranqüilidade que não seja perturbada,
uma bondade que não seja magoada,
um conforto duradouro e profundo
e um descanso perfeito que não seja interrompido?
Tudo isso o perdão lhe oferece.
Se você quer paz
só a encontrará no perdão completo.

Um Curso em Milagres

1. Não pedir o que eu quero.
2. Não dizer exatamente o que eu desejo.
3. Não dizer coisas por achar que irão incomodar os outros.

4. Não dizer a verdade.
5. Dizer apenas meia verdade.
6. Não honrar (prestando atenção, agindo com base em) o que eu sei que é verdade.
7. Esperar demais para dizer a minha verdade.
8. Não dizer nada quando tenho algo a dizer.
9. Fazer o que vai me causar o menor sofrimento ou desconforto. Isto é, levar as coisas do jeito mais fácil.
10. Perguntar aos outros o que eles acham que eu devo fazer.
11. Preocupar-me demais com o que os outros falam de mim.
12. Preocupar-me demais com o que os outros pensam de mim.
13. Não pedir ajuda quando preciso.
14. Esperar até o último momento para pedir ajuda.
15. Esperar até o último momento.
16. Fazer coisas para que os outros gostem de mim.
17. Precisar ser querida mesmo que isso me prejudique.
18. Ter medo de dizer não.
19. Manter-me em uma situação que sei que está me fazendo sofrer.
20. Ignorar o sofrimento por medo de perder uma situação com a qual estou acostumada.
21. Assumir mais do que posso fazer (para que gostem de mim).
22. Não cumprir com a minha palavra (porque prometi mais do que posso fazer).
23. Não me exercitar todo dia.
24. Tentar controlar as pessoas e as situações quando acho que posso ser magoada.
25. Não ter uma forma construtiva de expressar minha raiva.
26. Ter medo de expressar minha raiva.
27. Acreditar que não devo sentir raiva.

28. Tomar decisões baseadas no medo.
29. Tomar decisões que acho que trarão apenas resultados materiais.
30. Não reconhecer as conseqüências das minhas decisões.
31. Não dar um tempo para avaliar todas as opções disponíveis.
32. Fazer as coisas da mesma forma que sempre fiz.
33. Não prestar atenção à forma como faço as coisas.
34. Ter medo de admitir que sei o que fazer.
35. Agir como se não soubesse o que fazer.
36. Deixar que os outros me tratem como se eu não soubesse o que fazer.
37. Permitir que me pressionem a tomar decisões baseada no que os outros acham que devo fazer.
38. Ter medo de cometer um erro.
39. Ter medo de que o erro não possa ser reparado.
40. Sentir medo de querer demais.
41. Tentar ser como todo mundo.
42. Ter medo de ser eu mesma.
43. Não confiar em mim mesma.

Eu reconheço que faço coisas que não são para o meu bem. Eu me perdôo por fazer as coisas que fiz e que não foram para o meu bem.

Eu reconheço que, na maioria das vezes, não tenho consciência dessas coisas que não são para o meu bem. Eu me perdôo por não ter consciência das coisas que eu faço e que não são para o meu bem.

Eu reconheço que, quando tive consciência de que minhas ações não eram para o meu bem, decidi, por causa do medo que senti, continuar agindo da mesma forma. Eu me perdôo por tomar decisões baseadas no medo.

Eu reconheço que contribuí ativamente, embora de forma inconsciente, para criar sofrimento e desconforto na minha vida e na vida dos outros. Eu me perdôo por contribuir de forma inconsciente para o sofrimento e desconforto meu e dos outros.

Eu reconheço que houve ocasiões em que eu contribuí de forma ativa e consciente para criar sofrimento e desconforto na minha vida e na vida dos outros. Eu me perdôo por ter contribuído conscientemente para criar sofrimento e desconforto para mim e para os outros.

Eu reconheço que, conscientemente, fiz escolhas e tomei decisões que não eram para o meu bem, e que fiz isso pensando apenas no retorno financeiro. Eu me perdôo por ter dado mais importância ao dinheiro do que ao meu próprio bem.

Eu reconheço que, quando sinto medo, não digo a verdade. Eu me perdôo por não dizer a verdade em todas as circunstâncias.

Eu reconheço que me permiti acreditar em coisas sobre mim mesma que não são verdadeiras. Eu me perdôo por acreditar em coisas sobre mim mesma que não são verdadeiras.

Eu reconheço que senti raiva de mim mesma por não conseguir mudar meu comportamento. Eu me perdôo por ter sentido raiva de mim mesma.

Eu reconheço que tive raiva dos outros e os responsabilizei pela minha incapacidade de mudar. Eu me perdôo por ter tido raiva dos outros. Eu me perdôo por ter responsabilizado os outros pela minhas ações e minha vida.

Eu reconheço que sou uma filha de Deus. Reconheço que tenho valor e que sou digna de ser amada. Reconheço que Deus é a fonte e o centro da minha vida. Reconheço que só Deus pode mudar as falsas crenças que eu tinha sobre mim mesma. Reconheço que meu reconhecimento de Deus pode curar e curará todos os ferimentos que eu sofri por causa das falsas crenças, das escolhas e decisões baseadas no medo, das escolhas e decisões baseadas na raiva, e por ignorar o lugar de Deus na minha vida. Eu me perdôo de forma total e incondicional. E agora peço ao Santo Espírito de Deus que cure meus ferimentos, para eliminar todas as falsas crenças que eu tive e abrir meu coração para o amor verdadeiro e incondicional.

Por tudo o que recebi e por tudo o que virá sinto enorme gratidão!

* * *

Ficaram muito claras todas as lições erradas que Rhonda aprendera e a maneira como elas influenciaram a sua vida. Toda a merda na qual ela se apoiara, na qual acreditara e em função da qual agira, por não saber agir de outra forma. Eu compreendi que os padrões de comportamento dela, os padrões que foram gravados na sua consciência, tinham se tornado parte da minha vida. Percebi também que até eu reconhecer esses padrões, até conseguir vê-los e aceitá-los, não haveria jeito de poder curá-los. E, até curá-los, eu continuaria a sentir seus efeitos na minha vida, tomando às vezes consciência deles, mas em muitas ocasiões e atitudes não me dando conta de que eram meus velhos padrões se manifestando.

Eu me perguntava se o que eu havia descoberto acontecia com todos. Eu me perguntava quantas pessoas andam por aí absolutamente inconscientes de que dentro delas existe uma outra pessoa, um outro nível do seu ser em total conflito com todas as coisas novas que estão sempre surgindo na consciência delas. Quantas pessoas percebem que têm um "Eu antigo" que está sempre atuando? O Eu antigo faz escolhas e julgamentos dos quais o "Eu novo" talvez não tenha a menor consciência.

O Eu antigo ainda sente medo de coisas das quais o Eu novo se esqueceu há muito tempo ou nunca se lembrou. O Eu antigo tem amarras presas às necessidades de sobrevivência e medo, enquanto o Eu novo tenta corajosamente libertar-se e crescer. O Eu antigo encontrou um lugar e uma forma de ser em que se sente confortável e seguro, e lutará para se manter dentro dessa zona de conforto e segurança, mesmo que isso não contribua para o seu bem. O Eu novo reconhece a necessidade de correr riscos, de ultrapassar as coisas com que se habituou, e dispõe-se a isso. Quando os dois estados de consciência entram em conflito, o resultado é a frustração. "Por que isso vive acontecendo?", nós nos perguntamos. "Por que eu não consigo ir além desse ponto?" Essa tem sido a minha experiência. E eu me perguntava se isso acontecia com os outros.

Eu me sentia um pouco constrangida e envergonhada. Como posso sair por aí tentando curar o mundo se ainda estou tão ferida? Isso não é desonesto? Enquanto pensava, lembrei do que meu padrinho dizia: "Você só pode ensinar o que precisa aprender." Quando percebi o quanto eu já tinha aprendido, quantas pessoas ajudara, quanta cura tinha feito, soube que não havia razão alguma para me envergonhar. Procuro ensinar tudo o que eu aprendo. Tudo o que eu ensino abre caminho para um conhecimento mais profundo. Embora eu achasse que estava aprendendo a mesma lição várias vezes, percebi que cada vez o nível era mais profundo. Cada nível mostrava uma nova forma de ver as coisas. Cada nível oferecia a oportunidade de pôr em prática uma teoria.

Rhonda tinha aprendido todas as lições erradas. Era mestra em viver sofrendo, em lutar por reconhecimento, em desvalorizar-se e mascarar o que estava sentindo. Estava tentando chamar minha atenção. Infelizmente, ela aprendera a arte de atrair a atenção negativa. Atenção que lhe causava mais sofrimento. Atenção que a tornava menos digna e menos valorizada. Inconscientemente, eu assumi seus padrões. Não os reconheci quando eles foram entrando na minha vida.

Rhonda não tinha a menor idéia de quem era Iyanla. A vida que Iyanla conhecia desenvolvia-se a cada momento em razão de sua fé e da sua crença em si mesma. Em muitos desses momentos, eu, Iyanla, me vi correndo para compreender o que estava acontecendo. As coisas cresciam e desenvolviam-se mais depressa do que eu podia imaginar. Rhonda, o meu Eu antigo, também corria, com medo de ser abandonada de novo e, sobretudo, tentando entender o que estava acontecendo. As experiências de Iyanla lhe eram totalmente estranhas. Iyanla era rodeada de amor e carinho, pois acreditava que era isso o que merecia. Rhonda nunca conheceu um amor que não se ligasse a dor e sofrimento. Iyanla tem abundância de coisas boas. Rhonda foi ensinada a não esperar nada de bom, pois achava que não merecia ter coisas boas. E, por causa do que lhe haviam ensinado, ela esperava o pior e em geral era isso mesmo o que acontecia.

Finalmente, eu compreendi por que Karen tinha entrado na minha vida. Ela tinha vindo me ajudar a curar Rhonda. Viera me mostrar as coisas em que Rhonda acreditava e me dera oportunidade de levar a cura a um nível mais profundo. Eu não tinha feito um bom trabalho ao integrar as experiências de Rhonda com as experiências de Iyanla. Não tinha respeitado o papel de Rhonda na vida em crescimento de Iyanla. Se não fosse por Rhonda, Iyanla nunca teria existido. Eu precisava me perdoar por ter ignorado Rhonda e por ter tido raiva de Karen. Precisava também olhar para trás para ver como tinha sido o desdobramento entre a consciência de Rhonda e a consciência de Iyanla. Mas, antes de poder fazer isso, precisava dar um pequeno reforço para Iyanla.

Existe uma certa magia quando a mulher completa quarenta anos. Ela se torna mais atraente, mais sensual e mais sedutora. Não que seu corpo fique melhor, mas me parece que ela se sente mais confortável com seu corpo e aprende a utilizá-lo melhor. Aos quarenta, os olhos da mulher começam a ter um brilho especial. Não um brilho de luxúria ou excitação, mas de sabedoria. Ela viu certas coisas, aprendeu certas coisas, e tudo isso se reflete nos seus olhos. Aos quarenta anos, embora algumas coisas no corpo da mulher se deteriorem, outras se acentuam. Tornam-se mais claras. A mulher de quarenta anos assume sua voz, sua visão e seu andar.

Quando eu completei quarenta anos, me senti velha demais para tentar ser outra pessoa, então parei de tentar.

Enquanto pensava sobre isso, percebi quanta coisa eu ignorava antes de completar quarenta anos. Aos vinte e três, pensava que sabia todas as respostas. Quando fiz quarenta, vi que não tinha idéia da pergunta. Meu instrutor espiritual me disse um dia que o que aparece na vida da gente é a resposta. Nossa tarefa é descobrir a pergunta. Eu vivi através de respostas muito prontas e duras. Aos quarenta, me comprometi a lembrar da pergunta. Para mim, a principal pergunta cuja resposta eu vivia tentando encontrar era: "Por que as pessoas não me amam como eu quero ser amada?" Aos quarenta, a resposta brotou magicamente na minha cabeça: "Porque você não sabe se amar!"

Eu já tinha lido muito sobre aprender a gostar de si. Tinha todos os tipos de fórmulas, exercícios e atividades físicas indicados para fazer vir à tona minha essência de amor. A maioria dessas fórmulas funcionou durante algum tempo, mas eu acabei sendo a primeira a me trair. A primeira a me atacar. A duvidar de mim. A me julgar e me criticar. Como se aprende a fazer uma coisa que nunca se experimentou? Eu descobri que primeiro é preciso saber como é o amor dado de forma incondicional. Minha única experiência de amor incondicional era o que eu sentia quando estava rezando.

Durante uma oração profunda, eu podia sentir o frescor, a calma e a paz da presença de Deus. Com base em tudo o que eu havia ouvido e lido, essa presença era amor. Decidi encontrar uma forma de me manter nessa presença. Recriá-la várias vezes, independente de onde eu estivesse ou do que estivesse fazendo. Lembrei-me então de uma coisa que minha amiga Shaheerah me dissera um dia: "Não é preciso recriar uma coisa que foi experimentada. Se você lembrar da coisa, se conseguir lembrar como se sentia, pode ter essa mesma experiência onde estiver e sempre que quiser." Eu decidi que era isso o que queria fazer: recriar o amor dentro de mim e para mim mesma. Levei dois anos para descobrir como recriar essa experiência de amor. Quando completei quarenta e dois anos, planejei o que queria fazer.

Muitas mulheres na minha vida tinham me amado de forma incondicional. Tinham presenciado os altos e baixos de minha vida. Conheciam quase todos, se não todos, os detalhes sórdidos da minha vida. Onde quer que eu estivesse, ou em qualquer coisa que fizesse, podia contar com elas para me ajudar. Para essas mulheres eu dizia a verdade, pois sabia que elas me apoiariam em qualquer circunstância. Aprendi que dizer a verdade era uma parte importante do amor por mim mesma. Quando a pessoa se respeita e confia o suficiente em si mesma, sabe que por mais que erre é digna de amor e apoio. Eu fui abençoada com amigas que me amaram nos meus momentos mais insanos. E precisei da bênção, do amor e do apoio dessas mulheres quando segui em frente na vida.

Eu li uma vez que a vida transcorre em ciclos de sete anos. A cada sete anos o foco e a energia mudam na vida da pessoa. Do nascimento ao sete anos, a gente aprende a viver. A respirar por conta própria, a andar, a falar, a comer e, essencialmente, a atender suas necessidades básicas. Dos oito aos catorze, aprende o que funciona e o que não funciona, com base no que lhe ensinaram e no que experimentaram. O período dos quinze aos vinte e um anos é um período de teste. Já com alguma idéia do que funciona, a gente se testa e testa seus conceitos e idéias para determinar se o que descobriu é verdade. O período de vinte e dois a vinte e oito anos é de reavaliação. Já sabendo o que funciona e o que não funciona, o que é verdade para nós e o que não é, precisamos encontrar novas formas ou formas aprimoradas de ser. É preciso quebrar o padrão ou manter-se leal a ele, seja qual for o resultado.

O período entre vinte e nove e trinta e cinco anos é um período difícil. É quando nossos conceitos sobre nós mesmos, sobre a vida e sobre como viver são testados – de novo. A vida vai nos testar para ver se realmente sabemos e acreditamos naquilo que dizemos saber e acreditar. A maioria das pessoas só conhece o que lhes foi ensinado e contado. Podemos até pensar que estamos fazendo escolhas conscientes, mas o que realmente ocorre é que nossos padrões subconscientes começam a vir à tona. Dos trinta e seis aos quarenta e dois anos entramos no ciclo da cura. Como já vimos nossos padrões e crenças subconscientes emergirem, temos de decidir o que nos levará adiante e o que não levará. Aos quarenta e dois anos eu tinha visto muita coisa! Tinha visto o que a falta de amor fizera na minha vida, e não queria carregar isso para meu próximo ciclo de vida. Tinha visto o que o medo, a confusão e os padrões subconscientes haviam criado na minha vida, e sabia que precisava fazer uma coisa nova.

Seis semanas antes de completar quarenta e dois anos jejuei durante três dias e pedi que o Espírito me dissesse o que eu precisava fazer para quebrar o ciclo. O que tinha de fazer para criar mais amor em mim mesma, por mim mesma. No terceiro dia de jejum, a resposta veio como num passe de mágica na minha cabeça: "Cerque-se daqueles que você ama." Só naquele momento percebi que eu nunca tinha celebrado a mim mesma. Nunca tinha tido uma celebração de aniversário.

Meu círculo de amigas e companheiras é incrivelmente diversificado. Essas mulheres, quase todas ligadas a práticas e conhecimentos espirituais, me ensinaram muito. Elas conhecem de tudo, do zen-budismo à cultura dos índios americanos. Algumas são ministras no sentido mais tradicional. Outras são sacerdotisas e mensageiras dos canais sagrados. Algumas foram minhas alunas e passaram a outras áreas de estudo. Todas têm duas coisas em comum: uma intensa vida espiritual e um amor incondicional por mim. Essas foram as mulheres que eu escolhi para participar dos meus "rituais de passagem".

Aluguei uma barraca e decorei o quintal com lindos tecidos em roxo e dourado. Minha filha Gemmia, uma amiga minha especializada em cozinha vegetariana e eu preparamos quase todas as comidas com nossas próprias mãos. Eu tinha passado os três dias anteriores rezando, pedindo a Deus, à Deusa, ao Espírito Santo, aos meus ancestrais de todas as nações e culturas que me purificassem e me guiassem para uma outra direção, longe de todos os erros do passado. Quando não rezava ativamente, mantinha-me em silêncio. Foi bem difícil ficar em silêncio enquanto me preparava para minha primeira festa de aniversário, mas eu sabia que precisava fazer isso para me concentrar. Deixar os pensamentos e sentimentos passados virem à tona.

Minhas amigas chegaram de todos os cantos do país. Quando começaram a chegar, eu pude sentir uma energia sagrada encher minha casa e ficar à minha volta. Era a presença do amor, todo focalizado em mim. Eu tinha pedido que cada uma conduzisse uma cerimônia em minha homenagem, com base na sua própria filosofia espiritual. Pedi que os presentes que quisessem me dar fossem uma coisa sagrada ou significativa para elas.

Começamos com uma cerimônia africana de lavagem da cabeça. Toda mulher de mais de quarenta anos rezava por mim enquanto lavava minha cabeça com água limpa e fria. Quando a terceira mulher veio me lavar, o círculo todo chorava. Elas rezaram por minha segurança, esclarecimento e saúde, me abençoaram com amor e pediram abundância para mim. Quando minhas filhas Gemmia e Nisa ajoelharam-se à minha frente para lavar minha cabeça e rezar por mim, o círculo todo desabou no choro. Então passamos à outra cerimônia, a consagração do meu corpo.

As mulheres sempre se banharam juntas e se lavaram umas às outras. Entrar na água juntas é um ato muito sagrado. Como estávamos num quintal, achamos que não ficaria bem se alguém visse mulheres de quarenta e dois anos nuas esparramando água em volta de uma banheira de metal. Então minhas amigas me rodearam, segurando lençóis brancos, e duas das mais velhas do grupo me despiram e purificaram meu corpo com ervas. É claro que as mulheres do círculo que me observavam fizeram piadas sobre meu corpo – o que estava despencando e o que estava sobressaindo. Quando o banho terminou, as mulheres me vestiram com uma roupa branca que minha filha mais velha, Gemmia, escolhera para mim.

Em seguida, uma das mulheres realizou uma cerimônia de índios americanos chamada "cozimento". Eu me deitei no chão, sobre um cobertor sagrado, e algumas mulheres sentadas à minha volta firmaram os pés no meu corpo. Depois de respirarem fundo para me purificarem, começaram a entoar os cento e nove nomes sagrados para a Mãe, a misericórdia, a graça e a beleza de Deus. A energia que emanava dos pés das mulheres parecia uma carga elétrica no meu corpo. Eu me sentia vibrar. Sentia também a dor, a tristeza e o sofrimento saírem do meu corpo. Quando elas terminaram, precisei de ajuda para levantar. Então todas formaram um círculo à minha volta e começaram a rezar.

Uma coisa é achar que sabemos o que os outros pensam e sentem sobre nós. Outra coisa é ouvir as pessoas dizerem isso em voz alta. Uma a uma, as mulheres me disseram como me viam, o que eu significava na vida delas e o que elas queriam para mim. É claro que nós todas chorávamos! Ficamos de mãos dadas, e o círculo foi se tornando cada vez menor. Quando elas me abençoaram, me agradeceram e desejaram o bem para meu futuro, eu percebi pela primeira vez na vida que era realmente importante, que não era nada má, e que era digna de amor. Era o reforço de que Iyanla precisava.

Quando me lembrei daquele dia, daquelas mulheres, daquelas orações, e do amor que senti naquele círculo, comecei a chorar. Eu sabia que não estava e nunca mais estaria sozinha. Sabia que quarenta e duas mulheres mágicas caminhavam ao meu lado, onde quer que eu fosse e o que quer que fizesse. Percebi que, depois de tudo o que eu passara na vida, eu era abençoada e podia amar a mim mesma. Relembrar essa experiência me deu a força de que eu precisava naquele momento para voltar e harmonizar Rhonda com Iyanla. A força de que eu precisava para perdoar Rhonda.

Capítulo 15

Qual é a lição quando você tenta colar na prova?

Tenha coragem de admitir seus erros
para poder perdoá-los e libertar-se
da dor, da luta e da mentira.
Não há erro que não possa ser reparado.
Não há ofensa que não possa ser perdoada.

Paulo Ferrini, em *Love Without Conditions*
(Amor sem condições)

BALÉ ESTAVA ÓTIMO! Aquele homem parecia não envelhecer nunca. Eu não o via há quinze anos, mas seu aspecto era exatamente o mesmo. Eu estava ansiosa para saber tudo o que lhe acontecera na vida, e tinha certeza de que ele queria saber também tudo sobre a minha. A tarefa de Balé durante a maior parte da minha vida tinha sido não me deixar desviar muito da linha do centro. Quando eu fazia isso, ele tinha um jeito todo especial de me trazer de volta.

– Como vão seus filhos?

– Estão ótimos. Damon está na marinha. Apaixonou-se por uma garota do ginásio. Quando ela se alistou, ele se alistou também. Sua base fica na Virgínia. Gemmia está maravilhosa. Aprendeu a trançar cabelo e trabalha com uma amiga minha. Ela é muito bonita e inteligente. Nisa está passando uma fase difícil. Foi colocada em uma classe especial porque tem dificuldade para ler. Ela se sente deslocada, mas é uma boa menina. Tem muito jeito para esportes e está trabalhando com crianças retardadas para conseguir um crédito extra na escola. Acho meus filhos adolescentes bastante normais.

Balé era um excelente cozinheiro. Fazia do ato de cozinhar uma terapia. Enquanto eu comia, ele continuava a me fazer perguntas.

– Onde está Ray?

– Ray casou-se e mora com a mulher em Jersey.

– E a bebida?

– Acho que ele parou de beber. Na última vez que tive notícias de Ray, ele ainda estava trabalhando e vivia se queixando.

Contei a Balé que quando Ray ficava bêbado ou drogado me telefonava à uma ou duas horas da manhã para se queixar da vida horrível que nós tivemos. Depois de alguns anos eu disse a Ray para parar de me telefonar se não tivesse outra coisa para falar. Ele ficou tão zangado que agora só me procura quando precisa de dinheiro.

– E o que aconteceu com sua avó e com Nett?

– Minha avó voltou para o Sul depois que meu pai morreu. Não tenho contato com ela. Acho que agüentei minha avó mais do que merecia na vida. A última vez em que a vi, ela estava brigando com a mulher de meu pai e dizendo obscenidades para mim aos gritos.

– E Nett? – perguntou Balé. Eu levei um tempo para responder porque não sabia bem o que dizer. Nett ainda era um assunto muito doloroso para mim.

– Nett morreu seis meses depois que eu saí de Nova York. Pelo visto, ela ficou doente de novo e voltou para o hospital. Mas eu só fui avisada depois que ela morreu. Sua atendente domiciliar me disse que Nett perguntava por mim diariamente, mas a irmã dela preferiu me manter afastada. A atendente contou também que depois de três semanas no hospital Nett recusou-se a comer. Eles tentaram forçá-la, mas como não conseguiram ela foi alimentada por soro. Morreu dormindo, de inanição. A atendente disse que sabia que comigo Nett teria comido e que não compreendia por que não mandaram me chamar.

Eu falei para Balé sobre o problema do cheque e disse que tinha decidido me afastar um pouco de Nett. Tinha medo de enlouquecer se ela morresse enquanto nossa relação era tão íntima. Ao contar isso tudo para Balé, lembrei de uma coisa na qual não pensava há muito tempo: os braceletes que Nett prometera deixar para mim depois que morresse. Essa lembrança me deixou tão triste que eu tive de conter as lágrimas. Balé deve ter sentido isso.

– A irmã provavelmente ficou com a maioria do que era dela. Você algum dia perguntou se podia ganhar uma coisa especial que a fizesse lembrar-se de Nett?

– Não. Depois que eu disse que não queria esvaziar o apartamento de Nett, a irmã dela parou de falar comigo. Damon foi lá e pegou o álbum de fotografia, mas o resto todo desapareceu.

– Bem, você tem Nett no coração. Mesmo com as dificuldades que ocorreram no final, ela estará sempre no seu coração e é isso que importa. – Ele tinha razão. Balé sempre tinha razão.

Na hora da sobremesa, uma espécie de bolo de maçã com nozes e passas, eu disse a Balé que detestava advogar. Fora reprovada duas vezes no exame da Ordem dos Advogados e, embora não estivesse com coragem de enfrentar uma terceira reprovação, tinha de fazer o exame de novo para não perder meu emprego. Sempre que eu comentava isso as pessoas diziam que eu era maluca. "Depois de tanto esforço para se formar em direito, você descobre que não gosta disso? Você é maluca!" Mas Balé não era dessa opinião. Ele ficou calado e sério. Olhou dentro dos meus olhos e fez uma pergunta que só um homem sábio faria.

– O que você estava buscando quando entrou para a faculdade de direito?

– Buscando como?

– Não brinque comigo. Você sabe que eu já sei. A pergunta é a seguinte: você está pronta para falar a verdade sobre isso? O que você estava buscando? – A força de suas palavras fez meu coração bater rápido e minha cabeça girar.

– Eu pensava que queria ser advogada para salvar o mundo, para fazer o bem aos outros.

Ele ficou me olhando. Obviamente, eu havia dado a resposta errada. Aquele olhar fixo me deixou nervosa. Tive de pensar em outra coisa para dizer. Fechei os olhos e deixei que as palavras saíssem da minha boca.

– Eu estava buscando uma saída. Estava me sentindo impotente e procurava fugir da dor. Era uma forma de me sentir poderosa. Estava tentando provar a mim mesma e aos outros que eu era inteligente. Pensei que, se terminasse a faculdade de direito e me tornasse advogada, ninguém nunca mais me chamaria de burra. Eu estava buscando uma forma de provar aos outros que não era burra.

As lágrimas que escorriam pelo meu rosto caíam em cima do bolo de maçã.

– Mas você sabia que não era isso o que verdadeiramente queria. Você sabe que é por isso que não passou no exame e que é por isso que está tão infeliz. Você quer praticar advocacia?

– Não.

– O que você quer fazer?

– Quero compensar meus filhos por todos os anos em que não pude lhes dar as coisas de que eles precisavam e queriam.

– O que você quer fazer?

– Quero provar aos outros que não sou uma mãe desnaturada.

– O que você quer fazer? *O que quer fazer para você mesma?*

– Não tenho idéia. Eu simplesmente não sei.

– Muito bem. Agora termine sua sobremesa.

– Balé levantou-se e saiu da sala. Eu sequei as lágrimas, olhei para o bolo de maçã e senti náuseas.

O resto da noite transcorreu muito bem. Eu fiquei impressionada com as palavras de Balé e com as minhas. Conversamos sobre a família dele, sobre o que ele estava fazendo, onde tinha estado. Eu lhe contei tudo que sabia sobre minhas colegas do clube de dança. Mas não contei que andava me encontrando com Adeyemi escondido da mulher dele. Tinha muita vergonha disso.

Quando me preparava para sair, Balé me deu uma caixa pesando uns quarenta quilos.

– O que é isso?

– São livros. Quero que você me diga quais são as principais diferenças entre eles.

– Provavelmente vou levar um ano para fazer isso.

– Não. Vai ter de fazer isso até sábado. Quando voltar aqui no próximo sábado quero que me diga o que cada livro contém e as principais diferenças entre eles.

Na caixa, além da Bíblia e do I Ching, ou Livro das Mutações, havia mais cinco livros, cada um parecendo ter de trezentas a seiscentas páginas.

– Não vou poder ler tudo isso até sábado! Estou cuidando de vários casos. Tenho de ir ao tribunal.

– Então me telefone quando terminar.

Eu gostava de Balé, mas às vezes ele conseguia ser bem estranho e exigente. Ao chegar em casa, examinei cada um dos livros e fiquei absolutamente frustrada. Três semanas depois, eu tinha lido apenas sessenta páginas do primeiro livro. Então telefonei para Balé.

– Você já terminou?

– Estou tentando. Esse livro é muito difícil e confuso. Por que você quer que eu leia?

– Porque você é uma ministra. E as ministras devem saber o que as pessoas precisam. Como você espera servir as pessoas? Vai ter de se preparar.

– Eu quero me preparar, Balé, mas como posso fazer isso e ganhar a vida ao mesmo tempo?

– Deus preparou você. Sua obrigação é lembrar para o que você foi preparada a fim de poder reealizar seu trabalho com excelência. Venha me ver no sábado às sete horas da noite.

Foi nessa noite que Balé realizou a cerimônia da minha nomeação. Foi nesse dia que minha vida mudou totalmente. De início eu não notei a mudança, mas as palavras de Balé, sua descrição de Iyanla, a pessoa que eu estava destinada a ser, ficaram no meu ouvido. Eu queria muito acreditar que Balé estava errado, mas sabia que ele estava certo. Sabia que eu não estava usando todo o meu potencial. Sabia que eu estava repetindo certos padrões de vida, padrões sobre os quais eu parecia não ter qualquer controle. Eu sabia que havia alguma coisa diferente, alguma coisa poderosa em mim. Tinha sentido isso em raros momentos, quando rezava com profundidade e em silêncio. Eu sabia que tinha visto e ouvido coisas que só podiam ser explicadas em termos espirituais, mas tinha tanto medo do que isso significava que tinha parado com minha própria exploração interior.

E se Balé estivesse certo e minha avó estivesse errada? O que significaria isso? Quanto tempo eu tinha desperdiçado? E como iria repor esse tempo para mim mesma e para Deus? E se eu fosse louca? Ou Balé fosse louco? E se ele estivesse certo e os outros achassem que eu tinha ficado louca por ter me tornado professora, curandeira, uma mulher de grande poder, preeminência e importância? Pensei em todas as mulheres poderosas que eu conhecia. Pensei principalmente nas mulheres espirituais poderosas que eu conhecia e percebi que todas elas tinham uma coisa em comum – eram sozinhas. Não tinham um homem! Oh, meu Deus! Eu tive de admitir para mim mesma que queria um homem. Ou melhor, eu precisava de um homem. Será que se eu assumisse meu poder ficaria sozinha? Foi naquele dia, sentada à mesa da cozinha do meu padrinho, que eu vi que tinha de fazer uma escolha. Tinha de escolher uma forma de viver e de ser. Foi ao longo desse processo de escolha que comecei a integrar Rhonda e Iyanla em uma só pessoa.

Eu não dormi muito naquela noite. Pensei em todos os erros que cometera, todos os outros erros que cometera ao tentar corrigir os primeiros erros. Pensei em todas as coisas que eu fizera e não fizera e que demonstravam que eu ainda não tinha desenvolvido o tipo de caráter do qual Balé falava. Fiquei imaginando se algum dia eu me tornaria a pessoa que era destinada a ser. Como poderia saber? Por que ninguém jamais me dissera que Deus tinha um plano para mim? Teria sido bom saber que cada experiência fazia parte de um plano. Se Deus tinha um plano para mim, por que o plano tinha de ser tão sério e tão cruel? E se eu tivesse conseguido me matar? Então percebi que a tentativa de tirar minha vida fazia também parte do plano. Era tudo confuso! Era tudo muito confuso! Não. Eu é que estava confusa.

Percebi todas as coisas que eu havia feito e que não havia feito para me colocar na trilha do mal. Os versos da Bíblia dançavam na minha cabeça. *Desejos da carne... As coisas do mundo... Busquem primeiro o reino...* Pensei nas minhas crianças e senti um calafrio. Pensei no sofrimento dos meus filhos causado pelo meu próprio sofrimento. Pensei nos dias em que eles não tiveram nada para comer, nos dias em que eu os deixei sozinhos. Pensei nas vezes em que eu falei ou lidei com eles reproduzindo a forma como haviam falado e lidado comigo. Pensei como tudo isso deve ter sido doloroso e confuso para eles. E embora eu não conseguisse ter pena e chorar por mim, chorei pelos meus filhos. Chorei pela mãe ruim, abusiva e negligente que eu tinha sido. Chorei porque não conseguia me lembrar de lhes ter dito um dia que os amava. E não tinha dito a eles porque nunca tinha dito a mim mesma.

Então, antes da madrugada, eu parei de chorar. Fui até o espelho do banheiro, olhei-me bem dentro dos olhos e sussurrei de mansinho: "Eu te amo." Senti um arrepio no corpo quando desviei o olhar. Quando minha cabeça parou de girar, abri os olhos e disse de novo: "Eu te amo. Eu te amo." Só de pensar nisso comecei a chorar. Como eu podia me amar se não sabia nada sobre mim? Só sabia o que me diziam. Sabia o que os outros diziam que eu era, mas eu mesma não me conhecia. Então me senti muito desgastada, muito cansada. Não. Me senti exausta. Eu queria me amar e sabia que para isso teria de me compreender. Lembrei das perguntas que Balé tinha me dado. Peguei minha bolsa e tirei o papel lá de dentro. Fiquei surpresa ao ver como era difícil responder algumas das perguntas, mas trabalhei com afinco até depois de o sol nascer para encontrar uma resposta adequada para cada uma delas.

Qual é sua cor favorita?

Laranja.

Qual é sua comida favorita?

Frango.

Qual é sua música favorita?

"Lean on Me..."

Qual é sua posse mais valiosa?

Minha Bíblia.

Qual é sua maior força?

Senso de humor.

Qual é sua maior fraqueza?

Eu chego impulsivamente a conclusões, esperando sempre o pior.

Qual é sua maior capacidade?

Comunicação oral.

Qual foi seu maior erro?

Confundir atração sexual com amor.

Qual é seu maior medo?

Que as pessoas não gostem de mim e falem mal de mim.

Qual foi sua maior realização?

Contar à tia Nadine sobre o tio Leroy.

Qual é a tarefa que você menos gosta de fazer?

Pagar contas e mexer com dinheiro.

Se sua vida terminasse hoje, o que as pessoas que a conhecem diriam sobre você?

Ela tinha muito senso de humor.

O que você gostaria que dissessem?

Ela era uma pessoa de bom caráter.

Por que elas não diriam ou não poderiam dizer o que você gostaria que dissessem?

Porque elas não conhecem Iyanla. Só conhecem Rhonda.

Várias semanas mais tarde, quando voltei ao meu escritório, depois de uma manhã terrível no tribunal e visitas a clientes em três prisões diferentes, encontrei a sala às escuras. Apertei o interruptor mas as luzes não acenderam. Tentei de novo. Nada. Fui ao escritório vizinho e perguntei à minha colega se a luz dela estava funcionando bem. "Está sim", me respondeu. Quando eu disse que não estava conseguindo acender as minhas, ela foi comigo ao meu escritório e girou o interruptor para um lado e para o outro, duas vezes. O escritório continuou às escuras. Ela tentou novamente.

– É melhor você ir a um oculista. As luzes estão acesas. Está tudo em ordem.

Fiquei olhando para minha colega enquanto ela voltava para seu escritório. Sentei-me na cadeira, tentando decifrar o que havia acontecido, quando de repente ouvi a voz. Era uma voz tão clara, que me virei para ver quem estava ao meu lado. *Saia deste lugar. Saia agora e não volte nunca mais.*

Gemmia foi se encontrar comigo no escritório à tarde para fazermos umas compras. Quando eu saí, os porta-retratos com as fotos dos meus filhos estavam em cima da mesa, meu diploma de advogada na parede e os saquinhos de chá e o mel na gaveta. Eu nunca mais pus os pés naquele lugar.

Capítulo 16

Qual é a lição quando você não se ama em primeiro lugar?

É ouvindo – e obedecendo – a necessidade de fazer um ajuste
de vida que se aumenta a capacidade de olhar a si mesmo.
De fato, muitas capacidades crescem com a autoconfiança...
A cada ajuste, a união entre o eu e o Eu
se fortalece, conferindo mais poder à voz do Eu, mais clareza e
propósito à vida individual.

Marsha Sinetar, em *Ordinary People as Monks and Mystics* (Pessoas comuns como monges e místicos)

EU JÁ ESTAVA DESEMPREGADA há quatro meses quando alguém me disse que eu tinha direito a receber um seguro-desemprego. Eu sabia que teria de repetir o exame para a Ordem dos Advogados, mas também sabia que não queria exercer a advocacia. Na ocasião em que entrei com a solicitação para receber o auxílio-desemprego, as coisas estavam bem tensas, mas muito excitantes. Eu tinha acabado de ler todos os livros que Balé me dera e provavelmente cinqüenta outros. Tinha parado de ver Adeyemi, e ele se mudara para Atlanta – sem a esposa. Gemmia tinha iniciado a faculdade. Nisa estava no ginásio e Damon continuava a procurar uma esposa pelo mundo afora.

Eu me empenhava nas mudanças que achava necessárias para que Iyanla pudesse emergir. Embora ainda não soubesse o que queria fazer, não me sentia perdida. Passava boa parte do tempo rezando e meditando e outra boa parte com Balé. Falávamos a respeito de tudo, e ele me ensinou muitas coisas sobre as obrigações de uma ministra. Eu observava como ele lidava com as pessoas que vinham lhe pedir aconselhamento. Com o tempo, eu também já tinha formado uma clientela própria, verificando previamente com Balé o que eu diria e aconselharia aos clientes. Meus clientes, satisfeitos com o atendimento, me recomendavam para seus amigos. Meu nome e minha reputação se espalharam rapidamente, o que não deixou os outros ministros da cidade muito contentes. Eu estava roubando o negócio deles. Estava tirando a clientela daqueles que haviam se estabelecido bem antes de mim.

Uma de minhas clientes perguntou se eu gostaria de falar sobre a cultura ioruba no rádio. Fiquei encantada. Durante o programa, expus a cultura do povo ioruba e sua filosofia espiritual. A maioria dos ouvintes estava interessada e receptiva. Outros me chamaram de atéia, de "anticristo", dizendo sem qualquer pudor que eu iria queimar no inferno. O apresentador do programa recebeu tantas ligações, que pediu para eu me apresentar semanalmente, e acabei substituindo os apresentadores que saíam de férias. Em pouco tempo já era co-apresentadora de um programa, o que ajudou a aumentar minha clientela, que por sua vez aumentava a audiência do meu programa. Foi assim que eu comecei a formar minha imagem pública e minha carreira. As coisas estavam se desenrolando otimamente até que eu perdi o rumo do que estava fazendo.

Fazer trabalho espiritual apenas para ganhar dinheiro não é uma boa coisa. Não quero dizer que quem faz trabalhos espirituais para os outros não deva ser pago, mas ganhar dinheiro não pode ser a única motivação. Quando acabaram as cotas do meu auxílio-desemprego, passei a fazer trabalho espiritual para me sustentar. Aceitava clientes, não porque gostasse deles ou do trabalho, mas porque precisava pagar meu aluguel. Aceitei clientes com todos os tipos de problemas, não porque fosse capaz de ajudá-los, mas porque tinha uma filha para alimentar e uma filha na faculdade. Isso significava que mesmo quando eu estava cansada, de mau humor, sem tempo para rezar ou meditar, aceitava clientes. Também significava que quando não havia clientes eu entrava em pânico, porque pensava no dinheiro e não no trabalho. Ficava em pânico porque eram os clientes que tinham o poder e o controle, não eu.

Seja seu trabalho espiritual feito por prazer ou por dinheiro, é preciso muito cuidado para que as pessoas não tornem você responsável pela orientação ou destruição de suas vidas. Eu ainda não tinha aprendido essa lição. Quando se faz uma sessão de aconselhamento a uma cliente, ela acredita que não precisa mais assumir suas próprias escolhas nem tomar decisões. Espera que você lhe diga o que escolher ou decidir. Quando se trabalha por dinheiro, os clientes acham que têm o direito de chamar você para resolver qualquer pequeno detalhe. Você os atende porque tem medo de que eles não voltem. Uma mulher que eu aconselhava estava tendo um relacionamento muito ruim. Tentei de todas as formas possíveis mostrar que o homem com quem ela saía tinha outra mulher e que ela não devia apostar num casamento com aquele homem. Mas ela queria que eu fizesse com que ele se casasse com ela.

– Eu não faço esse tipo de trabalho.

– Mas não conhece quem faça?

– Não, não conheço. Talvez fosse melhor você começar a sair com outra pessoa. Talvez ele leve o relacionamento mais a sério se pensar que pode perder você.

– Você pode perguntar aos búzios com quem eu devo sair?

– Só posso fazer aos búzios uma pergunta cuja resposta seja sim ou não.

– Você pode perguntar se vou encontrar um namorado no trabalho?

Sem pensar, fiz a pergunta. A resposta foi não.

– Pode perguntar se vou encontrá-lo no ônibus?

Eu sabia onde ela desejava chegar, mas não queria desapontá-la. A resposta foi novamente não. No final, tínhamos perguntado sobre o supermercado, a lavanderia, o banco, o elevador, e se ela deveria ou não colocar um anúncio no jornal para solteiros. Quando pediu o catálogo telefônico para escolhermos a igreja que ela deveria passar a freqüentar, eu encerrei a consulta.

Muita gente que procura consulta espiritual tem uma idéia errada da coisa. Pensam que o consultor espiritual equivale a um mágico. Querem que você leve outras pessoas a fazer ou deixar de fazer coisas. Quando você explica que não tem capacidade para realizar isso, pedem que você indique alguém que faça. Outros acreditam que tudo o que lhes acontece tem um significado espiritual e representa alguma coisa na sua vida. Se você é um consultor espiritual, as pessoas esperam que você saiba que coisa é essa. Certa vez um cliente me telefonou às sete e meia da manhã.

– Iyanla, eu tive uma experiência extremamente profunda essa manhã e queria que você me ajudasse a entendê-la.

– Diga o que aconteceu.

– Quando acordei, havia pombos no parapeito da janela me olhando. Quando me levantei e me encaminhei para a janela, todos voaram. Mas não voaram juntos, foi um de cada vez. Primeiro o cinza, depois o de pintas pretas, depois o outro cinza. O que você acha que isso significa?

– Acho que significa que você precisa limpar o parapeito de sua janela.

– Existe algum removedor espiritual específico que você possa preparar para mim?

– Não, meu filho. Sabão, água e um pouco de alvejante é tudo o que você precisa.

O propósito do trabalho espiritual é aumentar nossa força interior e lembrar-nos de nossa identidade espiritual divina. Através da força da identidade espiritual, tomamos consciência da nossa capacidade de criar experiências de vida. O trabalho espiritual deve ser feito em reconhecimento e a serviço de Deus. Deus espera que nos ajudemos mutuamente. Isso exige disciplina, concentração e conhecimento dos princípios espirituais. Exige também pureza de intenção e de coração. Sem esses elementos, não estamos fazendo trabalho espiritual para o bem do mundo. Estamos fazendo alguma outra coisa que pode acabar explodindo na nossa cara. Eu aprendi isso por experiência própria.

Os clientes misturavam-se aos fãs. Os fãs tornaram-se estudantes, que vinham aprender sobre a cultura ioruba. Os fãs, que me achavam famosa porque me ouviam no rádio, me pediam autógrafos e outros favores. Eu estava na moda. As pessoas pensavam que eu era capaz de fazer coisas que, na verdade, eu nem conhecia. Clientes, fãs e estudantes não se misturam bem. Cada um deles espera uma coisa diferente de você. Eu estava cercada de pessoas que começavam a fazer intrigas. Outros sacerdotes ouviram as intrigas e se juntaram ao time. Clientes e estudantes começaram a comparar o que eu fazia com o que ouviram. Os cochichos fervilhavam. Pessoas que freqüentavam minha casa e me olhavam no olho começaram a falar mal de mim pelas costas.

Eu estava tão concentrada em manter em dia meu aluguel, que não percebia o que estava se passando à minha volta.

Promovi um evento público que visava mostrar a cultura ioruba para a comunidade. Era um evento gratuito, não porque eu tivesse condições de bancar tudo, mas porque queria acabar com os boatos de que estava tirando dinheiro das pessoas por razões que não eram espirituais. Quando os outros sacerdotes souberam do evento, passaram ao ataque. Uma carta foi enviada a todos os sacerdotes avisando-os para não irem. Eu fui chamada de uma série de nomes que punham em dúvida meu caráter e minha integridade. Alguns clientes e estudantes acreditaram nos boatos, outros nem ligaram. O que poderia ter sido um lindo evento transformou-se em uma guerra comunitária. O caso foi veiculado nos jornais e no rádio. Fiquei magoada, com raiva, e me coloquei na defensiva. No final, mais de duzentas pessoas compareceram e me agradeceram pelo evento. Mas o estrago estava feito. Minha clientela definhou. Eu fui rejeitada pelos outros sacerdotes da comunidade e passei a duvidar de mim mesma. Precisava me reestruturar.

O que você quer? Eu queria usar meus dons espirituais para ajudar as pessoas. *Quais são seus dons espirituais?* Quando estou descansada e concentrada, posso ouvir a voz do Espírito. Posso ver a presença do Espírito. *O que você quer fazer?* Quero usar minha capacidade de ouvir e ver o Espírito para ajudar os outros. *Como vai fazer isso?* Eu não tinha a mínima idéia.

Parei de aceitar novos clientes. Mantive meus estudantes e prossegui com os ensinamentos sobre a cultura ioruba. Ganhava a vida com meu trabalho na rádio, mas isso não era suficiente para sustentar a casa. Houve momentos em que Gemmia precisou de dinheiro e eu não tive nada para lhe mandar. Quando eu usava a eletricidade, não usava o telefone. Quando usava o telefone, não usava o gás. Eu estava muito amedrontada e muito magoada para aceitar novos clientes, e meus alunos me observavam. *O que você quer fazer?* Nesse instante, quero comer. *Qual sua maior força?* Comunicação verbal. *Qual sua grande fraqueza?* Chegar impulsivamente a conclusões, sempre esperando o pior. *Qual sua expectativa nesse momento?* Falhar. Falhar terrivelmente e permitir que as pessoas falem de mim. *Por quê?* Porque eu sou ruim. Não sou importante. Não sou ninguém. Nunca serei nada de bom.

Tudo o que eu tinha aprendido e não aprendido, tudo o que acreditava ou que haviam me ensinado a meu respeito veio à tona. Isso contradizia o que Balé havia me dito. Como eu poderia construir um caráter se achasse que não tinha valor algum? Como poderia cuidar de mim mesma sem ter um homem? Por baixo de todo o cerimonial e todo o conhecimento que eu tinha adquirido nos livros havia uma pequena criança ferida e amedrontada chamada Rhonda. Essa criança mantinha total controle sobre minha vida, e Iyanla, que ainda procurava sua identidade, não tinha a menor idéia do que iria fazer.

Sim, eu rezava. Mas, na verdade, o que fazia era implorar a Deus que me ajudasse. Não estava em comunhão com o poder divino dentro de mim. Pedia ao grande Deus lá de fora que me salvasse de mim mesma. Deus não nos ajudará se não acreditarmos que merecemos ajuda. Sim, eu meditava. Mas, quando vivemos com medo e não acreditamos em nós mesmos, não entendemos nosso próprio poder e desperdiçamos as percepções que a meditação nos dá. Além disso, eu estava meditando sobre meus problemas, em vez de meditar sobre as soluções. Balé tinha ido à África em uma longa viagem. Eu tentava imaginar o que ele me diria, mas estava tão amedrontada e confusa que não conseguia pensar. Um dia, quando eu olhava pela janela, ouvi sua voz. *O que você quer fazer?*

Eu descia as escadas em direção à cozinha para fazer café. Rezei, pedindo a Deus que me desse um sinal de que eu ficaria bem. O cantor Barry White estava sendo entrevistado no rádio. Sua voz forte encheu a cozinha. Assim que pisei no último degrau, Barry disse: "Você tem que ter fé!" Fiquei estática. Foi como se ele falasse diretamente para mim. "Você tem de aceitar os momentos bons e os ruins. Tem que dispor-se a fazer isso gratuitamente. Se tiver vontade, capacidade, e não acreditar no fracasso, vai conseguir. Tem de conseguir." Eu soube imediatamente que aquela era a mensagem de Deus para mim. Não sabia o que fazer com ela, mas sabia que a mensagem era para mim.

Um dia antes de o oficial de justiça ser escalado para me tirar de casa com meus pertences, eu me mudei para o porão da casa de uns amigos. Estava arrasada, mas agradecida. Eu, Nisa e a gatinha moramos oito meses nesse porão. Durante esse período eu fiz tudo o que podia para conseguir ser o mais clara possível. Trabalhei com a lista que Balé havia me dado. Estudei tudo o que consegui achar. Rezei e, acima de tudo, trabalhei minha pessoa. Examinei cada motivo, cada intenção, cada escolha que eu tinha feito, por mais insignificante que parecesse. Um dia estava andando pela rua quando vi uma placa dizendo "Abundância" pendurada na janela de um prédio. Abaixo da palavra havia data e hora. Entrei no prédio, sem saber que se tratava de uma igreja Unity, para indagar sobre a placa.

– O que significa aquela placa? – perguntei a uma jovem que se encontrava atrás do balcão.

– Estamos oferecendo um *workshop* que ensina a criar abundância de coisas boas na vida.

– Deus sabe como eu preciso que me aconteçam coisas boas. Quanto custa o *workshop*?

– Nós começamos amanhã às sete da noite e vamos até às sete da noite do domingo. A matrícula custa quatrocentos e cinqüenta dólares.

Meu coração afundou. Eu tinha uns dezoito dólares ao todo, mas perguntei se ela podia me falar um pouco sobre o *workshop*. A mulher me levou a uma pequena sala e nós conversamos cerca de vinte minutos. Ela me perguntou se eu estava interessada em participar.

– Estou muito interessada. Acho que é exatamente disso que estou precisando agora, mas não tenho esse dinheiro.

– Você quer fazer o *workshop*?

– Quero, sim.

– Então matricule-se. Tudo o que você precisar será fornecido.

– Vou pensar a respeito. Posso te ligar? – Ela me deu seu cartão. Quando eu estava saindo, repetiu:

– Faça a matrícula. Me avise até as quatro da tarde de amanhã, porque vamos começar exatamente às sete da noite.

Não pensei em outra coisa o resto do dia. Quando voltei para casa, fiquei sentada, imaginando como poderia arrumar o dinheiro emprestado. Como nada me veio à cabeça, fechei os olhos e simplesmente permaneci sentada, esperando. *O que você quer fazer?* Quero fazer esse *workshop*. *Faça um cheque pré-datado no valor do workshop. Ligue para a mulher e diga que estará lá.* Preenchi o cheque e dei o telefonema.

– Eu não estou autorizada a aceitar cheque pré-datado. Faça o cheque com a data de hoje e esteja amanhã aqui às sete da manhã. – Fiz exatamente o que ela disse, sem medo e sem hesitação.

Aquele *workshop* foi o ponto decisivo na minha vida. Foi lá que aprendi sobre a filosofia da Unity Village. Foi lá que aprendi sobre a mente de Cristo e como essa mente existe em todos nós. Aprendi sobre o poder da mente e sua conexão com Deus. Aprendi sobre o poder do subconsciente e como ele cria as nossas experiências. Foi nesse *workshop* que aprendi a confiar em mim mesma e aprendi a importância de dizer a verdade.

Eu era a única negra no *workshop*. Sentada num círculo em meio a estranhos, quase todos mais velhos, mais ricos e mais experientes em *workshops*. Passava a maior parte do tempo naquela sala me sentindo intimidada e deslocada. No meio de um exercício, alguém do grupo fez uma severa crítica ao mediador. Sem qualquer aviso, ele virou-se para mim e perguntou: "O que você acha?" Todos os olhos da sala voltaram-se para mim. Como eu não respondi, ele gritou, "Honre a si mesma!" Isso não era uma coisa que eu levava em consideração com freqüência.

– Honre a si mesma! – repetiu, olhando para mim e gritando. – Admita o que sente. Aprenda a confiar em si mesma e a honrar a si mesma como uma expressão única e divina de Deus dizendo a verdade. Aprenda a amar a si mesma o suficiente para dizer a verdade exatamente como a entende, a qualquer momento. Você se ama? – Eu demorei demais para responder.

– É lógico que não! Como poderia?! Ninguém jamais lhe disse que valia a pena se amar. Pois eu estou dizendo que você tem valor e que o que você pensa importa. Você acredita nisso?

– Não tenho muita certeza. Acho que sim.

– Então vai me dizer o que pensa a respeito do que aquele senhor ali acabou de afirmar?

– Dizer o que estou pensando, em voz alta, em uma sala cheia de gente? Uma sala cheia de gente branca? Você deve estar maluco!

– Não. Você é que está maluca. Está com seus medos e seus julgamentos. O que estou pedindo é que você aprenda a confiar em si mesma. – Ele não estava mais gritando. – O que você acha?

É realmente difícil pensar quando a cabeça da gente está fervendo!

– Bem...

– Nada de "bem"! – disse ele gritando de novo. – Quando você fala "bem" ou "eu não sei" está dizendo que não quer falar a respeito do assunto! E você está aqui para falar. Então fale! O que pensa a respeito do que ele acabou de dizer? – Eu senti os cinqüenta olhos daquela sala sobre mim. Podia ouvir a voz de minha avó no fundo da minha cabeça: "Se você não tem nada de bom a dizer, é melhor não dizer nada."

Eu podia ver os olhos de Nett atravessando a sala na minha direção com aquele olhar que dizia que se eu abrisse a boca seria sumariamente executada. Podia ouvir minha avó, ver Nett, mas ali estava aquele sujeito grande, um adulto, de pé à minha frente, exigindo uma resposta. As palavras escaparam da minha boca antes que eu pudesse examiná-las ou censurá-las.

– Eu acho o mesmo que ele. Você não precisa gritar e berrar conosco para colocar seus pontos de vista. Nós não somos surdos. Pagamos para estar aqui, o que significa que desejamos aprender. E é difícil aprender quando se tem medo.

– Você está realmente com medo de mim? – perguntou ele gentilmente.

– Não, na verdade não. Acho que tenho mais medo do que você irá dizer ou fazer se eu não der a resposta certa.

– Qual é a resposta certa? – Ele estava me pressionando, mas eu me sentia bem.

– Tenho a impressão de que a resposta certa é aquela que vem espontaneamente à nossa mente. A grande questão é como dar essa resposta sem ferir ou ofender as outras pessoas.

Ele ajoelhou-se e me olhou diretamente nos olhos.

– Honre o que sente dando a resposta como gostaria de ouvi-la. Quando você diz as coisas honestamente, com amor, seu trabalho está feito.

O resto do *workshop* transcorreu suavemente. No último dia fomos informados de que se não estivéssemos satisfeitos com o que havíamos aprendido o valor da matrícula nos seria devolvido. Eles não tinham descontado os cheques! Ainda estavam com o cheque que eu dera na quinta-feira. Pensei em dizer que não estava satisfeita só para receber o cheque de volta. *Construa seu caráter, Iyanla!* Optei pelo contrário e ainda saí carregada de livros de Charles Filmore, o fundador do movimento Unity. Dois dias depois do *workshop*, recebi um telefonema da rádio. Alguém estava saindo de férias. Se eu pudesse assumir seu lugar, eles me pagariam quinhentos dólares. Pedi o dinheiro adiantado e o cheque do *workshop* e dos livros foi coberto bem a tempo.

Depois que estava há duas semanas na rádio, uma cliente me perguntou se eu poderia falar a seus alunos a respeito de auto-estima. Ela era instrutora de um programa de reabilitação profissional para mulheres desempregadas. Sabia que eu já estivera desempregada e que tinha conseguido sair daquela situação. O pagamento era pouco, mas ela ia tentar fazer com que eu fosse chamada uma ou duas vezes por mês. Esse trabalho acabou virando diário, em expediente integral, o que me permitiu sair do porão e passar para uma casa.

Na nova casa iniciei meu primeiro sacerdócio semanal, a "Estação da Transformação", todos os domingos de manhã. Comecei com dez clientes e alunos. Dois anos depois eles faziam fila para entrar. Eu aprendera a combinar os princípios universais que estava aprendendo através da Igreja Unity com os princípios culturais ioruba. Tendo voltado à minha Bíblia e aos outros livros que Balé me dera, eu de certa forma descobri e consegui articular o conceito comum: Deus é. Deus existe em toda parte, todo o tempo, em tudo. Eric Butterworth, um professor da Unity, escrevera: "Nós somos uma parte da Globalidade de Deus." Eu tinha aprendido, entendido e passado a acreditar que Deus existia em mim. A essa altura, eu já tinha estudado *Um Curso em Milagres*. O curso contém ensinamentos sobre o poder do amor e sobre a presença do ego que nos mantém separados do amor de Deus e incapazes de reconhecê-Lo no nosso próximo. O que eu ainda não tinha feito ainda era aprender a amar a mim mesma. Sabia o que os livros diziam, mas tinha dificuldade de pôr em prática o que lia. Precisava de um homem para me ajudar a fazer isso.

Ele não era casado. Estava vivendo com alguém. Era maravilhoso. Era reservado. Dizia uma coisa e fazia outra. Algum tempo depois me pilhei repetindo com ele o que já fizera no passado. Eu estava dormindo com um homem que não me dava tudo o que eu queria e necessitava, achando que seria capaz de transformá-lo. E estava usando um relacionamento como barômetro para medir meu sucesso. Quando ficávamos juntos, eu estava bem. Quando ele não telefonava ou não aparecia, meu mundo parecia desmoronar. Ele trouxe à tona todos os meus problemas de valorização, meus problemas de abandono e me ajudou a perceber que eu ainda procurava o amor "lá fora". Quando me dei conta do que estava fazendo, não tive coragem nem força para romper. Continuei saindo com ele por mais um ano, até me lembrar da lista. *O que você quer?* Quero um homem que deseje ser visto comigo em público. *Qual o seu maior medo?* Que eu nunca ache um ho mem para me amar. *Qual sua maior fraqueza?* Precisar de alguém que me ame. *Por quê?* Porque eu não amo a mim mesma. *Por quê?* Por que não sou boa o suficiente. *Por quê?* Porque foi isso o que me disseram.

Cada vez que eu trabalhava na lista emergiam novas perguntas e novas percepções. Eu nunca disse uma palavra sobre isso para o meu amigo. Simplesmente parei de procurá-lo. E ele, idem. Quando por fim ele ligou, meses mais tarde, eu já estava bem encaminhada no aprendizado de "Eu sou o amor que procuro".

Durante o trabalho com as mulheres do programa de reabilitação profissional criei um pequeno panfleto para elas. Era um livro de exercícios, uma coisa que elas podiam guardar depois que saíssem do programa. Tirei a maior parte de seu conteúdo dos diários que eu havia juntado ao longo dos anos. O panfleto continha as lições que eu aprendera através de minhas dolorosas experiências. Era uma análise das coisas que eu havia feito para criar o caos e o drama que eu vivenciara ao longo dos anos. A cada nova turma eu adicionava mais coisas ao livro. Em pouco tempo era um livro de quarenta páginas, que eu pensei em publicar. Bancar uma publicação custa dinheiro, e eu não tinha nenhum. A única coisa que tinha era a determinação de publicar o livro.

Um microempresário que ouvira falar do meu sacerdócio e do meu trabalho interessou-se em financiar o livro. Um dos freqüentadores de meu sacerdócio desenhou a capa. No dia em que os livros foram entregues em minha casa, eu chorei. *Tapping the Power Within: A Path to Self-Empowerment for Black Women* (Conectando com o poder interno: um caminho para tomar posse de si destinado a mulheres negras) foi meu primeiro bebê. Um lindo bebê que eu vendi todo, pessoalmente e em livrarias, por toda a cidade. Gemmia e eu fizemos uma lista das livrarias do país. Quando o telefone funcionava, atendíamos os pedidos. Logo eu estava vendendo cerca de duzentos livros por semana. Quando a notícia sobre meu livro se espalhou, as pessoas começaram a me ligar.

Comecei a escrever cartas para agentes literários e editores, perguntando se eles gostariam de publicar o livro. Escrevi para uma agente literária com quem eu havia trabalhado na Doubleday, uns quinze anos antes. Ela me respondeu dizendo que só pegaria novos clientes dentro de um ano. Considerando que a paciência é parte da construção do caráter, decidi esperar.

Mantive o sacerdócio em atividade e comecei a fazer palestras em outros programas de treinamento. Constatei que, quando você quer uma coisa que não existe, pode criá-la. Comecei a escrever para clubes, organizações e empresas, perguntando se eles desejavam que eu desse palestras para seus alunos, membros ou empregados. Um amigo tinha me dado um computador sem impressora, e eu digitava a carta em casa, levava o disquete no Kinko's e imprimia a carta. Muitas vezes só descobria os erros de digitação depois de a carta estar impressa. Tinha que ir para casa, corrigir o erro, voltar lá e pagar por outra cópia.

* * *

Foi um pressentimento. Um artigo na revista *Essence*, escrito pela sua editora, Susan L. Taylor, me impressionou tanto, que quis escrever para ela. Falei da idéia com minha querida amiga Marjorie Battle, que morava em Nova York, e com quem eu sempre fazia planos sobre a minha carreira. Ela gostou da idéia e pelo telefone me ajudou a elaborar a carta. Marge imprimiu-a num papel "bom" e enviou-a para mim pelo correio. Eu assinei a carta e a remeti para a Sra. Taylor. Ninguém acreditava que a minha carta seria respondida, mas, duas semanas depois, recebi um chamado do escritório da Sra. Taylor. Ela queria se encontrar comigo para conversarmos sobre a possibilidade de a revista publicar minha história. A *Essence* me mandou uma passagem e quando cheguei na estação de trem encontrei um carro me esperando. Eu só tinha andado uma vez na vida numa limusine, e assim mesmo para comparecer a um enterro.

Ao me ver entrar em sua sala, Susan Taylor não poderia imaginar que minhas jóias fossem emprestadas. Não sabia que meu aluguel estava atrasado e que meu telefone estava prestes a ser cortado. A glamourosa Susan Taylor, editora-chefe da maior revista do mundo para mulheres negras, levantou-se para me receber: "Venha cá me dar um abraço. Nós esperamos muito tempo por você." Susan tinha me ouvido falar num retiro alguns meses antes. Disse que estava interessada na minha história.

A *Essence* me pagou e me mandou para Los Angeles. Bebe Moore Campbell me entrevistou e escreveu a história, que apareceu num número da revista que tinha Diana Ross na capa. Comprei vinte e cinco cópias, espalhei-as pelo chão e chorei sobre elas. A *Essence* disse que minha história teve mais repercussão do que qualquer outra da revista. Muita gente começou a me ligar para me contratar para palestras. A agente literária me apresentou a uma pequena editora independente, que refez e publicou *Tapping the Power.*

Em quatro meses minha vida começou a direcionar-se para um lado que eu nunca imaginara que fosse possível. Iyanla estava emergindo através de um lento e doloroso processo. Minhas lições baseavam-se na incapacidade de amar a mim mesma, de confiar em mim e de acreditar que eu tinha valor. Essa incapacidade se manifestava em questões ligadas a dinheiro. Eu tinha o sucesso estampado em minha alma. Deus o pusera ali. Fazia parte da minha natureza. Mas eu fora programada para o fracasso. Eu tinha acreditado no que minha avó me dizia. Tinha acreditado que eu nunca daria para nada. Embora estivesse gostando do meu trabalho, continuava esperando que fosse acontecer alguma coisa ruim.

A Iyanla que eu me tornara ainda era muito sensível e excessivamente preocupada com as críticas. Cada decisão tomada por mim tinha que ser confirmada e reafirmada pelo menos por cinco outras pessoas. Eu precisava de validação externa. Tinha aprendido muita coisa nos *workshops* e nos livros, mas não tinha aprendido a integrar o que eu aprendera racionalmente ao meu próprio espírito. Embora eu tivesse optado pelo celibato, ainda desejava e esperava o amor de um homem para me sentir completa. Embora pudesse parecer ao mundo que Iyanla era uma estrela brilhante e ascendente, ela lutava contra sentimentos de inferioridade e desvalorização. Pelo menos uma vez por dia eu me sentia como a Rhonda de seis anos de idade, encolhida num canto. Havia coisas em meu passado que eu não tinha conseguido superar. Havia coisas em meu coração que eu acreditava sobre mim mesma e que não conseguia encarar. Era uma fórmula para o fracasso. A única coisa que ajudava e que me salvou foi a minha capacidade de ver e ouvir o Espírito.

Capítulo 17

Qual é a lição quando você aprende a lição, mas não sabe o que fazer com ela?

A Verdade deve ser entendida individualmente.
Deve ser entendida por você. Se não for assim, não é a sua Verdade.
Somente a sua Verdade, e não a verdade, se expressa na sua vida, e na de mais ninguém.
Como você descobre a sua verdade?
Procurando e encontrando o Professor dentro de você.
E verá que o Professor e a Verdade dentro de você são uma coisa só.

John Randolph Price, em *With Wings as Eagles*
(Com asas como as águias)

EMBORA EU ESTIVESSE DORMINDO, podia sentir a friagem no quarto. À medida que as cenas do sonho foram se desenrolando, comecei a tremer.

Podia ver Damon sentado sozinho no chão em um enorme quarto escuro. Eu estava em pé num canto do quarto. Embora Damon não estivesse amarrado, por alguma razão eu sabia que ele não podia se mover. Chamei-o diversas vezes, mas ele não me respondeu. Ouvi vozes enraivecidas e perigosas. Em pânico, saí correndo do quarto e chamei Damon. Novamente ele não respondeu e não se mexeu.

Eu me vi correndo por um longo corredor, gritando o nome de Damon. Quando me virei para ver se ele me seguia, vi uns homens entrarem no quarto. Parei e olhei, enquanto os homens enraivecidos se encaminhavam para onde meu filho estava sentado. Um deles bateu em Damon. "Por favor, parem! Parem com isso!", gritei, correndo de volta para o quarto. Quando cheguei na porta, um dos homens tinha uma arma apontada para a cabeça de Damon. Por alguma razão eu não podia entrar no quarto. Fiquei na porta, implorando para que ele não atirasse no meu filho. Ouvi o estalido da arma e implorei: "Por favor. Não faça isso." Ouvi o estalido novamente. Meu coração disparou. O telefone tocou.

Fiquei sentada na cama, tremendo e chorando, tentando me lembrar onde estava, quando o telefone tocou novamente. Fui atender e derrubei o telefone no chão, junto com o relógio. Eram seis e meia da manhã de sábado. Peguei o telefone e tentei falar, mas não consegui.

– Mãe? – Era Gemmia, ligando da Morgan State University.

– Qual é o problema? Por que você está ligando tão cedo? – gritei no telefone.

– Mãe, você tem de encontrar o Damon. Ele está metido em alguma encrenca.

Gemmia contou o sonho que acabara de ter. Ela tinha visto uma multidão correndo atrás de Damon, tentara ajudá-lo a escapar, mas não conseguiu. Quando ela olhou de novo, um enorme caminhão apareceu do nada e o atropelou. Gemmia estava chorando do outro lado da linha.

Eu disse que iria buscá-la dentro de duas horas. Seis horas depois estávamos dirigindo pelas ruas de Norfolk, Virgínia. Eu não tinha a menor idéia de onde poderia encontrar Damon, só sabia que ele morava em Norfolk, onde eu estivera com o pai dele quando ele se alistou. Enquanto dirigia, ia tentando me lembrar de alguma coisa que tivesse visto da outra vez. Entrei no estacionamento de um motel para pedir informações ao recepcionista. Quando olhei para fora, vi Damon correndo pelo estacionamento, em direção à cabine telefônica.

Eu nunca teria imaginado que meu filho pudesse estar envolvido com tráfico de drogas, mas ele tinha um negócio grande, que dirigia de um dos quartos do motel. Um traficante rival tinha mandado "apagar" Damon. Naquela manhã, dois pistoleiros apareceram no motel, mas, como não conheciam Damon, foram convencidos de que ele não era a pessoa que estavam procurando. Damon se preparava para mudar sua base de operações quando eu apareci. Levei dois dias para encerrar o negócio e levar meu filho de volta para casa.

Havia poucas coisas em minha vida que me faziam sentir culpada. A forma como eu criara meus filhos era uma delas. Quando ouço dizerem "Iyanla, grande mãe", eu me contraio toda. Posso ter sido muitas coisas, mas tenho consciência de que nunca fui uma grande mãe. As grandes mães amam, alimentam e acalentam seus filhos. Inventam brincadeiras e contam histórias para eles. Eu nunca fiz isso. Em parte porque não sabia como e em parte porque estava ocupada demais, caçando homens e criando dramas em minha vida. Eu não sabia como ser mãe porque meu coração estava fechado.

Num recanto muito secreto de minha alma eu sentia que não merecia os filhos que me tinham sido dados. Quando penso que os deixava sozinhos para ir trabalhar, para ir à escola ou para me encontrar com algum homem, a vergonha envolve meu coração. Quando penso nas noites em que os deixei para ver John ou para espionar Eddie, a culpa é quase insuportável. Eu fui uma boa provedora. Não fui boa mãe. Muito raramente, se é que o fiz, disse aos meus filhos que os amava. Quase nunca os elogiava quando eles faziam um bom trabalho. Eu era mandona e excessivamente ríspida, temendo que meus filhos errassem. Mas nunca lhes proporcionei o que eles necessitavam para serem bem-sucedidos. Como poderia me autodenominar "grande mãe" dos outros quando sabia dentro de meu coração que não havia sido mãe de meus próprios filhos? Isso parecia uma enorme contradição. Eu me sentia desonesta.

Quando Gemmia tinha treze anos, ela parou de falar. Ia para a escola, voltava para casa, fazia o dever e deitava na cama. Se ninguém falasse com ela, ela não dava uma palavra. Mesmo ocupada como eu estava com meus afazeres, percebi a mudança de Gemmia. Eu não obtinha resposta, por mais que lhe perguntasse alguma coisa e tentasse estimulá-la. Quando ela não tinha que fazer trabalho em casa ou estudar, ia dormir. De início achei que Gemmia estava grávida. Mas, depois de dois anos desse jeito, vi que o problema não era esse.

Acho que ela estava deprimida. Acho que eu era tão maluca e ela tinha me visto passar por tantas coisas, que ficou deprimida. Quando penso sobre a sua educação, me lembro que nunca lhe ensinei o alfabeto, nem a contar, nem a ver as horas. Ela aprendeu tudo por conta própria. Talvez Damon a tenha ajudado. Só sei que não fui eu. Ainda assim, era uma aluna brilhante, das melhores. Uma amiga minha a treinou para fazer tranças em cabelos, e Gemmia trabalhou em seu salão durante três anos, revelando-se uma mestra trançadora e uma grande conversadeira. Quando conseguiu cem por cento de bolsa para os quatro anos do curso de biologia, eu soube que tinha sido abençoada. Eu me sentia uma péssima mãe, mas uma mãe abençoada.

Ensinei a Damon a importância do dinheiro. Ensinei que para conseguir dinheiro era preciso trabalhar duro, mentir ou ser maltratada. Nunca disse essas coisas com palavras, mas ele me observava.

Eu vivi com um homem que me batia porque eu achava que precisava do seu dinheiro. Deixava meus filhos sozinhos de noite e saía para ganhar dinheiro. Tinha dois empregos e ia à faculdade, para tentar conseguir dinheiro. Damon e as irmãs me viam trabalhar sem conseguir fechar as contas. Nunca me viram planejar um orçamento, porque eu não sabia como. Nunca me viram usar um cartão de crédito, porque eu não tinha nenhum. Sabiam quando o aluguel estava atrasado e que teríamos de nos mudar por causa disso. Sabiam quando a luz, o gás ou o telefone eram cortados, e eu tinha de me esfalfar para conseguir o dinheiro necessário para mandar religar tudo. Damon devia pensar que não queria ser como eu. Por que trabalhar tanto e acabar sem nada? Eu podia ter conversado a respeito de tudo isso com ele, mas não tinha idéia de como começar.

Meus filhos sempre se viraram. Eu os ensinei a tomar conta uns dos outros. Damon cuidava das irmãs e as meninas cuidavam uma da outra. Eu podia pelo menos me dar o crédito de ter ensinado os três a serem solidários. Ninguém fizera isso por Ray e por mim.

Quando minha carreira começou a deslanchar, meus filhos foram os que mais me apoiaram. Ficaram animados com meu livro, me ajudavam a escrever e a postar o folheto do sacerdócio, e se sentavam na primeira fila todos os domingos de manhã. Eu não consegui manter Damon em casa por muito tempo depois do incidente de Norfolk. Ele disse que queria ficar com a mulher, que continuava na Virgínia. Jurou que tinha acabado com aquela vida de drogas. Mas estava mentindo.

Ao longo de vários meses Damon foi preso em todos os estados da costa leste. Cada vez que era preso ele me ligava, jurava ser inocente e implorava que eu pagasse sua fiança e arrumasse um advogado. Nas duas primeiras vezes eu fiz exatamente o que ele pediu. Não o ajudei por acreditar que ele fosse inocente. Sabia que era culpado. Ajudei porque eu me sentia culpada demais. Toda vez que Damon me ligava com um novo problema, uma espada cortava meu coração. Não só eu falhara como mãe e causara a desgraça do meu filho, como as pessoas iriam falar de mim. "Como ela pode andar por aí salvando o mundo quando seu filho está na prisão?" Quando você se expõe ao público, as pessoas às vezes esquecem que você é um ser humano. Esquecem que você possui sentimentos e tem uma história. Agem como se você tivesse nascido totalmente pronta para qualquer coisa que quisesse. Mas eu sabia que não era assim.

Quando Damon foi preso na Filadélfia, eu liguei para alguns de meus colegas da faculdade de direito. Eles queriam muito ajudar, mas eu não tinha dinheiro para lhes pagar. Quando Damon foi preso em Nova York, tive a brilhante idéia de ligar para o pai dele, um ex-policial, tentando ver se ele podia mexer uns pauzinhos.

– Gary, você já soube do Damon?

– O amigo dele ligou para cá e disse que ele precisava de oitocentos dólares para pagar sua fiança.

– Eu sei. Você está disposto a arcar com metade se eu pagar a outra metade? – perguntei a ele.

– Eu tenho cinqüenta dólares que você pode usar à vontade. – Isso dito por um homem que vive numa mansão, recebe pensão do estado, trabalha como serralheiro e vende carros usados.

– Sabe, Gary, essa foi a primeira vez na vida que seu filho pediu para você lhe dar alguma ajuda. Acho que talvez seja um bom momento para vocês dois construírem realmente um relacionamento. Ele precisa que lhe ensinem a ser homem. Precisa de uma coisa que eu não posso dar.

– A única coisa errada com Damon foi o ambiente onde ele cresceu. O que você pensou que iria acontecer com ele? Olhe só onde ele cresceu! Pense nas coisas que ele presenciou à sua volta. Ele só está fazendo o que viu ser feito.

– Eu fiz o melhor que pude, Gary. Mas sabe do que mais? Não tenho que ficar me defendendo só porque você é o pai dele. Nesse instante ele precisa de um pai.

– Você disse que ele precisa que o ensinem a ser homem. O que é isso? Eu nunca tive isso. Como pode esperar que eu lhe dê uma coisa que nem sei o que é? O que ele precisa é de umas boas palmadas, mas agora já é meio tarde para isso.

– O que ele precisa é de um homem com quem possa falar. Precisa de um homem que lhe diga o que é necessário para ser um homem. Eu certamente não sei o que é, pois não sou homem. Ele está pedindo ajuda e eu acho que você pode ajudar, seja lá como for.

– Não vejo por que eu deva ser forçado a me relacionar com meu filho. Você quer os cinqüenta dólares ou não?

– Por favor, me desculpe. Você está absolutamente certo, Gary. Desculpe por ter ligado. Não tenho direito de ligar para falar de coisa alguma relacionada a Damon, pois você demonstrou seu compromisso com ele durante toda a vida. E sabe do que mais, Gary? Não precisa ter medo que eu ligue novamente. Por favor, me desculpe e tenha uma boa tarde. – Desliguei o telefone e fiquei andando em círculos durante horas, finalmente resignada com o fato de meu filho único estar preso.

Damon foi condenado a sete anos de cadeia. Depois de dois anos de reclusão ele poderia pleitear uma condicional. Chorei e vomitei durante duas semanas. Acho que nunca senti uma dor emocional tão forte em toda a minha vida adulta. Rezava e escrevia sobre meus sentimentos diariamente, às vezes até três vezes por dia. A culpa não é sua, dizia para mim mesma. É a lição que ele precisa ter. É o resultado das escolhas que fez. Agora ele vai aprender de novo a escolher. Eu levei cerca de dois anos para entender o que eu e Damon estávamos passando. Quando tudo ficou claro, escrevi uma carta para ele, compartilhando meus sentimentos e pensamentos mais profundos:

Querido Damon,

Recebi sua última carta e fiquei muito feliz de ter notícias suas. Não mandei bloquear suas ligações a cobrar. O que acontece é que estou sem ganhar dinheiro há um bom tempo e cortaram meu telefone. Estou grata por poder passar um período em silêncio, ouvindo meus próprios pensamentos. Reconheço que você cresceu bastante e acredito que tenha feito grandes progressos em seu desenvolvimento pessoal, mas acho que há ainda muitas coisas que você não entende. Estou certa de que você conhece minha situação financeira atual, mas mesmo assim me escreve pedindo que lhe dê uma ajuda. Nós dois sabemos quanto dinheiro você teve e como desperdiçou todo ele. Por isso, fico pasma ao ver que quando você precisa de alguma coisa não tem escrúpulo algum de me pedir ajuda, qualquer que seja a minha situação. Acho que os filhos pensam que as mães existem para isso. Mas é uma coisa que não me faz bem.

Rezo todos os dia por você. Rezo para que você se ilumine e cresça. Peço a Deus que o toque e harmonize seu coração e sua mente com o que Ele deseja para você. Rezo para que você se torne um com Deus e com o espírito de Deus dentro de você. Sei que a oração pode atingir pontos que eu não posso. Sei que a oração pode corrigir situações que eu não compreendo. Acho que preciso rezar mais e com mais fervor por você.

Gastei vinte e dois dólares para comprar o livro que você me pediu. Gastei mais dois dólares e noventa centavos para enviá-lo.

Não é culpa minha se o livro não chegou. Agora, com meu telefone cortado e sem dinheiro para pagar o apartamento, você quer que eu compre outro livro? Não vou fazer isso. Já mandei mais de cem dólares em livros no mês passado. Isso é mais do que suficiente para você ler no próximo ano. Leia e releia os livros. Cada vez que você ler, descobrirá uma coisa nova. Poderá até encontrar uma forma de arranjar os vinte e cinco dólares de que precisa para dar entrada no seu pedido de matrícula na faculdade. Chegou a hora de você fazer as coisas por si mesmo. Precisa rezar e pedir orientação.

Estou feliz de saber que você quer integrar um grupo religioso. Mas qualquer religião não significa absolutamente nada se não te transformar por dentro e te ajudar a encontrar uma melhor maneira de viver. Sei que, enquanto você estiver na prisão, as práticas religiosas vão ajudar a passar o tempo. O problema é como irão te ajudar quando você sair, se ainda estiver pensando da mesma forma, sentindo da mesma forma, agindo da mesma forma.

Fiquei bastante chocada ao ler em sua carta que "um divórcio acabaria comigo" e "Quero para minha filha o que não tive – os pais juntos". O fato inegável é que você não vive com a sua mulher nem a mantém. Você quebrou seus votos matrimoniais ao ser infiel e não cumprir suas obrigações de marido, de "amar, honrar e obedecer". O fato de sua mulher usar seu nome e de vocês terem trocado votos matrimoniais não significa nada. Você não honrou sua mulher e ela não honra você "na doença e na saúde". Neste momento você se encontra "doente", e onde está sua mulher? "Na riqueza ou na pobreza." Você não está pobre de espírito e de finanças neste momento? Onde está sua mulher? E onde estava você quando ela precisou da sua ajuda? Você não pode desfazer um erro, Damon. Mas pode aprender uma lição, pedir perdão e seguir em frente. Você não pode construir para sua filha o que não tem. Você só pode dar a ela o que de fato tem, com as melhores intenções e amor incondicional. Cabe a ela aceitar ou rejeitar o que você lhe der.

Seu pai se separou de mim quando eu estava no terceiro mês da sua gravidez. Demonstrou que não me respeitava como mulher nem como mãe de seu filho. Não foi culpa nem erro dele. Na verdade, Damon, eu é que não me respeitava. Não sabia quem eu era ou o que tinha vindo fazer neste mundo. Eu era uma menina doente e amedrontada, sem qualquer orientação. Estava procurando amor na cama. Estava usando minha vagina em vez de usar minha cabeça. Seu pai e eu não éramos nem namorados. Eu estava procurando um pai. Ele sentiu tesão. É tudo muito simples. Eu imagino que não seja fácil aceitar certas coisas sobre sua mãe, mas eu queria que você parasse um pouco para pensar em mim e verificar que eu não tinha condições de ser sempre sua mãe. Eu vim para este mundo com meus próprios problemas, desafios e obstáculos a transpor. Quando você entrou na minha vida, eu estava enterrada até as orelhas numa poça de merda. Infelizmente você teve de caminhar através dela comigo. Deus sabia que nós dois iríamos um dia sofrer as conseqüências disso.

As coisas acontecem em nossa vida para que possamos aprender com elas. A razão de eu ter tido tantos relacionamentos que não funcionaram é que sempre tentei construir para vocês o que não tive: uma família. Não funcionou porque a gente deve fazer o que faz porque quer, e não para tentar realizar indiretamente outra coisa. Minha lição na vida foi aprender a viver com o que me foi dado, ver o lado bom da coisa e me empenhar para fazer o melhor possível. Passei a maior parte da vida tentando encontrar o pai que não tive na infância. Não me dei conta disso na época e só recentemente aprendi minha lição. Agora você deve aprender a sua.

Eu sou capaz de ver o que você está fazendo e o que fez, porque meus olhos são dezesseis anos mais velhos que os seus. Aos vinte e três anos de idade seus olhos continuam fechados. Você passou mais de dezessete anos na minha casa vendo a vida através dos meus olhos e três outros anos entrando e saindo da prisão. Durante quantos anos você realmente usou seus próprios olhos? E o que viu? Maneiras rápidas de ganhar dinheiro e burlar a lei. Maneiras de fazer-se sentir importante violando as leis dos homens e de Deus. Você ainda está cego para ver o que é realmente a vida. A Bíblia diz: "Os olhos não viram e os ouvidos não ouviram o que Deus tem reservado para aqueles que O amam." Você ainda está cego com relação ao que é e ao que Deus reservou para você.

Deus tem um plano divino para todos nós. Nossa tarefa é entrar em contato com a energia de Deus e nos harmonizar com Seu plano para nós. Às vezes as coisas não acontecem da maneira que planejamos ou da maneira que achamos que deveriam acontecer. Isso significa que precisamos cavar um pouco mais fundo, procurar com um pouco mais de afinco e paciência para descobrir o sentido, a lição.

Há muitas coisas que eu gostaria de poder ter feito por você e por suas irmãs. Mas eu tinha que curar minha própria cegueira e doença. Mas só pude abrir meus olhos quando consegui parar de procurar meu pai, tentar agradar meu pai e fazê-lo orgulhar-se de mim. Durante todo o tempo em que fiz isso estava tentando ser quem eu não era. Faz pouco tempo que descobri isso e pude perguntar a Deus: "O que eu devo fazer então?" Quando isso aconteceu, minha vida antiga desmoronou e eu tive que reconstruir uma vida nova.

Damon, tudo o que está acontecendo na sua vida vem de dentro de você. Todos os nossos pensamentos negativos e a merda emocional devem ser retirados para que Deus possa construir uma base dentro de nós. Quando a merda começa a boiar e aparecer, achamos que temos problemas e que estamos fazendo a coisa errada. Mas não é verdade, porque é preciso que a merda apareça para que Deus encontre espaço para poder nos construir. Deus não pode construir sobre idéias distorcidas, crenças perversas e informações equivocadas. Elas devem aflorar para podermos compreender o que nos aconteceu e por que fizemos tudo aquilo. É preciso ver a realidade, por pior que seja, para podermos tomar a decisão de não fazer as coisas que nos levaram a agir da maneira que não desejamos mais.

Estou com quase quarenta anos e só agora começo a entender quem eu sou e o que Deus quer de mim. Às vezes fico em dúvida. É nesses momentos que rezo. Às vezes tenho medo e então me recordo: "Não tema, pois Eu estou contigo." Às vezes quero jogar tudo para o alto, arranjar um emprego de verdade, trabalhar para alguém das nove às cinco e dizer: "Esquece essa merda!" Mas então me lembro que "para tudo há um motivo, um tempo para rir e um tempo para chorar". Eu chorei durante quase quarenta anos. Chegou minha hora de rir. Para poder rir, sei que preciso dar um jeito de sair da merda, desviar minha vida das coisas ruins e manter meus olhos bem abertos para o milagre da vida chamado EU.

Nesse momento, eu só quero uma família, um lar e um homem para me amar e trabalhar comigo, construir comigo e compartilhar sua vida com a minha. Não quero ter mais filhos, não quero sofrer. Não quero ficar sem dinheiro. Quero viver minha vida plenamente todos os dias, desfrutando cada momento. Sei que isso está prestes a acontecer. Sei também que acontecerá no tempo divino e da forma divina. Não quero me satisfazer com a mediocridade. Ainda cometo erros, mas hoje meus olhos estão abertos o suficiente para que eu diga: "Tudo bem, foi um erro, não quero fazer isso de novo." Me esforço então para mudar o que estou fazendo.

Você sempre quis fazer as coisas do seu jeito. Sempre quis que as coisas acontecessem da forma que você queria. Eu sei que você rezou e pediu para Deus te mostrar o caminho. Acho que ele está mostrando, mas seus olhos estão fechados. Sua mulher não te escreve, não manda dinheiro, não liga a mínima para você. Não faz absolutamente nenhuma tentativa para acertar esse relacionamento. E você continua insistindo. Será que Deus não está mostrando quem sua mulher realmente é? Ela se casou com você sem a permissão da mãe e contra meus conselhos. Ela sabia que você estava vendendo drogas e roubando carros. Ela sabia que vocês dois não estavam preparados e não tinham condições de ter um filho. Quando ela te quis fez exatamente o que a mãe dela havia dito que não fizesse. Agora ela está demonstrando que não te quer e você culpa a mãe dela. Por quê? Porque seus olhos e ouvidos ainda estão fechados. Você ainda está cego e está se fazendo de bobo.

Depois de tudo o que você fez comigo, eu ainda estou aqui, fazendo o que posso por você. Essa é a minha escolha. Eu podia ter te mandado às favas há muito tempo. Não fiz isso porque sou sua mãe, nos bons e nos maus momentos, na riqueza e na pobreza. A maternidade é "até que a morte nos separe". É isso que ocorre num relacionamento de verdade. Você tem que receber o bom e o ruim, fazer o que puder e rezar pelo melhor. Deus está tentando te dizer alguma coisa, Damon. Acho que seria inteligente de sua parte escutá-Lo. Sei que não é fácil. Sei que você pensa que está certo e que sua situação atual não é justa. Sei que queria que as coisas fossem diferentes. Talvez um dia venham a ser diferentes. Mas, por enquanto, tire sua venda! Não fique de joelhos! Rezar não é um emprego das nove às cinco. A oração deve começar no seu coração. Reze por você e depois por sua mulher. Lembre-se que as coisas de que você se desapega voltarão para você se te pertencerem. Lembre também que Deus nunca fecha uma porta sem abrir outra.

Quando eu estava grávida de você, uma amiga muito querida se ofereceu para me ajudar a fazer um aborto. Isso foi em 1970, quando o aborto ainda era ilegal. Pensei muito a respeito e decidi que não era o que eu queria fazer. Alguma coisa dentro de mim sabia que eu ia conseguir não importa o que acontecesse, e que você também conseguiria. Quando olhei para seu rostinho, soube que tinha tomado a decisão correta. Você foi um bebê lindo. Nunca deu trabalho. Transformou-se numa bela criança, fácil de ser amada e cuidada. Você é hoje um belo homem. É forte. É saudável. É um mestre! Eu já tive vergonha de dizer: "Meu filho está na cadeia." Eu mentia a respeito e dizia que você estava fora com sua mulher. Hoje quero que o mundo saiba a verdade, porque sei que você está se curando. Com a sua cura, parte de mim também se cura. Quando penso nisso, lembro que eu fui prisioneira da necessidade de ser amada a maior parte de minha vida. Agora sei que sou amada e que Deus me ama. Sei também que Deus ama você, Damon, mesmo que sua mulher não saiba se te ama.

Há muitos tipos de prisão. Umas pessoas são prisioneiras de uma mente limitada. Outras são prisioneiras da bebida, das drogas, do trabalho que detestam, ou dos maus relacionamentos. A única diferença é que alguns de nós têm as chaves de suas celas e outros não. Ninguém, a não ser você, pode prender sua mente. Ninguém pode prender seu espírito. Meu filho nasceu do Mestre, e ninguém que faz um trato com o Mestre pode perder!

Eu te amo.

Eu te apóio.

Eu rezo para que você alcance a plenitude.

Eu sou Iyanla, sua Grande Mãe.

* * *

Apareceram uns convites de palestras, eu ainda atendia alguns clientes, tinha apoio financeiro do sacerdócio, mas continuava com problemas financeiros. Gemmia não estava gostando da faculdade e resolveu voltar para casa e arrumar um trabalho. Foi uma grande ajuda. Falei com Balé sobre meu constrangimento de receber pagamento pelo trabalho espiritual. Ele me disse para eu começar a cobrar pelas palestras e os textos escritos. Por mim, eu falaria de graça se me pedissem. Balé me lembrou que eu era uma advogada e uma sacerdotisa, e me fez uma daquelas perguntas que deixam meu cérebro fervendo:

– Quanto você pensa que vale? Quanto vale uma hora de seu tempo?

– Não sei. Como assim?

– Quero dizer que as pessoas vão te tratar conforme o valor que você estabelecer para si mesma. Se seu preço for baixo, vão te tratar com menos consideração.

– Mas, Balé, como posso dizer que estou fazendo trabalho espiritual e cobrar um monte de dinheiro por isso?

– Os coveiros fazem trabalho espiritual. Criam o espaço que abriga o corpo onde o espírito vive e ganham um bom dinheiro por hora de trabalho. Se você não cuidar do lado comercial de suas atividades, nunca atingirá sua meta. – Era hora de voltar à minha lista.

O que você quer? Quero ganhar a vida falando e escrevendo. *Qual é a sua maior força?* Comunicação verbal. *Qual é a sua maior fraqueza?*

Não ter dinheiro suficiente para manter minha família. *Qual é o seu maior medo?* Pedir às pessoas o que desejo e elas dizerem não e me rejeitarem.

Eu sabia que tinha uma missão e queria fazer a coisa certa. Especialmente para meus filhos. Eu estava levando uma mensagem espiritual para uma comunidade que necessitava desesperadamente ouvi-la e queria fazer isso da forma correta. Achava que, se pudesse salvar o mundo, meus filhos se esqueceriam de que eu havia sido uma péssima mãe. Vivia obcecada pelo trabalho e pela idéia de corrigir meus erros e queria fazer tudo da maneira correta. Na verdade, eu estava obcecada pela necessidade de agradar todo mundo fazendo a coisa certa. Estava me perdendo de novo.

A maioria das minhas mensagens importantes vinha através de sonhos. Num sonho terrível, eu me via no meio de uma sala com vários bebês à minha volta, todos chorando. Tentava pegá-los no colo, tentava alimentá-los, tentava tudo o que sabia para que eles parassem de chorar. Comecei a pedir ajuda. Quando olhei para cima, vi Nisa à minha frente. Ela estava grávida.

Na manhã seguinte falei com Nisa a respeito do sonho. Ela ficou visivelmente perturbada.

– Nisa, você faz sexo com os garotos?

– Mãe, por favor. Eu não faço isso.

– Bom, então vou te dizer uma coisa. Quando você voltar para casa hoje à tarde, vamos ao Departamento de Programação Familiar para você aprender umas coisas sobre controle de natalidade.

Não consegui relaxar o dia inteiro. Disse para Gemmia ir buscar Nisa comigo na escola e de lá fomos direto para o Departamento de Planejamento Familiar. Quando a recepcionista perguntou que serviços estávamos procurando, respondi sem pensar.

– Ela precisa fazer um exame de gravidez. – Levei um susto enorme quando ouvi as palavras que tinham saído de minha boca.

– Quantos anos você tem? – perguntou a recepcionista para Nisa.

– Dezesseis – respondeu Nisa.

Sentamos eu e Gemmia na sala de espera. Uma hora depois, Nisia apareceu com a enfermeira.

– Qual foi o resultado? – perguntei, já sabendo a resposta.

A enfermeira olhou para mim e para Nisa.

– Achamos que Nisa está com cerca de oito meses e meio de gravidez. Eu dei a ela uns folhetos sobre adoção e cuidados com o recém-nascido e disse que, se precisasse de aconselhamento, eu agendaria para ela.

– Oito meses e meio?

Agradeci à mulher, saí do edifício e fui andando pela rua feito uma louca. Estávamos no meio da Walnut Street, no centro de Filadélfia, em pleno congestionamento do tráfego. Comecei a berrar, acusando Nisa, com toda a força de meus pulmões, agitando os braços como uma lunática. Centenas de pessoas olhavam para nós.

Quando chegamos em casa, eu estava exausta. Continuava a fazer perguntas para Nisa, xingando, mas antes que ela pudesse responder eu tinha outro ataque de histeria.

– Como? Quando? Onde? Quem? Eu deixei você sozinha muitas vezes e, agora que estou praticamente todos os dias em casa, acontece isso. Como? Onde? Na minha cama? – Continuei nesse tom durante horas, até que fiz a primeira pergunta coerente. – Por que você não me contou?

– Eu não sabia.

– Nisa, você está grávida de oito meses e meio. O bebê nunca se mexeu?

– Não. Eu nunca senti nada se mexendo dentro de mim.

A semana seguinte foi uma tortura. Tentei me manter afastada de Nisa, pois, embora parte de mim quisesse reconfortá-la, a outra parte queria acabar com a sua vida. Meu pior pesadelo tinha acontecido.

Minha filha adolescente estava grávida. Falei com a orientadora da escola e ela disse que tinha conversado com Nisa e que Nisa negara que fosse sexualmente ativa. Eu dei o nome do menino responsável pela gravidez, segundo informação de Nisa. A orientadora disse que iria procurá-lo, mas ligou mais tarde dizendo que não tinha qualquer registro de um aluno com esse nome na escola. Fiquei louca novamente. Em momento algum me dei conta de que eu sabia exatamente o que era estar grávida aos dezesseis anos, sozinha e amedrontada. Quando me dei conta, meu neto já havia nascido. O primeiro rosto que ele viu quando veio ao mundo foi o meu. Deu uma olhada para a avó louca e chorou. Oluwalomoju Adeyemi Vanzant (nós o chamamos de Oluwa) nasceu no dia 28 de maio de 1991, às sete e dez da noite. Pesava três quilos e cem gramas, exatamente o que sua mãe pesava ao nascer. Há muito tempo eu não via uma coisa tão linda. No minuto em que o olhei, me esqueci de como ele chegara neste mundo e me apaixonei.

Os ciclos continuam. Os padrões se repetem. Nossos filhos trazem à tona aspectos de nosso subconsciente, nos mostram partes nossas que precisamos curar. Nisa era meu choro silencioso e minha busca de amor. Damon era minha irresponsabilidade e rebeldia. Gemmia era meu gênio criativo. Tudo isso me olhava nos olhos. Não se tratava de meus filhos, mas de mim mesma. Eu tinha de me recompor a um nível mais profundo. O que meus filhos e meu neto fizeram foi me empurrar um pouco mais adiante, fazendo com que eu avançasse mais rápido do que conseguiria por conta própria. Essa era minha lição sobre perdoar e aceitar. Esse era meu amor incondicional. Essa era minha lição sobre autovalorização. Essas eram as lições que eu tinha esquecido e que agora precisava repetir para poder ensiná-las à minha filha. Ela, por sua vez, teria que ensinar ao meu neto.

Eu sabia exatamente o que estava acontecendo com a minha vida, mas não sabia o que fazer com isso. Sabia que fora escolhida pelo universo para criar uma forma de viver nova e melhor para mim e minha família. Sabia que não iria morrer, como meu pai ou minha mãe, sem dinheiro, desesperada, sem ter realizado coisa alguma, sem deixar nada para os filhos. Sabia que não ia acabar como Ray, um eterno sofredor. Sabia que todas as experiências da minha vida tinham uma razão de ser. Infelizmente, não sabia como romper o ciclo e criar um novo padrão. Uma de minhas passagens favoritas da Bíblia é o versículo 11:28 de Mateus: "Vinde a mim todos os que sofrem e se curvam sob o fardo, que eu vos aliviarei." Eu tentava ao máximo chegar a Deus, mas também O temia, por todas as coisas pelas quais eu não me perdoava. Quando tentava me perdoar, tinha a sensação de estar lutando para me desembaraçar dos milhões de fios do padrão que eu gravara na minha alma. Quando pensava que havia me libertado de um, me via presa em outro fio. Eu tropeçava e me esquecia de descansar antes de me levantar para sair em busca de alguma outra coisa.

Um dos maiores erros que eu cometi ao assumir minha nova identidade foi não me dar tempo suficiente para dominar o que estava aprendendo. Assim que ouvia uma coisa, eu a divulgava. Escrevia, falava ou ensinava o que tinha ouvido. Acho que eu ficava tão excitada com o que aprendera, que queria que todos soubessem. Não deixei que as coisas aprendidas se solidificassem para eu poder vê-las e entendê-las a um nível mais profundo. É isso o que acontece quando usamos o intelecto e não o coração. O intelecto é como um computador. Processa as informações em questão de segundos. O espírito é como o útero. Precisa de tempo para desenvolver informações novas.

Minha avó me ensinara a rezar, mas Nisa me ensinou as orações que eu devia fazer. "Meu querido Deus, por favor, me ajude. Por favor, não deixe minha filhinha passar pelo que eu passei. O que vou fazer? Me diga, meu Deus. Como ela vai criar um bebê? Como eu vou criar um bebê?"

Eu fazia as perguntas, mas não tinha paciência para esperar as respostas. Estava em estado de pânico. Um pânico que me mandou correndo para curandeiros, professores e livros. Um pânico que me mandou para classes de meditação e mais *workshops*. Um pânico que me fez lembrar da oração escrita no verso do cartão que eu recebi no enterro do meu pai:

> "Na hora de nossa maior necessidade, o Criador não nos pede credenciais. Ele nos aceita exatamente como somos, pois sabe que somos Seus filhos transviados. Ele nos ama e nos perdoa. Por que não podemos perdoar a nós mesmos?"

Eu tinha de aprender a perdoar. Primeiro a mim mesma, depois a todos aqueles que, a meu ver, haviam me feito algum mal. A lição 121 de *Um Curso em Milagres* começa com o seguinte: "O que você pode querer que o perdão não possa dar?" Eu lia aquele texto pelo menos duas vezes por dia.

Todas as mulheres que eu conhecia levaram alguma coisa para Oluwa. Quando ele completou duas semanas, não tínhamos mais onde guardar. Nisa passava um dia pela rua quando uma senhora a chamou do portão da sua casa.

– Você precisa de um carrinho para o bebê?

Nisa disse que sim e a mulher lhe deu um. Mandei Nisa para a escola uma semana depois que o bebê nasceu. Gemmia cuidava de Oluwa de dia e Nisa de noite. Quando ficou óbvio que Nisa não conseguiria ficar com Oluwa à noite e estudar durante o dia, Gemmia assumiu o posto por completo. Eu vivia na estrada naquela época, e quanto mais me perdoava, mais trabalho conseguia. Dois meses depois de Oluwa nascer, fui chamada para escrever *Acts of Faith* (Atos de fé).

Eu tinha um contrato com uma editora grande. Estava ganhando mais do que jamais ganhara depois que parei de advogar. *Tapping the Power Within* estava vendendo excepcionalmente bem. Meu sacerdócio tinha deslanchado. Minha filha acabara de ter um bebê. Em meio a tudo isso, me pediram para escrever um livro. Um livro completo. Todas as fibras do meu ser gritavam: "Você não consegue fazer isso! Você é burra! Se escrever, eles vão descobrir. Você não acredita em uma só palavra do que diz!" Mas não deixei que isso me detivesse. E escrevi o livro.

Quando as coisas vão mal, as pessoas tendem a desabar e parar. Eu sei como desabar e assim mesmo continuar meu caminho. Essa foi a minha salvação. Eu consegui seguir meu caminho através da dor, da raiva, da dúvida, da desvalorização e do medo. Quem me visse naquela época não saberia que eu estava a ponto de entrar em colapso. Meus amigos íntimos sabiam disso. Eu sabia. Conversei com minha melhor amiga e companheira de oração, Shaheerah, sobre meus sentimentos, dizendo que me sentia desonesta. E ela me falava sempre: "Você só pode ensinar o que precisa aprender." Shaheerah e eu passamos muitos momentos difíceis juntas. Se não fosse por suas orações, por sua fé em mim, por suas palavras, Iyanla nunca teria nascido. Naquele parto difícil, Shaheerah foi como uma parteira que soubesse exatamente o que fazer ou o que dizer na hora decisiva.

Eu era desobediente, e Deus sabia disso. Vivia recebendo mensagens, tendo visões, ouvindo coisas, mas não escutava. Toda vez que eu fazia a mesma oração, recebia a mesma resposta. Eu sabia a resposta, mas não acreditava nela. E não acreditava porque achava que não merecia ser abençoada por Deus. A resposta que pulava na minha cabeça, qualquer que fosse a tragédia, a crise ou os desafios que eu enfrentasse, era: "Não se esforce demais para compreender. Honre a Mim de todas as formas, e Eu lhe darei tudo o que você desejar no seu coração. Tenha paciência e espere." Era muito simples, mas eu preferia não acreditar. Preferia fazer a coisa a meu modo. Pedia orientação e depois, apressadamente, tomava minha própria decisão. Ainda assim, as bênçãos vinham. Eu tive o apoio e a assistência necessárias quando precisei. Toda vez que uma coisa maravilhosa ou trágica acontecia, eu avançava um pouco mais na compreensão de mim mesma, ao perguntar: "Por que eu?" Quando recebia a resposta, podia aprimorar um pouco mais minhas ações.

Escrever *Acts of Faith* me ajudou a desenvolver uma relação íntima e pessoal com Deus. Foi nesse processo que eu encontrei Deus pela primeira vez. Conheci o Deus que eu podia sentir no meu coração. Foi no processo de escrever esse livro que aprendi que diferentes caminhos levam a uma só estrada. Percebi que Deus não se importava que eu fosse ioruba ou cristã. Deus não se preocupava com o fato de meus filhos serem de pais diferentes, e não queria saber com quem eu dormia. Deus queria que eu me amasse. Deus queria que eu me honrasse. Deus tinha um objetivo para mim e para a minha vida, e, se eu pedisse e confiasse, confiasse e acreditasse, Ele tornaria tudo possível. Foi no processo de escrever *Acts of Faith* que eu descobri o amor de Deus e meu amor por mim mesma. Desisti de brigar comigo mesma, de brigar com a vida e de brigar com Deus.

Eu tinha brigado a minha vida inteira. Brigado por atenção, brigado por amor, brigado pela sobrevivência. Tinha brigado pelos meus filhos e brigado pelo meu reconhecimento como um ser humano importante. Tinha lutado e brigado durante tanto tempo, que, mesmo que não tivesse nada contra que brigar, acabava comprando uma briga. Eu me tornara defensiva, agressiva e combativa. Mas agora não queria mais brigar. Não queria brigar contra o medo, nem contra a dúvida, nem contra a solidão. O que eu queria era curar. E queria curar de forma pacífica.

Coloquei em *Acts of Faith* tudo de que eu precisava para enfrentar um período difícil da minha vida. Estava começando a compreender que Deus é minha defesa e meu defensor. Toda manhã eu rezava, perguntando a Deus o que eu devia escrever e Deus me dizia. Se precisasse de informações, Ele me dizia quem eu devia procurar. Quando precisava conversar, alguém me procurava. Os membros do sacerdócio sustentaram minha família enquanto eu escrevia. Alguns entraram com dinheiro, outros limparam minha casa. Era como se todo o universo se abrisse e me mandasse tudo de que eu precisava. Gemmia ficava em casa trançando o cabelo de clientes. Nisa ia para a escola. Eu escrevia o dia inteiro e às vezes à noite.

Quando me sentia cansada ou frustrada, rezava. Quando rezava, me sentia melhor. No processo de escrever *Acts of Faith*, revi todos os meus diários. Rememorei todas as minhas conversas com Balé. Eu rememorava as coisas passadas de uma forma completamente nova. As coisas que minha avó, meu pai e Nett me haviam dito passaram a ter um novo sabor. As coisas que eu tinha lido se tornaram mais claras, mais centradas. Eu pus tudo isso no meu novo livro. Pus meu coração e minha alma nesse livro. Pus o amor que estava descobrindo dentro de mim nesse livro.

Terminei *Acts of Faith* em cerca de dois meses. Não consegui entregar dentro do prazo, mas terminei o livro. Não sabia se o livro era bom, pois não o li depois de pronto. Descobri logo depois que o universo me fizera escrever esse livro a fim de abrir meu coração para Deus. Quando terminei o livro, fui checar minha lista.

Qual é sua cor favorita?
Laranja.
Qual é sua comida favorita?
Galinha.

Qual é sua música favorita?

"Order My Steps".

Qual é sua posse mais valiosa?

Amor.

Qual é sua maior força?

Deus.

Qual é sua maior fraqueza?

Não confiar em Deus.

Qual é sua maior capacidade?

Rezar.

Qual foi seu maior erro?

Pensar que podia fazer alguma coisa sem Deus.

Qual é seu maior medo?

Eu não tenho medo. Sei que Deus está sempre comigo.

Qual foi sua maior realização?

Aprender a me perdoar e a me amar.

Qual é o trabalho que você menos gosta de fazer?

Limpar a sujeira do cachorro.

Se sua vida terminasse hoje, o que todos que a conhecem diriam sobre você?

Ela amou e serviu a Deus.

O que você gostaria que dissessem?

Ela amou a Deus.

Por que eles não diriam ou não poderiam dizer o que você gostaria que dissessem?

Porque eles não conheciam Iyanla. Só conheciam Rhonda.

Logo depois de entregar o manuscrito, Gemmia, o gato e eu nos mudamos para Maryland. Nisa ficou em Filadélfia para completar seu curso de auxiliar de enfermagem. Dois anos depois, na mesma data em que descobri que Nisa estava grávida de Oluwa, ela teve seu segundo filho. Seu nome é Adesola, que significa "a coroa chegou".

Capítulo 18

Qual é a lição quando você deixa o passado passar?

A Cirurgia da Alma muda nossa consciência.
E ao mudá-la ela nos livra de nossos problemas e nos prepara para nosso bem.
Mas, se nossa consciência não permanecer mudada, os problemas sempre voltarão.
Se não pudermos nos afastar das falsas crenças...
Corremos o risco de ver nossa consciência nos fazer voltar a situações iguais ou semelhantes às de antes.

Richard Jafolla, em *Soul Surgery* (Cirurgia da alma)

QUANDO EU ESTAVA DEITADA NO CHÃO do meu escritório, tudo ficou claro. Durante um breve período eu tinha desviado os olhos de Deus e tentado fazer as coisas a meu modo. Talvez por isso eu tivesse tentado negociar o contrato, passando para Karen o controle das minhas decisões. Mas nada disso importava agora. Em suma, eu contratara Karen porque me sentia impotente. E eu me sentia assim porque tinha desviado os olhos de Deus e tentara viver por minha própria conta. Esse estado de impotência trouxe à tona tudo o que Rhonda era, e eu retomei seu padrão: sentir-se uma vítima. Meu Deus! Que revelação fantástica!

Era hora de tomar um banho feliz. Um banho é feliz quando a gente acende velas, põe música e canta em voz alta. Acho que vai ser Al Jarreau. "Tenderness." É exatamente disso que eu preciso – de ternura. Preciso de ternura comigo mesma, com minhas idéias sobre Rhonda e especialmente com minhas idéias sobre Karen. Eu sabia que tinha feito uma coisa errada. Sempre que responsabilizamos outra pessoa pela nossa vida não estamos demonstrando amor. O dever de Karen era vender meu trabalho, mas hoje eu vejo que lhe pedi muito mais do que isso. Tornei-a responsável por mim. Misturei negócios com amizade e não respeitei meus limites.

Quando a banheira começou a encher, soltei meus pensamentos. É difícil respeitar os limites quando não se teve nada na infância. Não há nunca um lugar para você ir e ser você mesma com alguma privacidade. Onde quer que vá, o lugar está sempre ocupado. Eu não tinha um quarto nem uma porta quando era criança. Rhonda não tinha onde se esconder, não tinha para onde ir. Além disso, os adultos à sua volta desrespeitavam todos os seus limites. Eu carreguei isso para minha vida adulta. Abri mão dos meus limites muito facilmente. Precisava me lembrar que negócio era negócio, amizade era amizade e minha vida era a minha vida. Sempre que eu esquecia isso, as coisas ficavam confusas. Os papéis ficavam confusos. Hoje eu posso ver quantas vezes isso aconteceu. Quantas vezes perdi a noção dos meus limites com medo de aborrecer alguém. Às vezes eu achava que precisava de alguém para sobreviver. Quando pensava que minha sobrevivência estava em jogo, deixava que a pessoa participasse da minha vida de uma forma inadequada. De uma forma que eu não queria.

Afundando na banheira, lembrei de uma coisa que tia Mabel me dissera sobre a minha mãe, Sarah. Eu tinha encontrado o número de telefone da minha tia entre uns papéis que meu pai deixara para mim. Mabel era irmã de Sarah, e eu precisava saber a verdade.

Sem pensar como iria explicar quem eu era, e sem saber se ela se lembraria de mim, telefonei para tia Mabel. Ela atendeu o telefone logo na primeira chamada.

– É Mabel?

– É. Quem está falando, por favor?

– Mabel, não sei se você se lembra de mim. Meu nome é Rhonda. Sou filha de Sarah. – Pela primeira vez na vida essas palavras saíam da minha boca. Fez-se silêncio do outro lado da linha. Eu ia dizer o nome dela de novo quando tia Mabel falou.

– Obrigada, meu Jesus! Obrigada, meu Pai! Você não imagina há quanto tempo eu espero esse telefonema. Como vai você? Como vai essa minha linda menininha?

Nós duas chorávamos. Tia Mabel agradecia a Deus no final de cada pergunta, sem me dar oportunidade de responder.

– Sabe há quanto tempo eu espero encontrar você? Obrigada, meu Deus. Por onde você andou? Obrigada, meu Jesus. Ninguém sabia me informar de nada. Obrigada. Obrigada. Eles diziam que não sabiam. Deus me prometeu que eu iria ver os filhos da minha irmã antes de fechar os olhos pela última vez. Eu rezei e pedi a Deus. Deus atendeu as minhas preces. Obrigada, meu Deus. Onde está seu irmão? Onde está o menininho Ray?

Quando tia Mabel acalmou-se, eu disse que Ray estava bem. Não mencionei seu problema de alcoolismo. Falei sobre meus filhos e contei que tinha me formado em direito. Ela começou a chorar de novo. "Você deve ser como sua mãe. Ela era muito inteligente." Ao ouvir isso, eu também comecei a chorar. Ela perguntou por Nett e pelo meu pai. Eu contei que meu pai tinha morrido e que Nett estava bem. Conversamos durante quase três horas. Tia Mabel disse que tinha umas fotos para me mostrar e me convidou para ir lá com as crianças. Prometi que iria assim que pudesse. Ela voltou a chorar. Quando desliguei o telefone vi que tia Mabel tinha a informação de que eu precisava para finalmente dar sentido à minha vida.

Levando flores em uma das mãos e uma sacola com porta-retratos dos meus filhos na outra, toquei a campainha da casa da tia Mabel. Ao ouvir um arrastar de pés, meu coração começou a pular. Quando a primeira tranca foi aberta, comecei a suar frio. Tive vontade de fugir e vontade de fazer xixi. Estava congelada. A corrente da porta foi retirada. A maçaneta girou e a porta abriu-se lentamente. Na minha frente estava um retrato de mim mesma. Eu era baixa, com pouco mais de um metro e meio. Meu cabelo tinha um lindo tom grisalho e eu usava óculos. Se não fosse pelas minhas olheiras e pelo vinco em volta da boca, ninguém diria quantos anos eu tinha. Eu nunca tinha me visto assim. Eu era bonita. Não. Eu era maravilhosa.

Nós ficamos na porta, olhando uma para a outra e chorando. Ela agradecia a Jesus e eu murmurava: "Oh, meu Deus." Tia Mabel deu um passo à frente e o alto da sua cabeça ficou debaixo do meu queixo. Encostei o rosto nela e choramos ainda mais. Entramos no apartamento ainda abraçadas e só me soltei porque tinha realmente de fazer xixi.

Quando saí do banheiro, ela estava me esperando no corredor. Pegou minha mão e me levou para a cozinha, onde preparara um bolo de milho e chá gelado.

– Você ainda gosta de galinha? Seu pai e sua avó sempre viajavam com uma sacola de galinha para você e seu irmão Ray. Ele ainda gosta de asa?

Ela sabia tudo sobre mim. Fiquei tão contente que perdi a vontade de comer, mas dei umas garfadas antes de lhe fazer minha pergunta.

– O que você pode me contar sobre minha mãe? Quer dizer, ela era minha mãe? Sarah era realmente minha mãe?

– Oh, Senhor abençoado dos céus! É claro que ela era sua mãe. O que você quer dizer com isso? O que quer saber?

– Eu nunca soube de nada. Ninguém jamais me falou sobre ela. Eu ouvia umas coisinhas, mas ninguém, nem mesmo meu pai, jamais me contou nada sobre ela.

– Ele não contaria mesmo, aquele cachorro. Eu sei que é errado falar mal dos mortos, mas se eu pudesse pôr as mãos nele torceria o seu belo pescoço. Ele ainda era bonito quando morreu? Seu pai foi um rapaz muito bonito. E a mãe dele, ainda é viva?

– Ainda. Ao que eu saiba, sim.

Tia Mabel saiu da cozinha sem dar uma palavra e voltou com um grande álbum de fotografias. Limpou as migalhas de bolo com o avental, colocou o álbum em cima da mesa e começou a contar minha história.

Tia Mabel tinha fotos da família da minha mãe datadas do início de 1900, e logo me mostrou os "verdadeiros africanos". Folheando aquele álbum eu conheci minha avó materna, Elizabeth, e a mãe dela, Hortense. Conheci meu avô Samuel e a mãe dele, Francine. Conheci meus primos, tios e tias, e enfim minha mãe, Sarah Elizabeth Jefferson. Ela parecia uma versão antiga de Gemmia.

Sarah era alta, esguia, com seios muito grandes. Na maioria das fotos aparecia com um coque no alto da cabeça. Havia fotos de minha mãe com meu pai e com as irmãs e a mãe dela. Quando a vi comigo nos braços, desabei. Foi então que eu soube que a mulher que me aparecera no quarto do hospital, no cemitério e na cozinha tinha me acompanhado a vida toda. Minha mãe era real e me amava.

Tia Mabel me contou histórias e segredos da família. Durante uma hora, contou histórias hilariantes, e só depois passou a falar sobre meus pais.

– Sua mãe se apaixonou por um homem casado quando tinha dezesseis anos de idade. Ela era cabeça-dura. Quando encasquetava uma coisa, não tinha jeito. Esse sujeito mudou-se para Nova York e sua mãe decidiu ir atrás dele. Arranjou um emprego de cobradora na Ferrovia da Pensilvânia e viajava de um lado para outro de trem sem pagar passagem. Durante algum tempo, logo que sua mãe chegou a Nova York, ele se recusou a vê-la, o que a deixou inconsolável. Quando as amigas dela tinham um dia de folga, levavam-na para clubes de dança tentando alegrá-la um pouco. Essas amigas eram Dora e Nadine.

– Uma noite, quando estavam no clube, sua mãe deu um *show* de dança e todos adoraram, inclusive seu pai, que estava lá. Na noite em que conheceu seu pai, ela esqueceu aquele outro homem que não prestava para nada. Seu pai era um jogador, e muito bonito. Sarah disse que queria um homem bonito para ser pai dos seus filhos.

– Sua mãe queria que o Sr. Bonitão se casasse com ela, mas ele não quis. Nós não sabíamos que ele já era casado. Quando ela engravidou do seu irmão, ficou doente e teve de parar de trabalhar.

– Quando descobriu que Ray estava a caminho, seu pai, embora não pudesse se casar com ela, levou-a para morar na casa da sua avó, no mesmo quarteirão onde ele morava com a mulher. A ferrovia exigiu que Sarah voltasse a trabalhar, mas ela estava doente demais para voltar à ativa. Embora tivesse trabalhado lá durante quinze anos, foi demitida sem qualquer indenização. Quando Ray nasceu, ela foi informada que tinha leucemia, mas não deu atenção às palavras dos médicos e continuou a beber cada vez mais. Quando você nasceu, a doença havia atingido seus seios. Você bebe?

– Não, eu nunca bebi.

– Imagino que não. Sua mãe bebeu tanto quando estava grávida que você poderia ter ficado bêbada para o resto da vida. Acho que ela bebia para agüentar a dor que sentia o tempo todo. Talvez fosse por isso que estava sempre brigando. Ela era uma brigona. Nós não podíamos falar nada sobre suas bebedeiras que ela começava a brigar. E brigava muito com seu pai também. Ele batia nela. Você sabia disso? Sabia que seu pai batia nela na casa da mãe dele? Era uma desgraça. E sua avó nunca levantou um dedo para ajudar Sarah, nem mesmo quando ela não podia mais andar, de tão doente que estava.

– Nós todos tentamos convencê-la a não ter o terceiro filho. Ela disse que teria de qualquer forma. Quando o bebê ainda estava no hospital, Dora levou-o para criar, e aquele meninozinho passou a ser de Dora. Sarah punha você dentro de uma gaveta ao lado da cama dela, mas teve de dar o outro bebê. Ela quase morreu para ter aquele filho. Na verdade, morreu pouco depois. Não permitiu que lhe tirassem os seios. Disse que preferia morrer. Disse que, se Deus a deixasse viver o suficiente para ver Ray com três anos, não beberia nunca mais. O aniversário de Ray seria no dia trinta e um de março e ela morreu no dia vinte. Tinha planejado fazer uma festa para ele.

– Só quando nós chegamos no cemitério é que percebemos o que estava acontecendo. Seu pai mandou enterrá-la numa vala comum, junto de várias outras pessoas. Se ele tivesse pedido, nós a teríamos enterrado em um lugar decente, mas ele não pediu. Era um homem muito orgulhoso. Eu queria que você fosse morar comigo, mas seu pai não deixou. Sua mãe queria que você e Ray ficassem juntos. Sua avó só queria Ray, mas vocês dois acabaram ficando com ela porque seu pai morava lá.

– Ele batia mesmo na minha mãe?

– Sua mãe amava aquele homem, e quando amava era para sempre. Ela não podia viver sem amor. Nós também a amávamos, mas ela precisava do tipo de amor que só um homem pode dar. Eu quero que você seja diferente. Ame a Deus. Se amar a Deus, ele te dará um homem bom. Eu amo tanto a Deus que ele me deu um marido quando fiz setenta e seis anos. Acabei de me casar com um homem que tem um problema cardíaco. Mas ele me faz muito feliz.

Conversamos mais algum tempo, e tia Mabel me deu fotos dos meus pais e de outros membros da família. Quando nos abraçamos na porta do apartamento, tia Mabel pegou no meu rosto com as duas mãos e falou:

– Quando você nasceu, sua mãe me chamou e disse: "Snookie – era assim que ela me chamava –, minha filha vai ser uma pessoa importante. Posso ver isso nos olhos dela. Talvez seja uma escritora. Talvez seja uma dançarina famosa. Eu vou colocar minha marca nela, e ela vai ser alguém na vida um dia." Sua mãe não falou sobre seus dois irmãos, só sobre você. Ela te amava muito. Nós duas sabíamos que você era uma espécie de milagre. Ela sabia que você tinha nascido para fazer o trabalho de Deus. Eu quero que você saiba isso. Quero que saiba que eu também te amo.

Eu nunca mais vi tia Mabel. Ela morreu dez dias depois que a deixei na porta do apartamento.

As semelhanças entre minha mãe e eu eram espantosas. As palavras de tia Mabel viviam buzinando nos meus ouvidos. "Você tem de ser diferente." Até aquela época eu achava que de certa forma era errado ser diferente. Tentava ser como todos os outros, mas eu tinha de ser diferente. As outras palavras que viviam na minha cabeça eram "um enterro decente". Minha mãe não teve um enterro decente, nem tampouco Rhonda.

Quando eu pedi ao meu marido que fizesse um pequeno buraco no quintal da casa para mim, ele disse que eu estava maluca.

– É meia-noite. Está gelado lá fora e eu não tenho uma pá.

– Use uma colher. Eu não quero enterrar ninguém, só preciso de um pequeno buraco.

– Você não está levando isso longe demais? O que vai colocar nessa cova?

– Um pouco de merda. Preciso enterrar a merda.

Eu sabia que, se continuasse falando, ele inventaria algum tipo de desculpa. Por isso, saí, fui para meu escritório e comecei a ver umas fotos de Rhonda.

Fiquei procurando fotos de mim mesma em todas as fases da minha vida, antes de Balé me dar o nome de Iyanla. Vi fotos minhas quando era adolescente, quando estava grávida e com John. Encontrei uma onde eu estava fumando e outra onde posei nua. *Quem terá tirado essa foto?* Coloquei todas em cima da mesa e tentei lembrar das minhas experiências de vida. Sorri e derramei umas lágrimas, mas eu sabia que havia chegado a hora de me despedir. Eu precisava de um fechamento. Percebi que todos os meus esforços seriam nulos enquanto não houvesse um fechamento absoluto entre quem eu era e quem eu sou. Para mim, não bastava perdoar, me entregar ou criar paz. Eu precisava de uma demonstração concreta de que a coisa tinha terminado. Que tudo sobre a minha vida até o dia em que mudei de nome e de natureza estava completamente encerrado. Resolvi então escrever uma carta para Rhonda a fim de dizer o que eu estava planejando fazer. *Seja grata por todas as coisas.*

Querida Rhonda Eva Harris, também conhecida como Ronnie:

Estou escrevendo esta carta para agradecer tudo o que você fez por mim. Agradecer tudo o que você foi na minha vida, e as várias formas com que você me serviu. Nós tivemos ótimos momentos juntas, e, embora nosso relacionamento tenha sido saudável e objetivo em certa época, agora não me serve mais. Não atende mais ao que eu desejo na vida, nem atende ao destino que creio que Deus reservou para mim. Acho que nós agora temos um relacionamento perverso, que eu não desejo manter. Portanto, libero você de todo e qualquer acordo consciente ou inconsciente que tenhamos feito no passado. Perdôo você total e incondicionalmente por todos os seus pensamentos, palavras e ações – conscientes e inconscientes –, que causaram um impacto pouco amoroso, nada solidário e mesmo nocivo na minha vida. E peço seu perdão por todos os meus pensamentos, palavras e ações – conscientes e inconscientes –, que a levaram a sentimentos de carência, medo, raiva, ressentimento, culpa, vergonha, ou qualquer outra emoção negativa. Você está agora livre para buscar seu bem supremo. Eu estou agora livre para buscar meu bem supremo. Desejo a você amor, luz, paz e abundância de todas as coisas boas que existem no reino de Deus. Eu te libero. Eu me desapego da sua energia no meu ser, abrindo espaço para a presença do Espírito Santo, e peço que qualquer lembrança sua seja transformada em energia produtiva e útil, segundo o plano perfeito de Deus para a minha vida. Eu te amo. Eu te abençôo.

Iyanla Vanzant

Levei a carta e as fotos para junto do buraco que meu marido cavara com a colher. Depois de fazer uma breve oração para Rhonda, botei fogo nas fotos e joguei-as dentro do buraco, deixando a fumaça subir. Beijei a carta, coloquei-a por cima das fotos queimadas e cobri o buraco. Depois de rezar de novo, tive certeza que havia encerrado a vida de Rhonda. A única coisa que restava fazer agora era encerrar a relação dela com Karen.

Durante três dias tentei imaginar o que falar e como falar com Karen. Escrevi o que queria dizer, achando que seria melhor eu ler para ela. Ensaiei a leitura várias vezes, em pensamento e em voz alta. Toda vez que ia pegar no telefone, minha boca ficava seca e as palmas das mãos começavam a suar. Eu estava me preparando para fazer uma coisa nova: dizer e pedir exatamente o que queria. Estava preparada para fazer isso de uma nova forma, honestamente. Estava disposta, mas também morta de medo. *O que você quer?* Quero dizer a essa mulher – uma irmã e uma amiga que me serviu – que nosso tempo acabou. *Qual é sua maior força?* Deus. *Qual é sua maior fraqueza?* Não confiar em Deus. *Qual é seu maior medo?* Que Deus não esteja em casa hoje. Não. Estou só brincando. Eu não tenho medo porque sei que Deus está comigo. *Sempre que declarar a si mesma que é uma determinada coisa, tudo o que é diferente em você irá te desafiar!* Os medos restantes estavam certamente me desafiando. Do que estou com medo? *Está com medo ou está com vergonha?* Com medo e com vergonha. Acho que estou com vergonha de não ter percebido isso antes. Estou com vergonha de ter ficado nessa situação tanto tempo, de não ter tido coragem de sair dela antes. *Do que você está com medo?* Estou com medo que Karen fique com raiva de mim. Estou com medo que ela não goste de mim ou não me ame mais. *É você que está com medo ou é Rhonda que está com medo?*

Foi como um balde de água fria no meu rosto. Isso ainda tinha a ver com Rhonda. Iyanla tentava avançar através do medo e da vergonha que tinham pautado a vida de Rhonda. O que eu devia fazer? Por que ela ainda está tão envergonhada? Meu corpo começou a tremer. Ken Kizer, um dos meus professores e conselheiros, me dissera um dia: "Quando você sentir o medo entrando no seu corpo, deixe as mãos caírem de lado e deixe o medo subir. Não lute contra ele. Não negue ao medo o direito de existir. Você vai provavelmente achar que vai morrer. Mas vai apenas morrer de medo. Vai viver o bastante para saber que o medo não mata de verdade."

Eu fiz exatamente o que Ken disse: deixei as mãos caírem de lado e meu corpo sacudir e tremer de medo. Senti o estômago dar voltas. Minha testa ficou suada. Rhonda estava com medo de quê? Qual era sua culpa? As palavras vieram do fundo do meu estômago, entrando no meu cérebro, uma de cada vez: *Você é culpada porque matou sua mãe!* O quê? Como foi que eu fiz isso? Eu estava chorando agora. As palavras martelavam no meu cérebro: *Você se sente culpada porque acha que matou sua mãe!* Eu não conseguia respirar. Queria correr, mas não conseguia me mexer. *Não me negue sua paz, Senhor abençoado, pois a boca dos maus e a boca dos mentirosos estão abertas contra mim. Tenha piedade, Senhor. Me ajude, Senhor. Sua graça é o meu apoio.* Eu disse essas palavras diversas vezes em voz alta, até meu corpo parar de tremer. Depois, deitei a cabeça na mesa e chorei.

Isso era demais para eu fazer sozinha. Peguei o telefone e liguei para Ken. Sua mulher, René, atendeu.

– René. Eu matei minha mãe. Como foi que eu matei minha mãe? – Eu chorava no telefone. Não sei como ela reconheceu minha voz.

– Respire fundo, meu bem.Vamos, respire fundo. Respire. Agora me conte o que aconteceu.

Eu contei a René que tinha enterrado Rhonda e estava tentando dispensar os trabalhos de Karen como minha agente. Contei a ela sobre as palavras que tinham vindo à minha cabeça e o que tinha acontecido com meu corpo.

– Você sabe que não foi realmente isso que aconteceu. Respire fundo e diga o que realmente aconteceu. Feche os olhos e respire comigo. – René e eu respiramos juntas várias vezes. Quando eu me acalmei e consegui falar, as palavras saíram da minha boca.

– Todo mundo dizia que, se eu não tivesse nascido, minha mãe não teria morrido. Eu ouvi a vida inteira dizerem: "Sua mãe nunca devia ter tido você. Ela devia ter sido operada." Ninguém jamais me explicou isso. Eles só falavam. Na minha cabeça, eu concluí que ela tinha morrido por minha causa. Depois bloqueei essa idéia. – René respirava com mais força do que eu.

– Você sabe que você e sua mãe tinham um acordo de alma. Ela precisava te deixar para que você pudesse aprender.Você sabe disso, não sabe?

– Sei. Eu sei disso. Mas acho que tinha me esquecido.

– Essa gente idiota! Você sabe que eles não falavam isso por amor, não é? O que eles queriam de você dizendo essas coisas? Sabe o que eles queriam?

– Não.

– Tirar sua inocência.Você é inocente, Iyanla. Repita isso comigo, "eu sou inocente". – Repeti as palavras com René.

– Você é inocente. Por favor, lembre-se disso. É sua inocência que faz com que você se ame. Você não fez nada de errado. Manteve seu acordo, e sua mãe manteve o dela.

Enquanto René e eu falávamos, veio uma coisa à minha cabeça. Eu estava mobilizada demais para contar a ela, por isso agradeci e prometi que telefonaria mais tarde. Meus pensamentos voavam. Tirei meu diário de dentro da sacola, peguei uma caneta e comecei a escrever.

Eu sempre pensei que foi o tio Leroy quem tirou minha inocência. Agora vejo que não foi ele. Ele apenas interpretou mal meu pedido de amor. Eu era uma criança rejeitada que implorava amor e atenção. Estava disposta a fazer qualquer coisa para ser amada e para amar. O tio Leroy ouviu o meu pedido, viu o que eu precisava, mas interpretou mal minha necessidade. Tentou me amar da única forma que sabia: sexualmente. Não estava tentando me machucar, estava tentando me amar. Da mesma forma que eu entendi mal o que diziam sobre a minha mãe, ele interpretou mal meu pensamento e minha energia. A verdade é que eu era inocente, e ele era inocente. Nós dois estávamos sofrendo e não sabíamos o que fazer com o que sentíamos. Tio Leroy não roubou minha inocência. O mau julgamento de quem me acusou de ter matado minha mãe é que a roubou. Hoje eu sei que sou inocente de todas as coisas. Eu me perdôo por pensar que fiz coisas erradas. Eu me perdôo por pensar que o tio Leroy fez uma coisa errada. Nós fizemos o melhor que podíamos, baseados no que acreditávamos ser verdade naquela época.

No momento em que larguei a caneta meu corpo parou de sacudir e minhas lágrimas secaram. Eu respirei fundo, fechei o diário e fui dar uma volta. Tinha de me integrar com essa nova informação.

No dia seguinte à minha revelação eu ainda não me sentia preparada para falar com Karen, mas sabia que tinha de encerrar o relacionamento que se criara. Uma relação que me mantinha nas sombras da culpa. Tinha medo de ainda não estar bastante forte na identidade de Iyanla para suportar as ofensas que ela talvez me fizesse. Telefonei para Ken e contei meu dilema. "Não telefone, escreva para ela. Você não tem de ser punida. Se realmente acredita que ela vai te ofender verbalmente, para que telefonar? O problema não é como fazer a coisa, é fazê-la. Escreva para Karen."

Que idéia absolutamente brilhante! *Não é preciso agredir, Iyanla. Não tem de machucar.*

Escrevi para Karen uma carta de seis linhas.

Querida Karen,

Eu consegui! Obrigada. O tempo em que trabalhamos juntas chegou ao fim. Sou muito grata por tudo o que você fez por mim. Sou grata ao seu desejo de participar da minha cura. Eu sei que em alguma época no futuro nossos caminhos se cruzarão de novo. Fique em paz.

Deus a abençoe.

Iyanla

Depois que enviei a carta para Karen, avisei a todos que precisavam saber da mudança em nosso relacionamento. Nesse meio tempo, descobri que Karen estava de férias e só voltaria duas semanas depois. No dia em que ela estava sendo esperada de volta, telefonei para ela, falando sobre a carta. Ela me perguntou o que eu tinha escrito. Quando lhe expliquei, ela disse:

– Tudo bem. Eu fiz alguma coisa errada? Você está zangada por alguma coisa?

– Não, Karen. Não é nada com você. É que eu aprendi a cuidar de mim mesma. Você foi uma verdadeira bênção para mim.

– Está bem. Quero que você saiba que, se precisar de mim, estarei aqui.

– Eu sei disso, e muito obrigada.

Capítulo 19

Qual é a lição quando você faz tudo errado e tudo acaba bem?

Algum dia, seu tempo de ação vai chegar.
Quando isso acontecer, seja um vencedor!
Não aceite resultados medíocres.
Não tente ficar parado.
Vá buscar tudo o que puder!

Deng Ming-Dao, em *Everyday Tao: Living With Balance and Harmony* (Tao diário: vivendo com equilíbrio e harmonia)

EU SOUBE NO MOMENTO em que o vi.

Era a primeira vez depois de muitos anos que conversávamos por telefone. Eu lhe contei os últimos acontecimentos da minha vida. Ele, por sua vez, me contou o que acontecia na sua. Estava terminando um relacionamento de cinco anos. Quatro meses antes eu tinha terminado um relacionamento de três anos. Agora, nós dois conversávamos sobre todas as coisas que tínhamos aprendido.

Adeyemi ainda morava em Atlanta. Seus três filhos tinham terminado o colégio e ele se vira com a casa vazia. Mais uma vez ele me pediu conselhos.

Eu era uma pessoa diferente agora. Iyanla tinha nascido. Ela ainda estava crescendo, mas pelo menos sabia quem era e o que queria. Eu também sabia que, o que quer que acontecesse, eu amaria aquele homem para o resto da minha vida. Eu o amaria independente do que ele decidisse fazer. Tinha aprendido a amar à distância e me sentia feliz de estarmos conversando.

Nos meses seguintes nós nos falamos várias vezes. Na verdade, todos os dias. Em qualquer lugar em que eu estivesse, ele me telefonava. Estava passando por uma fase difícil, recém-saído de um relacionamento e prestes a entrar em outro. Falávamos sobre padrões. Falávamos sobre nossas necessidades inconscientes. Falávamos sobre cura e crescimento. Mas raramente falávamos sobre nós mesmos. Pelo menos, até o dia em que eu o vi pessoalmente.

O amor nos deixa sem ar. As pernas amolecem e o coração dispara. Eu sei disso. Foi o que aconteceu quando eu vi Adeyemi me esperando no portão do aeroporto assim que eu desci do avião. Senti um calafrio dos pés à raiz do cabelo. Por um segundo minha visão ficou nublada e eu parei de respirar. Tive vontade de rir e de chorar. Tive vontade de morder e lamber aquele homem. Tive vontade de rasgar minhas roupas e sair dançando nua pelo aeroporto. Mas fiquei fria.

– Alô, Sra. Vanzant.

– Alô, Sr. Bandele.

– Como vai? Você está com uma cara ótima.

– Eu estou bem. Obrigada.

Fomos conversando até o meu carro. Eu tinha ido a Atlanta fazer uma palestra e ver Balé, que havia se mudado para lá. Adeyemi e eu conversamos sobre nossos filhos e sobre seu projeto recente. Mas não conversamos sobre nós.

Vários meses se passaram até eu tomar coragem de falar sobre nós dois. Eu trouxe o assunto à baila porque, embora tivéssemos nos tornado íntimos, ele estava pensando em entrar em um novo relacionamento. Eu queria que ele soubesse que eu não era mais aquela mulher que ia às escondidas até Albany para estar com ele. Eu nunca mais seria "a outra mulher".

– Eu estava imaginando como seria se nós dois resolvêssemos viver juntos de novo.

– Estava? Interessante, eu também pensei nisso. – Ele tentava esconder sua excitação.

– É mesmo? Em que você estava pensando?

– Estava pensando que você me conhece melhor do que qualquer outra pessoa. Estava pensando como nós trabalhamos bem juntos e em todas as coisas por que passamos juntos. Engraçado, falei sobre você com todas as mulheres com que eu me envolvi. Algumas ficaram muito chocadas. Mas todas sabem que você foi a única pessoa da minha vida que me amou incondicionalmente.

Isso era demais para eu engolir, e mudei de assunto procurando esconder minha excitação. Mais tarde, naquele semana, recebi um telefonema de Balé. Ele disse que precisava falar comigo pessoalmente. No final da semana seguinte eu estava de volta a Atlanta.

Adeyemi me buscou no aeroporto e fomos ver Balé juntos. Balé me chamou na sala de reunião. Nós dois conversamos um instante, depois ele chamou Adeyemi. Eu tinha dito a Adeyemi que só poderíamos ficar juntos se fizéssemos a coisa certa, com a bênção dos mais velhos e de uma forma pública. Eu não queria repetir os mesmos erros que havia cometido antes. Ele concordou. Mas nós sabíamos que Balé era a chave de tudo. Ele não estava contente com a forma como Adeyemi e eu tínhamos nos comportado no passado e em breves palavras nos disse que não tinha gostado da forma como havíamos terminado nosso relacionamento da última vez. Quando ele chamou Adeyemi na sala, eu achei que seria repreendida.

Não sei ao certo quem falou primeiro. Eu estava tentando controlar meu tremor. Balé dizia alguma coisa. Eu tentava não olhar para ele nem para Adeyemi. Antes de me dar conta do que estava realmente acontecendo, vi Adeyemi de joelhos à minha frente, pedindo ao meu padrinho permissão para se casar comigo. Meu coração parou. Como se estivesse pedindo uma refeição num restaurante, Balé disse:

– Eu acho que posso dar minha bênção para uma união entre vocês dois.

Eu encostei a cabeça na cabeça de Adeyemi, que estava pousada no meu colo. Juntos, respiramos aliviados. Depois, sem avisar, fomos à casa da minha mãe substituta e mentora, Dra. Barbara Lewis King.

Quando ela abriu a porta e nos viu ali, falou:

– O que vieram me dizer? Vocês vão se casar? – Todos nós rimos.

A Dra. King foi meus olhos e meus ouvidos quando eu estava perdida. Ela me nutriu e me guiou de uma forma que trouxe paz ao meu coração. Ela nunca me diz o que eu tenho de fazer. Mas suas perguntas são sempre colocadas de tal forma que me levam a saber exatamente o que devo fazer. Quando comecei a dar palestras, poucas igrejas abriram suas portas para mim. As pessoas ficavam confusas quando sabiam que eu era uma ministra ioruba. Por ignorância e medo, achavam que uma ministra ioruba era o "antideus" e o "anticristo". A Dra. Barbara" foi a primeira ministra de uma igreja grande e famosa que me fez subir ao púlpito. Anos mais tarde ela me ordenou.

Naquele dia eu me vi sentada à sua frente como uma filha, ao lado do meu amor, pedindo que ela abençoasse meu casamento. E ela falou como uma mãe. Era um lado seu que eu nunca tinha visto. Falou primeiro com Adeyemi.

– Quais são seus planos?

– Pretendo apoiar Iyanla no seu trabalho. Eu acredito nela e sei que o que ela faz é muito importante. Sinto-me abençoado por participar disso.

– Mas não foi isso que eu perguntei. Perguntei quais são os *seus* planos? Os seus próprios planos.

Comecei a ficar nervosa. Nunca tinha ouvido a Dra. Barbara falar com tanta seriedade. A resposta de Adeyemi me deixou ainda mais nervosa.

– Eu nunca pensei nisso. Não sei ao certo se tenho planos. Neste momento, estou me sentindo abençoado por Deus ter me dado a oportunidade de estar com essa mulher que eu amo tanto. Não estou pensando nos meus próprios planos, quero ajudar Iyanla a construir a vida dela. Não posso responder à sua pergunta agora porque não sei bem quais são os meus planos.

– É melhor saber. Seus planos e os de Iyanla não são a mesma coisa. O que não quer dizer que vocês não possam trabalhar juntos ou estar juntos. Mas é importante você ter seus próprios planos, pois Deus quer que sua mulher siga um caminho particular.

– Eu fiquei aliviada de ouvi-la dizer "sua mulher", mas ela ainda não tinha terminado.

– Você parece ser um homem muito correto. Eu não o conheço bem, mas só ouvi coisas boas a seu respeito. É por isso que quero que você compreenda. Deus colocou Iyanla no mundo para ela fazer um trabalho muito especial. Ela está realizando o trabalho de Deus. Não tem tempo para cozinhar e limpar e vai seguir seu próprio caminho. Eu sei que você quer fazer parte dos planos dela, mas até ter os seus planos terá de se dedicar o máximo possível para que ela se mantenha no caminho que escolheu. Você é capaz disso?

– Sou. Eu quero fazer isso.

– Tudo bem. Então vamos rezar.

* * *

Há algumas coisas que eu sei ao certo sobre mim. Uma delas é que estou casada. Estou tão casada, que provavelmente ficarei casada até a terra deixar de existir.

A cerimônia do casamento durou três horas. O mentor e padrinho de Adeyemi oficiou a cerimônia. A Dra. Barbara ofereceu as orações. Balé e Ray sentaram-se na primeira fila, fazendo sinais de aprovação. Os duzentos convidados também participaram, respondendo perguntas e manifestando sua aprovação a tudo. Meu casamento era uma questão comunitária sagrada, que reforçava os princípios espirituais que a maioria das pessoas não considera quando se casa. Eu era a noiva, e ainda não havia considerado a maioria deles.

Baba Ishangi, o ministro que nos casou, é professor graduado. Ele queria ter certeza de que Adeyemi, eu e as testemunhas compreendíamos perfeitamente todos os aspectos da cerimônia e do que esperávamos do casamento. A primeira parte da cerimônia consistiu em "provar as marés da vida". Baba nos apresentou um prato com sal, pimenta e mel. Explicou que a vida nem sempre é doce e que precisamos estar preparados para dançar conforme a música dos acontecimentos. Colocou então uma pitada de sal na minha boca. Falou que a vida é amarga e que geralmente o relacionamento se torna amargo à medida que o tempo passa. Falou sobre a necessidade de sabermos nos movimentar através dessas fases amargas, dançando por cima das coisas que realmente não importam. Com a boca cheia de sal, eu tive de dançar em volta de Adeyemi, depois ele em torno de mim. Quando terminamos, meus lábios estavam rachados.

Depois, Baba colocou uma pitada de pimenta vermelha africana na minha boca. Enquanto ele falava, eu engasgava. Ele falou sobre raiva, medo e as coisas que podiam nos deixar com raiva e com medo. Terminou seu monólogo me perguntando se eu tinha compreendido. Eu não respondi. Recomecei a dançar. Adeyemi, com mais pimenta na boca do que eu, repetiu o mesmo processo.

Depois Baba nos deu mel. Que alívio! Ele nos disse como atrair o bem e a doçura na vida. Falou sobre a sexualidade e a luxúria. Falou sobre os bebês, mas disse que estávamos velhos demais para ter mais filhos e que já tínhamos bastante. Dançamos um para o outro como antes, com a boca cheia de mel. Depois veio o ovo.

Baba segurou um ovo na mão para mostrar como a vida é delicada. Falou sobre a necessidade de sermos cuidadosos com a vida e um com o outro. Disse que o coração e a mente podem ser muito frágeis e explicou o que acontece se eles não forem tratados com cuidado. Colocou o ovo na minha mão e disse para Adeyemi colocar as mãos em cima das minhas. Dançamos juntos, segurando o ovo entre nossas mãos. Era tudo muito bonito e significativo, mas foram as malas que levaram os convidados às lágrimas.

Baba deu a cada um de nós uma mala velha e surrada. Falou sobre a necessidade de nos unirmos estando "vazios". Nossos corações e mentes, disse ele, precisavam ser esvaziados de todos os relacionamentos passados, de todas as mágoas passadas, de tudo o que tínhamos feito no passado que pudesse de alguma forma contaminar nosso casamento. Fez com que nos imaginássemos tirando gente, coisas e pensamentos das malas. Quando consideramos o trabalho terminado, ele nos perguntou se achávamos que as malas estavam vazias. Depois nos fez repetir tudo. Eu não sei o que Adeyemi fez, mas eu tirei Gary, John, Eddie e Curtis da mala e joguei-os no mato. Tirei minha avó, meu pai, Nett e Ray e os ofereci a Deus. Tirei meus filhos e os filhos dele, beijei-os na testa e mandei-os embora. Depois imaginei palavras saindo da mala e perdendo-se nos céus. As palavras das quais me lembro eram medo, raiva, ódio, ressentimento, ciúmes (um sentimento muito forte em mim quando vivi com Adeyemi pela primeira vez), desvalorização, inutilidade, desonestidade, carência e dúvida.

Finalmente comecei a chorar e tirei Rhonda da mala. Ela voltou para dentro e eu a puxei de novo para fora. Ela começou a brigar comigo e eu então a abracei. Quando fiz isso, ela foi embora por conta própria.

Baba ficou olhando para dentro das malas. Quando achou que estavam vazias, mostrou-as para Balé, que fez um gesto de aprovação, e as malas foram retiradas.

Em um lindo dia de maio Iyanla casou-se com Adeyemi. Há uma cláusula de "sem saída" no compromisso que assumimos um com o outro. Nós compreendemos que nosso casamento tem um propósito. Nosso propósito é ajudar um ao outro a curar. Isso nem sempre é fácil, mas temos um compromisso com nós mesmos e com o processo de cura. De vez em quando Rhonda aparece, como aparece o menino na cabeça de Adeyemi. Quando eles entram na nossa vida, tentamos nos afastar um do outro o mais rápido possível. Pensamos na possibilidade de uma separação. Mas quando nos lembramos que "não há saída" no processo de cura a não ser aprender a amar, fazemos as pazes. E há tantas coisas a celebrar, que não temos tempo para lembrar das lágrimas.

Epílogo

A vida machuca. A vida é dolorosa. A vida é sofrimento.
Não há nada na vida que não implique provação.
Não há nada de valor que não tenha um custo.
Ainda assim, devemos seguir em frente.
Tudo o que é grande exige uma série de pequenas ações.
Devemos perseverar.
Se fizermos isso, bons tempos virão.
Se buscarmos sempre, mesmo na escuridão,
Seremos certamente orientados.
Se lutarmos contra o mal, a qualquer custo,
A retidão triunfará.

Den Ming-Dao, em *Everyday Tao: Living With Balance and Harmony*

GERAR ESTE LIVRO foi uma das experiências mais desafiadoras que eu enfrentei nos últimos tempos. Foi porém mais uma oportunidade de rever minha vida. Foi uma bênção disfarçada, que me forçou a pesquisar minha alma, relembrar velhas mágoas, avaliar onde eu estou e tomar algumas decisões sobre aonde quero ir. Fiquei assustada. Todas essas coisas me levaram a novas revelações. Me deram mais uma razão para celebrar. Me fizeram lembrar dos erros que precisei reviver por não ter celebrado antes o que aprendi com eles. Mais importante que tudo, este projeto, mais do que qualquer outro, ajudou-me a dedicar mais uma vez minha vida e meu trabalho a Deus.

Contei minha história muitas vezes. Muita gente a conhece de cor, como eu. Meu objetivo é usar a história da minha vida como um exemplo, para lembrar a todos que eles também podem ser curados.

Eu aprendi a olhar minha vida como observadora. Dou um passo atrás, vejo o que aconteceu e concentro minha atenção no ponto em que fui ferida. O importante não é saber quem me feriu nem como. O próprio ferimento é a essência da cura. Descubram qual é o seu ferimento, quais são os reflexos dele na sua vida e cure-o. Só fazendo esse trabalho em nós mesmos podemos atingir a totalidade de nosso espírito. Eu resolvi investir nessa cura porque não queria enlouquecer de novo. Não queria mais chorar. Queria me curar para ter alguma coisa a celebrar – eu mesma.

Já me perguntaram muitas vezes quem foram meus modelos. Os entrevistadores não ficaram satisfeitos com as seguintes respostas: "eu não prestei muita atenção", "não tinha idéia de que as pessoas tentavam me dizer alguma coisa, porque eu estava muito machucada, estava ocupada demais tentando sobreviver para procurar modelos de vida". O único modelo que eu tive na vida foi o Espírito Santo. Foi a presença de Deus na minha vida que me deu compreensão. Sem essa presença, eu nunca poderia ter entendido o que via, ou o que procurava. Espero que depois de lerem esta história as pessoas compreendam melhor o que quero dizer com isso.

Minha jornada ainda não terminou. Eu tenho uns ferimentos profundos que exigem cuidado intensivo. Há lugares do meu coração que ainda estão fechados. Escrever este livro me ajudou a perceber isso. A diferença entre Iyanla e Rhonda é que Iyanla tem capacidade, conhecimento e habilidade para se curar. E possui também suficiente bom senso para saber quando não tem essa capacidade. Nesses momentos, telefono para meus professores,

Balé, Dra. Barbara King, Ken e René Kizer, Dr. David Phillips e Gemmia. Telefono para meus amigos, Adeyemi, Shaheerah, Marge Battle, Tulani Kinrad, Vivianna Brown e, de novo, para Gemmia. E há momentos em que eu ainda telefono para o Disque-Oração.

Minha conclusão é que o processo nunca pára. Curar, crescer e aprender nunca param enquanto respirarmos. Isso quer dizer que há sempre uma coisa a mais para se aprender. Uma coisa para se descobrir a um nível mais profundo. Uma coisa para nos fazer crescer. Quer dizer que cada vez que aprendemos alguma coisa, também aprendemos a lidar melhor com o aprendizado. O aprendizado faz parte da vida. Eu fico feliz de viver em uma época onde se pode dizer: "Eu preciso de ajuda. Eu preciso de cura." Eu acredito que somos abençoados por viver num planeta com gente que dominou as técnicas de cura e escreve sobre novas formas de curar. É uma absoluta bênção saber que, qualquer que seja nossa necessidade, Deus sempre nos atenderá.

Se há um ponto que eu espero que tenha ficado claro nesta história é que devemos celebrar as crianças e ensiná-las a se celebrarem. Isso é absolutamente essencial para que o Eu delas se desenvolva da forma mais saudável possível. Quando as crianças caminham para a frente em seu dia-a-dia, aprendendo e conquistando, sem serem reconhecidas ou celebradas, elas se sentem menos valorizadas. É muito importante que as crianças sejam celebradas, honradas e valorizadas, não pelo que fizeram, mas pelo que são. Devemos não só deixar as crianças saberem que são amadas, como ter prazer em amá-las. Devemos começar a fazer festas para nossos filhos sem nenhuma razão especial, "só porque são o que são".

Se, como adulto, você não sente necessidade ou não consegue celebrar a sua existência, isso é provavelmente um reflexo do que vivenciou quando criança. Mas você pode escolher não prosseguir nesse padrão. Eu nunca fui celebrada, nem quando nasci, nem durante minha vida, nem nas minhas conquistas de criança. Portanto, não me sentia bem-vinda. Minha existência não tinha importância. Eu aprendi o que devia fazer, mas nunca aprendi que era possível "simplesmente ser". Ao preparar este livro, percebi que, de todas as experiências da minha vida, a que teve efeito mais devastador foi não ter sido celebrada nem me sentido bem-vinda. Foi pior do que qualquer surra ou crueldade que sofri. Parece uma bobagem ouvir alguém dizer "obrigada por você estar viva" ou "estou contente por você estar aqui". Eu nunca saberei ao certo, mas sinto que se tivesse ouvido *isso* minha vida teria sido muito diferente.

Espero que esta história tenha um pouco da sua história e que a minha cura seja a sua cura. Mas sobretudo quero insistir com vocês para que se celebrem e celebrem sua vida todos os dias. Há sempre uma boa razão para fazer uma festa. A razão são vocês mesmos. Finalmente, quero compartilhar com vocês uma oração que me ajuda e vai ajudá-los a viver melhor suas experiências. Foi minha avó quem me ensinou quando eu tinha seis anos de idade.

Porém, os que esperam no Senhor adquirirão sempre novas forças; levantarão vôo com asas como as da águia; correrão e não se fatigarão, andarão e não desfalecerão.

Isaías, 40:31.

Não sei bem por que minha avó, logo ela, me obrigou a decorar esse versículo em especial, mas sei que em tudo *há uma semente de bem.*

Deus os abençoe! Eu sou abençoada!

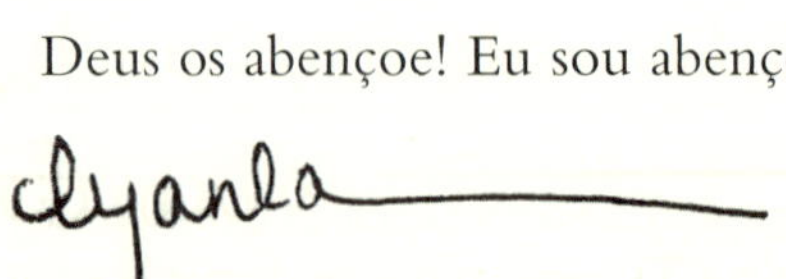

Conheça os seguintes títulos da Editora Sextante

De Bradley Trevor Greive
– Um Dia "Daqueles" – Uma lição de vida para levantar o seu astral
– Querida Mamãe – Obrigado por tudo

De Gavin de Becker
– Como Proteger Seus Filhos

De Louise Hay
– Meditações para a Manhã e para a Noite (acompanha CD com exercícios de meditação)
– Meditações para a Saúde do Corpo e da Mente (acompanha CD com exercícios de meditação)
– Aprendendo a gostar de si mesmo (acompanha CD de meditação)

De Leonardo Boff
– A Oração de São Francisco
– Tempo de Transcendência (acompanha CD com palestra do autor)
– Espiritualidade (acompanha CD com palestra do autor)
– Fundamentalismo (acompanha CD com palestra do autor)

De Salle Redfield
– Descobrindo a Alegria de Viver (acompanha CD com exercícios de meditação)
– Meditações Celestinas (acompanha CD com exercícios de meditação)

De Iyanla Vanzant
– Enquanto o Amor Não Vem
– Um Dia Minha Alma se Abriu por Inteiro

De James Van Praagh
– Conversando com os Espíritos
– Em Busca do Perdão (acompanha CD com exercícios de meditação)
– Em Busca da Espiritualidade
– A Força da Vida

Do Dr. Brian Weiss
– A Cura Através da Terapia de Vidas Passadas
– A Divina Sabedoria dos Mestres
– Muitas Vidas, Muitos Mestres
– Só o Amor É Real
– Meditando com Brian Weiss (acompanha CD com exercícios de meditação)
– Os Espelhos do Tempo (acompanha CD com exercícios de meditação)

Informações sobre os próximos lançamentos

Para receber informações sobre os próximos lançamentos da Editora Sextante, queira entrar em contato com nossa Central de Atendimento, dando seu nome, endereço e telefone para:

EDITORA SEXTANTE
Av. Nilo Peçanha, 155 – Gr. 301 – Centro
20020-100 – Rio de Janeiro – RJ
Tel.: (21) 2524-6760 – Fax: (21) 2524-6755
DDG: 0800-22-6306 (ligação gratuita)
E-mail: atendimento@esextante.com.br

Para saber mais sobre nossos títulos e autores, e enviar seus comentários sobre este livro, visite o nosso *site:*

www.esextante.com.br